中国名镇志文化工程

Culture Project of Local Records of China's Famous Towns

中 国 名 镇 志 丛 书

U0787026

西沱镇志

LOCAL RECORDS OF XITUO

重庆市石柱土家族自治县西沱镇志编纂委员会 编

方志出版社

Publishing House of Local Records

图书在版编目（CIP）数据

西沱镇志 / 重庆市石柱土家族自治县西沱镇志编纂委员会编 .—北京：方志出版社，2022.9
（中国名镇志丛书）
ISBN 978-7-5144-5104-7

Ⅰ. ①西… Ⅱ. ①重… Ⅲ. ①乡镇—地方志—石柱土家族自治县 Ⅳ. ① K927.195

中国版本图书馆 CIP 数据核字（2022）第 055572 号

责任编辑：徐宏
责任校对：刘玉霞
责任印制：赵楚
出 版 者：方志出版社
地　　址：北京市朝阳区潘家园东里 9 号（国家方志馆 4 层）
邮　　编：100021
网　　址：http://www.zgfzcb.cn
发　　行：方志出版社图书营销中心（010-67110500）
印　　刷：北京中科印刷有限公司
开　　本：787 毫米 ×1092 毫米　1/16
印　　张：18.25
字　　数：351 千字
版　　次：2022 年 9 月第 1 版
印　　次：2022 年 9 月第 1 次印刷
定　　价：147.00 元

序一

习近平总书记指出："不忘历史才能开辟未来，善于继承才能善于创新……只有坚持从历史走向未来，从延续民族文化血脉中开拓前进，我们才能做好今天的事业。"中国优秀传统文化是在漫长的历史长河中历经无数次涤荡和沉淀而形成的思想精髓，蕴藏着无穷的宝藏和无尽的力量。发掘和继承优秀传统文化，是延续中华文明"根"与"魂"的必由之路。与时俱进，推动传统文化不断开拓创新，是中华文明常葆勃勃生机的重要保证。

"国有史，邑有志。"编修地方志是中国特有的文化现象，是中华民族的优秀文化传统。数千年来，连绵不断的志书编修为保护中华民族根脉，传承中华文明发挥了不可替代的作用。中国现存古志有 8000 余种，占现存古籍的十分之一。中华人民共和国成立以来，编修完成数万种省、市、县三级综合性行政区域志、部门志、行业志、专志等，编纂数万种地方综合年鉴、行业年鉴和专门年鉴等，整理出版数千种历代方志及相关研究成果，发表相当数量的方志理论与年鉴理论研究成果。这既是对我国国情、地情持续开展的大规模普遍调查，也是对各地自然与社会发展状况进行的综合研究，其成果构成了一座丰富的文化资源宝藏，为各级领导科学决策提供了重要参考，为推动经济社会发展和文化建设发挥了重要作用。

当前，中国特色社会主义进入新时代，全国地方志事业也进入新时代。如今的地方志事业围绕党和国家利益、经济社会发展，以人民为中心开拓创新，志、鉴、馆、史"四驾马车"并驾齐驱，志、鉴、馆、网、库、用、会、刊、研、史"十业并举"，加快实现在全国范围内全面推进地方志从一项工作向一项事业转型升级。在党中央、国务院的亲切关怀和各级地方志工作者的共同努力下，一批紧密结合社会发展需求、具有独特创造性的工作逐步开展，涵盖中国名镇志、中国名村志、中国名山志、中国名水志、中国名街志等"名志"系列文化工程是其中代表。作为首个"名志"系列文化工程的中国名镇志文化工程，启动于 2015 年，至今已是第三个年头。中国名镇志丛书在记述主体上，选择中国历史文化名镇、经济强镇、特色镇等在全国具有影响力和代表性的乡镇，旨在全面展示中国名镇的文化精髓；在内容题材选择上，重在突出不同名镇的“名”和“特”，力求集中体现不同名镇最精彩的部分，增强可读性；在志书编纂程序设置方面，志书申报、篇目设计、专家审读、专家组验收等流程环环相扣，紧密结合，力争把每一部志书都打造成精品佳志。

习近平总书记指出：“历史和现实都表明，一个抛弃了或者背叛了自己历史文化的民族，不仅不可能发展起来，而且很可能上演一场历史悲剧。”2018 年是改革开放 40 周年，40 年来中华大地发生了翻天覆地的变化，乡镇发生了极为深刻的改变，从粗茶淡饭到有机食品，从粗布衣裙到精美时装，从土屋平房到高楼大厦，人民生活水平大大提高，城乡差距不断缩小。然而，在感受辉煌成就的同时，我们也应该看到，许多精巧的古建、精湛的工艺、亲切的乡音、独特的乡俗也在快节奏的发展中与我们渐行渐远，曾经的家乡正逐渐变为记忆中的故园。

党的十九大报告提出乡村振兴战略，此后党中央、国务院又推出一系列重大举措。实施乡村振兴战略，必须全面加强乡村文化建设，培养乡村文化自信，培植文化之“根”，铸牢文化之“魂”。没有乡村文化的高度自信，没有乡村文化的繁荣发展，就难以实现乡村振兴的伟大使命。振兴乡村文化，既要塑形，更要铸魂，必须遵循乡村发展的客观规律，在发展中把文化的精髓保留下来，把乡土味道、乡村风貌的“魂”传承下去。在保留优秀乡村文化内核的基础上，用现代表现方式，把反映时代精神、先进理念的内容通过群众喜闻乐见的文化产品表达出来，才能够让乡土文化具有更强大的生命力。用创新性的模式书写乡镇志，传承和抢救乡土历史文化，激发爱国爱乡情怀，为探索中国特色新型城镇化发展经验、发展模式、发展道路提供历史智慧和现实借鉴，正是实施中国名镇志文化工程的目的和意义所在。

“月是故乡明”。中国人素有“家国情怀”，家乡的山水是最为美丽的，家乡的风俗是充满温暖的，一声亲切的乡音，一口熟悉的家乡菜，都能拨动游子的心弦，让其魂牵梦萦。中国名镇志丛书是一套全面梳理中国名镇历史人文，挖掘文化特色，突出“名”和“特”的镇志。它能让人民群众深刻感受到本土本乡自然的优美、历史的醇厚、人物的杰出、艺文的风雅等，有助于培养人民群众对家乡文化的自信，激发起人民群众浓烈的爱乡爱国情怀，助力国家新型城镇化建设和乡村振兴战略的实施。

是为序。

中国社会科学院原院长
中国地方志指导小组原组长　谢伏瞻

序二

连绵不断地编修地方志是我国特有的文化传统，为传承中华文明作出了巨大的贡献。在党中央、国务院的高度重视和支持下，这一古老的文化传统焕发勃勃生机，展现新的活力，成为保存、继承、发扬光大中华优秀传统文化的重要依托，培育和践行社会主义核心价值观的重要媒介，社会主义先进文化建设的重要组成部分，发展中国特色社会主义，增强道路自信、制度自信、理论自信的重要载体，在实现“两个一百年”奋斗目标和中华民族伟大复兴中国梦进程中具有不可替代的地位和作用。

事物总是在不断发展中前进。经过改革开放以来30余年的发展，中国特色地方志事业与传统的编修地方志已不可同日而语，形成了志（志书）、鉴（年鉴）、库（地情数据库）、馆（方志馆）、网（地情网站）、刊（期刊）、会（学会）、研（理论研究）、用（开发利用）等多业并举的新格局。截至2015年10月底，全国编纂完成首轮、二轮省、市、县志书8000多种，编修部门志、行业志、专业志、乡镇村志27000多种，编纂地方综合年鉴2300多种，累计整理旧志2500多种，还编纂出版了大量的地情书，字数以百亿计，形成以反映国情、地情为主要内容，全面系统、持续不断、卷帙浩繁的社会科学成果群。另外，还开通了27个省级网站、230个市级网站、816个县级网站；建成国家方志馆1个、省级方志馆16个、市级方志馆86个、县级方志馆近300个。这些成果，成为国家极为重要的文化资源，是国家文化软实力和公共文化服务体系的重要组成部分。

最近几年，地方志工作的触角在不断延伸，部门志、行业志、专业志、特色志、乡镇村志编纂方兴未艾，成为当前地方志事业发展新的增长点和亮点。特别是乡镇志，兴起了编纂热潮，从自发的民间行为逐渐过渡为政府组织的文化行为，有的省份以政府令形式将其纳入地方志编修范畴，像河南省还以省政府办公厅名义要求全省普修乡镇志。乡镇志并不是一个新生事物，据现有资料可考，宋代常棠所撰《澉水志》是现存最早的一部乡镇志。与省、市、县三级志书相比，乡镇志虽属小志，但意义却不小，特别是在当前国家全力推进新型城镇化建设的背景下，乡镇志的作用更显重要。

启动中国名镇志文化工程，是适应当前新型城镇化建设形势发展需要、地方志事业发展形势需要的重要举措，也是充分发挥地方志存史、资政、育人功能的重要手段。作为最基层行政组织的志书，镇志是最接近中国社会发展变迁的国情、地情记录文本，具有重要的历史文献价值。而作为充分反映本区域自然、政治、经济、文化和社会的历史与现状的资料性文献，镇志又能全面展示发展脉络，摸索发展经验，为探索中国乡镇未来发展方向提供借鉴和参考。当然，对于祖祖辈辈生于斯长于斯的中国人来说，故乡就是一个魂牵梦萦的地方，故乡的情怀终生难忘。留得住乡愁，记得住乡思，充分展示名镇文化魅力，激发爱乡、爱国情怀，正是中国名镇志文化工程题中应有之义。

是为序。

中国社会科学院原院长
中国地方志指导小组原组长　王伟光

序三

“国有史，邑有志”，中国自古就有注重编史修志的传统。按照我国目前地方志行政法规，国家各级地方志机构的法定职责是编纂省、市、县三级志书，并不包括县以下的乡镇志和村志。这种规定，一方面可能因为全国有数百万自然村落和数万乡镇，全部实行官修很难实现；另一方面可能因为我国历史上就有“皇权止于县”的说法，县以下的民间社会历来是一个以自治为主的领域。然而，改革开放几十年来，我国社会正在发生巨变，这种巨变在基层社会的乡镇、村落、家庭领域更为深刻。作为“乡之首，城之尾”的镇，逐渐被日益崛起的大都市淹没了光彩，村落在快速的城镇化过程中每天都在大量消失，农村家庭的小型化、空巢化趋势非常突出。在这种情况下，我一直在思考，如何留得住历史文化记忆和乡愁，如何把修志的工作向基层社会延伸？

中国人的“家国情怀”，是从“诚意、正心、修身”开始，到实现“齐家、治国、平天下”。所以从国家一统志，省、市、县三级志，到乡镇志、村志、家谱，也是一个完整的系统。

正是在这种背景下，我们决定启动中国名镇志文化工程。乡镇是无数中国人生命的底色和成长的摇篮。如何在城镇化进程中，留得住乡愁，记得住乡音，忘不了乡思，事关城镇化进程的人文关怀和文化保护，事关文化血脉的传承。同时，科学记录城镇化进程，反映城镇化成就，也为今后探索城镇化发展规律、积累经验提供了基本素材。作为全面系统记述一定行政区域的自然、政治、经济、文化和社会的资料性文献，志书是以上功能最好的载体。

我国目前有 4 万多个乡镇，全部修乡镇志还不具备条件。中国名镇志丛书选择的是传统文化名镇、历史军事重镇、革命历史名镇、民族特色名镇、特色经济名镇、旅游景观名镇等类型的乡镇，应该是最具代表性的，在中国乡镇文化传承和社会发展中具有标杆意义。

编纂中国名镇志丛书是对乡土历史文化的保护。随着城镇化进程加快，有不少乡镇被撤并，有些还是在历史上有重要意义的历史文化名镇、特色镇等。如不及时对其历史进行整理、记录，这些重要的历史资料将散佚殆尽。因此，中国名镇志丛书的编纂是对宝贵历史资料的抢救。

编纂中国名镇志丛书是对乡土意识的传承。什么东西有魅力？故乡的山水，乡音乡情的记忆，乡土的气息和家乡菜的味道，不管走到哪里，总是触动心弦。中国名镇志丛书记录的是家乡的山山水水，家乡的历史文化，家乡的风土人情，留住的是乡愁。这些最能激发远方游子和本地民众的爱乡情怀、爱国情怀。

编纂中国名镇志丛书是一种学术探索。镇志的编纂，实质也是一次深入的社会调查研究。“麻雀虽小五脏俱全”，相比省、市、县，乡镇第一手资料的获得需要付出更大的努力。我们也希望在志书编纂上有所创新，使中国名镇志丛书成为一套图文并茂、雅俗共赏的新型志书。

中国社会科学院原副院长
中国地方志指导小组原常务副组长
李培林

重庆市石柱土家族自治县西沱镇志编纂委员会

主　任　张　华

副主任　郭小萍　王琼英　向　兵　冉启明　谭祥平　王淑蓉

成　员　向剑华　成雪山　唐　剑　冉青松　谭其禄　张　勇
　　　　　蔡玉葵　马风生　秦光富

重庆市石柱土家族自治县西沱镇志编辑人员

总　　编　马风生

副 总 编　向绪祥

编　　辑　秦　牡　余启林

编　　务　谭先敏　何　敏

主要摄影　谭红建　李小丰

中国名镇志丛书凡例

一、以马克思列宁主义、毛泽东思想、邓小平理论、“三个代表”重要思想、科学发展观、习近平新时代中国特色社会主义思想为指导，坚持辩证唯物主义和历史唯物主义的立场、观点和方法，存真求实，全面、客观、系统记述中国名镇城镇化进程和改革开放成果，反映小康社会建设过程，传承和抢救乡土历史文化，激发爱国爱乡情怀，留住乡愁，为探索中国特色新型城镇化建设、服务乡村振兴战略提供历史智慧和现实借鉴。

二、为全面反映入志事物发展脉络，各志上限尽量追溯至事物发端，下限一般断至各志启动编修年份，个别重大事项可延至搁笔。详今明古，着重反映时代特色和地方特点，重点体现各镇的“名”与“特”。

三、记述地域范围以下限年份的行政辖区为主。为体现名镇在更大区域内的意义，可以从更开阔的区域视野记述与该镇相关的内容。

四、统一采用纲目体，设类目、分目、条目三个层次。横排门类，纵述史实，述而不论。

五、综合运用述、记、志、传、图、表、录等体裁，以志体为主。体裁运用适当创新，篇目设置不求面面俱到。

六、除引用文字和附录文献资料外，统一使用规范的现代语体文记述，行文力求朴实、严谨、简洁、流畅、优美，可读性强。

七、人物部类遵循“生不立传”原则，人物传主按生年排序，只选录对本镇发展有重大影响的人物，不面面俱到。

八、各项数据一般采用国家统计部门数据。数据缺乏的，采用主管部门或主办单位正式提供的数据。

九、数字用法、标点符号用法分别采用国家标准《出版物上数字用法》（GB/T 15835—2011）、《标点符号用法》（GB/T 15834—2011），计量单位采用国家技术监督局1993年12月发布的《量和单位》系列国家标准。历史上使用的计量单位，如斗、石、里、尺、磅、华氏度等，在引文时可照录。考虑到社会使用习惯，全书中亩不统一换算。

十、中华民国成立前的纪年，使用朝代年号纪年，括注公元年份；中华民国成立后的纪年，均使用公元纪年。志中所称“解放前（后）”，以该镇解放日为界；“新中国成立前（后）”，以中华人民共和国成立日1949年10月1日为界；“改革开放前（后）”，以1978年12月中共十一届三中全会召开为界。本志“××年代”，凡未加世纪者，均指20世纪。

十一、为节省篇幅，避免重复，本志采用条目互见法。参见条目的表示形式为：参见本志“××类目·××分目·××条目”。

十二、对旧志、古籍中的繁体字、冷僻字一般用简化字或通用字替换，易引起误解的则保留。

十三、记述各个历史时期的党派、机构、职务、地名等，均以当时的名称为准。对频繁使用的名称，首次用全称并括注简称，其后用简称。

十四、各镇志需要单独说明的事项，均在各自编后记中记述。

西沱镇在中国的位置

审图号：GS（2021）8722 号

西沱镇在重庆市的位置

西沱镇
石柱土家族自治县
石柱
城口县
城口
巫溪县
巫溪
巫山县
巫山
开州区
开州区
云阳县
云阳
奉节县
奉节
万州区
万州区
梁平区
梁平区
忠县
忠县
垫江县
垫江
丰都县
丰都
长寿区
长寿区
涪陵区
涪陵区
武隆区
武隆区
彭水苗族土家族自治县
彭水
黔江区
黔江区
酉阳土家族苗族自治县
酉阳
秀山土家族苗族自治县
秀山
南川区
南川区
綦江区
綦江区
江津区
江津区
巴南区
巴南区
渝北区
渝北区
重庆
江北区
沙坪坝区
九龙坡区
大渡口区
南岸区
北碚区
璧山区
合川区
合川区
潼南区
潼南区
铜梁区
铜梁区
大足区
大足区
荣昌区
荣昌区
永川区
永川区
长江
嘉陵江
乌江
长寿湖
图例
重庆 省级行政中心
彭水 县级行政中心
省级界
县级界
名镇(乡)所在区域
名镇(乡)
1：3 120 000
审图号：GS（2021）8722 号

西沱镇地图

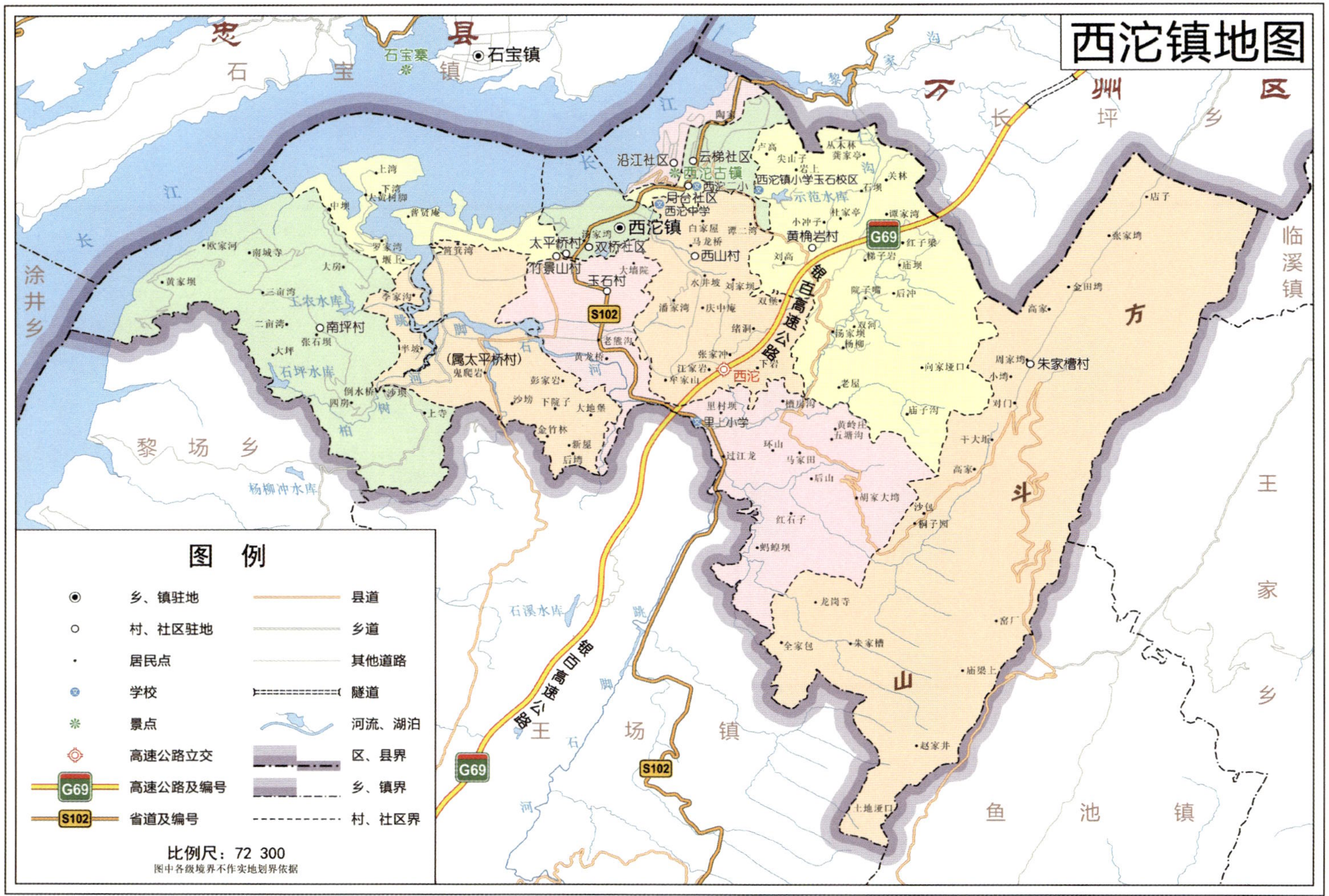

审图号：渝S(2021)066号

重庆市地理信息和遥感应用中心 编制　二〇二一年十一月

西界沱舆图（光绪《补辑石砫厅新志》）（1）

第九百七十六页

第九百七十七页

西界沱舆图（光绪《补辑石砫厅新志》）（2）

彩虹下的西沱古镇（2021 年）　　谭红建　摄

西沱镇全景（1983 年）

西沱镇全景（2021 年）

谭红建　提供

谭红建　摄

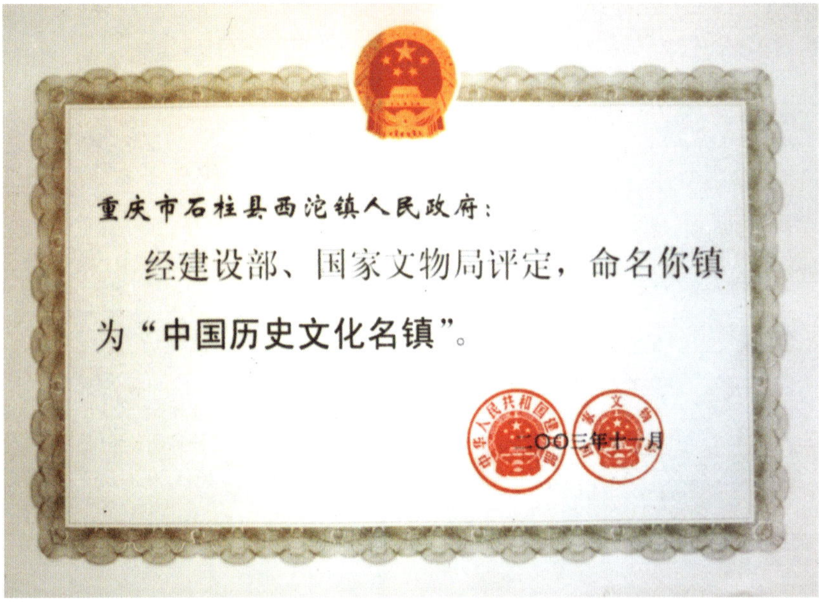
重庆市石柱县西沱镇人民政府：

经建设部、国家文物局评定，命名你镇为“中国历史文化名镇”。

二〇〇三年十一月

西沱镇获“中国历史文化名镇”命名　　谭红建 提供

西沱古镇国家 AAAA 级景区开放仪式（2021 年）　　谭红建　摄

舞水龙（2020 年）　　谭红建　摄

游客体验打糍粑（2021 年）　　谭红建　摄

云梯街上的婚礼民俗表演（2020 年）　　谭红建　摄

西沱镇农村新风貌（2019 年）　　谭红建　摄

夜幕下的云梯街

谭红建 摄

目录

1 概述

7 基本镇情

9 **建置区划**
9 地名由来
9 建置沿革
10 辖区变迁
14 **自然地理**
14 地理位置
14 地质地貌
15 气候
16 **自然资源**
16 动物
17 植物
17 矿产资源
18 水资源
18 土地资源
18 主要隘口
19 **人口　民族**
19 人口总量
21 人口构成
22 民族结构
23 人口姓氏
24 **镇域经济**
24 经济概况
25 农业
25 养殖业
26 工业
27 商业
29 **镇村建设**
29 场镇建设
30 农村建设
30 交通建设
32 码头建设
35 渡口建设
35 水利建设
37 邮政

38 通信
40 文化建设
42 公共设施
44 环境整治
45 **教育**
45 旧制教育
46 学前教育
46 小学教育
46 中学教育
47 扫盲教育
48 职业教育
49 **医疗**
49 西沱镇中心卫生院
50 西沱镇卫生院
50 合作医疗站
50 个体医所
51 **社会福利**
51 民政优抚
51 社会救济
52 最低生活保障
52 **镇民生活**
53 镇民收支
55 衣着
57 饮食
58 民居
59 出行
59 用具

61 长江特色商贸街

63 **云梯古街**
63 云梯街得名
64 商贸繁荣
65 布局独特
67 老街记忆
76 袍哥堂口
77 **保护开发**
77 保护举措
77 旅游开发
78 文旅融合
78 非遗传承
79 西沱历史文化展馆

81 特色文化

83 **土家文化**
83 土家啰儿调
87 土家哭嫁

98 土家摆手舞
99 土家说客
104 土家耍锣鼓
109 舞龙玩牛
110 土家喊彩
111 土家说吉利
113 土家吊脚楼
115 **盐运文化**
116 盐店与旅店
117 盐运队伍
117 盐运行程
118 背夫装束
118 背盐工具
119 盐货交易
120 有关盐运的歌曲
123 文化交流
123 文化传承
124 **码头文化**
124 舟楫往来
124 力夫云集
126 码头帮会
129 **力夫号子**
129 轿夫号子
131 盐道号子
131 船夫号子
133 纤夫号子
134 石工号子

135 三峡移民

137 **前期工作**
137 淹没区调查
138 移民开发试点
139 移民规划
142 **移民安置**
143 安置概况
143 农村移民安置
143 社区迁建
144 企业安置
144 专业项目复建
145 **库底清理**
145 卫生清理
145 固体废物清理
145 建筑物及构筑物拆除清理
145 林木清理
146 **工程验收**
146 自查验收
146 初查验收

146 国家验收

149 文物 古迹

151 **古道路**
151 巴盐古道
152 其他古道
153 **古桥梁**
153 益寿桥
153 太平桥
153 一里半石桥
154 黄龙桥
154 马龙桥
154 龙眼桥
155 **庙宇会馆**
155 道教宫庙
158 佛教寺堂
160 会馆
160 **古遗址**
160 独门嘴树化石群
160 沙湾遗址
161 过蛟龙摩崖造像
161 观音寺遗址
161 水文遗址
162 **古墓群**
162 汉墓群
162 毛家湾崖墓
162 陶家坝汉墓群

163 风土民情

165 **美食小吃**
165 名饮
165 美食
167 民间小吃
168 **土特名产**
168 都粑粉
169 斑鸠叶豆腐
170 烟熏牛肉
171 西沱高粱小曲酒
172 **民间信仰**
172 敬白虎神
172 敬奉家神
172 迷信巫觋
173 **岁时习俗**
173 年节
174 端午节
174 中秋节

174 **社交习俗**
174 祝寿
175 婚俗
176 丧葬习俗
177 三朝酒
177 断水酒
177 **农事习俗**
177 撒吊秧
177 祭祀牛王
177 换活路
178 **民间禁忌**
179 节日禁忌
179 劳动禁忌
179 生活禁忌
179 交往禁忌
180 **方言俗语**
180 方言
182 谚语
184 歇后语

187 艺文杂记

189 **诗词**
189 崇祯皇帝平台赐诗四首
189 熊福田诗四首
190 谭梓安诗二首
191 谭光华诗词四首
192 **美术作品**
192 徐悲鸿的油画
193 杨光素的油画
194 谭继文的山水画
198 **民间故事**
198 张飞与烟熏牛肉
199 桓侯宫的来历
199 秦良玉与酸鲊肉
200 千脚泉的故事
201 龙眼桥的由来
202 **西沱言子**
202 南城寺的韦陀——坐起的
203 谭家的银子，杨家的顶子，黄家的掟子，不如熊家的药铺子
205 **媒体宣传**

209 人物

211 **传记**
211 秦伯卿

214 谭定清
215 附：谭氏兄弟
217 熊明炳
218 秦万鑫
219 熊福田
221 任正炳
222 熊裔盛
223 崔吉隆
224 杨光素
226 **名人与西沱**
226 秦良玉设行辕于西沱
226 陶澍夜泊西沱题诗赞秦良玉
226 左辅为西沱作词
227 徐悲鸿创作油画《西沱风景》
227 邹荻帆赋诗《西沱镇即景》
227 汤羽扬呼吁保护西沱古镇文化遗产
228 叶小钢到西沱采风
228 孔维克写生西沱人物
228 阿蛮慕名造访云梯街
229 江小平考察西沱演艺市场

231 大事纪略

233 **中共地下活动**
233 **解放西界沱**
235 **工业发展**
236 **移民工作**
237 **历史文化名镇**
238 **网红竹落户西沱**

241 附录

243 **西沱国家历史文化名镇保护条例**
250 **重庆市历史文化名镇西沱古镇保护及发展规划（节录）**

257 主要参考文献

258 编后记

概述

滔滔长江，从青藏高原奔腾而来，在关刀峡猛一转折，形成巨大的回水沱。这样的回水沱虽在长江上游频频可见，但因其所处地理位置不同，部分回水沱成为水陆交通枢纽，逐步发展成为商埠码头，并在历史长河中沉淀丰富的历史文化。

西沱就是这样的一个回水沱，因商贸往来形成码头，成为巴盐销楚的起点，进而发展成为历史文化名镇。

独具特色的古镇古道文化，孕育了长江古街云梯街，它垂直于长江的整体布局，令世人叹为观止，被国内外建筑学者誉为“世界建筑史上的奇观，名副其实的古镇建筑博物馆”。云梯街古建筑群落数量巨大，种类繁多，特色鲜明，雕刻精湛，历史研究价值极高。

西沱镇地处北纬 30° 24′，东经 108° 13′，位于重庆市石柱土家族自治县（以下简称石柱县）西北部，东接石柱县鱼池镇、王家乡、临溪镇，南邻石柱县王场镇、黎场乡，西与重庆市忠县石宝镇隔江相望，北与重庆市万州区长坪乡相连。西沱镇距石柱县城 48 千米，距黄水国家级森林公园 70 千米，距忠县县城 40 千米，距万州城区 47 千米，距丰都县城 82 千米，距重庆主城 279 千米。镇境处于方斗山背斜西翼向忠县向斜东翼过渡的斜坡地带，地势东南高、西北低。境内最低海拔（陶家坝）175 米，最高海拔（冒火山）1200 米。属中亚热带季风性湿润气候区，雨量充沛，气候温和，四季分明。西沱镇与长江明珠——石宝寨隔江相望，是巴盐古道的起点，是长江上游深水良港、黄水国家森林公园的重要旅游门户，中国历史文化名镇。

西沱原名西界沱，古为“巴州之西界”，隋为浦州之西界，且地临长江南岸回水沱，故得名西界沱。早在新石器时代，当地就有人类繁衍生息。其地夏属梁州，商属巴方，周属巴国。战国时秦灭巴后，其地属秦国巴郡，汉代因之。三国时期，西界沱属蜀汉益州巴郡，因其地处巴郡、巴东、涪陵三郡的交界地，故史书也称西界沱为“界坛”“石鼓峡”“界滩”。隋代时，西界沱隶属浦州（今万州）武宁县。唐武德二年（619），析浦州西界之地置南宾县（今石柱县），西界沱隶属南宾县。明洪武十四年（1381），朝廷撤南宾县，实施土司制度，西界沱隶石砫宣抚司石渠里十甲。天启元年（1621），石砫宣抚司改为石砫宣慰司。清乾隆二十六年（1761），石砫宣慰司改土归流，置石砫直隶厅，西界沱隶石砫直隶厅石渠里十甲。

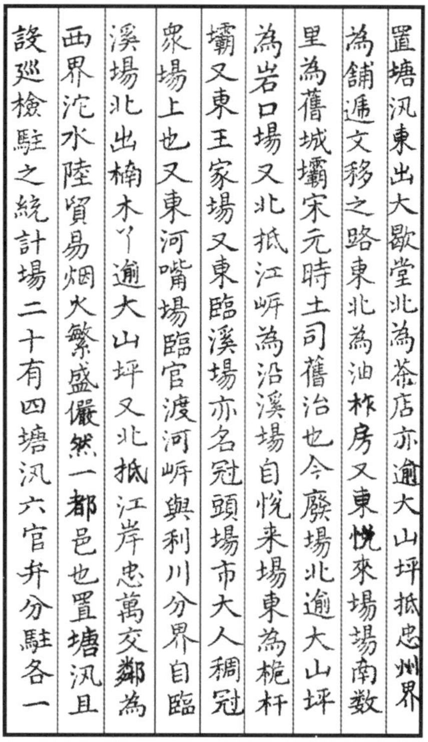
置塘汛東出大歇堂北為茶店亦逾大山坪抵忠州界
為舖逓文移之路東北為油榨房又東悅來場場南數
里為舊城壩宋元時土司舊治也今廢場北逾大山坪
為岩口場又北抵江岍為沿溪場自悅来場東為梘杆
壩又東王家場又東臨溪場亦名冠頭場市大人稠冠
衆場上也又東河嘴場臨官渡河岍與利川分界自臨
溪場北出榆木丫逾大山坪又北抵江岸忠萬交鄰為
西界沱水陸貿易烟火繁盛儼然一都邑也置塘汛且
設巡檢駐之統計場二十有四塘汛六官弁分駐各一

清乾隆《石砫厅志》
（石柱古代地方文献整理课题组 2009 年整理）

清乾隆四十年（1775），石砫直隶厅同知王萦绪编修的《石砫厅志》记载：县境“北抵江岸，忠、万交邻为西界沱，水陆贸易，烟火繁盛，俨然一都邑也。置塘汛，且设巡检驻之”。1912 年 3 月，改石砫直隶厅为石砫厅知事公署，实行团防制，先后设西界沱总团、团防局、团练局、团务局、团务区。1930 年，设西界沱镇，为建镇之始。之后几经撤并，中华人民共和国成立后将西界沱更名为西沱。至 2017 年 12 月 31 日，西沱镇辖 4 个社区居委会，7 个村 47 个村民小组，总面积 62 平方千米，共 11142 户 32796 人。

西沱镇是因盐兴商、因商成埠的江滨镇。西沱镇东靠方斗山、七曜山，翻越二山即达鄂西。远在商、周时代，巴人逐盐而居，由清江流域向长江流域扩展疆域，形成数条古道，其中一条古道的终点就是西沱。西沱镇西滨长江回水沱，是石柱县最大的深水良港。独特的地理位置使之成为交通要冲，成为沿江商品及鄂西、石柱山货进山出江的咽喉。随着商业发展、人口增多，遂成商埠。唐、宋时期，鄂西及湘西的盐卤开采将罄，而西沱对岸的忠州有㽏井、涂井等汲卤制盐场，所产锅巴盐大量销往鄂西、湘西等地，川鄂古道变为巴盐销楚的古道，西沱为巴盐古道的起点。成百上千的背夫背着锅巴盐从西沱出发，吼着盐道号子翻越方斗山、七曜山，到达鄂西的利川，进而分路前往恩施及

拉纤（民国时期） 谭红建 提供

“中国历史文化名镇 西沱”标志碑 谭红建 提供

游客留影 谭红建 摄

湘西的龙山等地。巴盐销楚使西沱的流动人口剧增，带动商业发展，吸引湖南、湖北、广东、广西、浙江、安徽等地的商人到西沱经商，进一步促进了西沱的繁荣。店铺日益增多，形成人口稠密、连甍接栋的古场镇。

国内其他江滨城镇的街道多是沿着等高线顺江梯次分布，而西沱镇的主街道则是沿着巴盐古道，从江边一直向山顶延伸，街道垂直于长江，从海拔 145 米（三峡水库建成后为 175 米）的江边码头，直上山顶独门嘴，全长 2.5 千米，有 112 个平台 1314 级石梯。云梯街随山势弯曲蜿蜒，时而平坦，以石板铺地，时而笔直向上，以条石砌梯或在岩石上凿阶为梯。整条街既是一条巴盐古道，又是一条商贸大道。远处观看，街道似入云之梯，故名“云梯街”。又如一条苍龙，从山顶俯冲向长江。入夜，云梯街灯火通明，又如一条火龙。因其独特的布局，被誉为“万里长江第一街”。1986 年，石柱县人民政府公布西沱镇云梯街为县级文物保护单位。1993 年，中央电视台到西沱拍摄《奇石雄柱》风光专题艺术片，并用中英文播出，引起国内外不少建筑学、考古学专家的重视，北京建筑工程学院教授汤羽扬到西沱考察，撰成学术论文《从忠县、石柱县传统民居建筑的文化内涵谈三峡工程地面文物的保护》。2002 年，重庆市人民政府公布西沱镇为重庆市级三峡库区迁建保护传统风貌镇。2008 年 7 月，西沱古镇的云梯街被评为重庆市巴渝新 12 景。2009 年，重庆市人民政府公布西沱云梯街民居建筑群为市级文物保护单位。2015 年，西沱镇云梯街入选长江三峡 30 个最佳旅游新景观之一。随着三峡环湖游的兴起，西沱古镇在保护老云梯街的基础上，又开发一条新云梯街。新云梯街传承了老云梯街的特色，同样依山取势、梯阶而上。

西沱古属巴国，巴文化在此积厚流光。春秋战国时期，巴人与楚人长期征战，巴文化与楚文化碰撞交融。巴国灭亡后，秦、西晋、北宋、元末明初、明末清初5次大移民，汉人大量迁入西沱，巴文化又与汉文化交融。西沱镇是长江码头，长期以来孕育了丰厚的码头文化。明洪武十四年（1381）撤南宾县，实施土司制度，西沱之地划归石硅宣抚司辖治，天启元年（1621），石硅宣抚司改为石硅宣慰司。至清乾隆二十六年（1761）石硅宣慰司改土归流，长达381年的石硅土司统治，滋生出独特的土司文化。因此，西沱文化虽以巴文化为基础，但兼容楚文化、汉文化、土司文化、码头文化等多元文化，进而形成独具特色的地方文化。唐至民国时期，西沱是巴盐销楚及巴盐济楚的陆路起点，一千多年的盐运历史，积淀了丰厚的盐运文化。1992年，四川省人民政府公布西沱镇为四川省历史文化名镇。1994年三峡大坝动工，众多文物考古队抢救性发掘西沱古镇文物，先后发掘出商周时期的观音寺遗址、沙湾遗址、砖瓦溪遗址、公龙背遗址。1999年，重庆市文化局副局长王川等中国专家与外国专家到西沱调研，认为西沱犹如一座原生态博物馆，具有很高的艺术价值、学术价值。2003年11月，西沱镇被建设部和国家文物局公布为第一批中国历史文化名镇。2011年6月，重庆市文化广播电视局命名石柱县西沱镇巴盐古道文化为第一批重庆市民间文化艺术之乡。2014年6月17日，西沱古镇被中国作家协会少数民族文学委员会和《民族文学》杂志社联合授予“中国少数民族文学创作基地”称号。

基本镇情

西沱地处北纬30° 24′，东经108° 13′，是重庆市内石柱、忠县、万州三区县交界之地。它传承了数千年的文脉，具有丰富的多元文化内涵，与长江明珠——忠县的石宝寨隔江相望。

建置区划

地名由来　西沱镇原名“西界沱”，古为“巴州之西界”，因地临长江南岸回水沱而得名。《蜀水经》曰：“江水东经界滩，是地巴州之西界，益州之东界”，故名西界沱。中华人民共和国成立后，西界沱更名为西沱，现为重庆市石柱土家族自治县西沱镇。

建置沿革　西沱境域夏属梁州，商属巴方，周属巴国。秦灭巴后，属秦国“巴郡之

过江船（1949 年前）　　无名氏　摄

西界”，汉代因之。三国时期，属蜀汉益州巴郡。隋代时，隶属浦州武宁县。唐武德二年（619），隶属南宾县石渠里十甲。明洪武十四年（1381），撤销南宾县，实施土司制度，隶属石砫宣抚司石渠里十甲。清乾隆二十六年（1761），石砫宣慰司改土归流，设石砫直隶厅，隶石砫直隶厅石渠里十甲，翌年设西界沱巡检司，置塘汛。

1912 年 3 月，石砫直隶厅改为石砫厅知事公署，实行团防制，在西界沱设总团（团部设在上街谭氏宗祠内）。1913 年改石砫厅为石砫县，西界沱随属。1919 年，改为西界沱团练局。1922 年，改为西界沱团务区。1930 年，石砫县设西界沱镇，为建镇之始。1935 年 3 月，实行联保制，西界沱镇设联保办公处，隶石砫县第三区（区署驻悦来镇）。1940 年 3 月，西界沱联保办公处改为西界沱乡公所。1948 年春，九区专员公署在西界沱设立忠（县）石（砫）万（县）三县联防办事处，图谋镇压共产党地下活动，下辖石砫县的西沱乡、沿溪乡、坡口乡、鱼池乡、王家乡、临溪乡、石家乡，忠县的黎王乡、石宝乡、中兴乡、咸隆乡、汝溪乡，万县的上复兴乡、武陵乡。同年 12 月 16 日，撤销忠石万三县联防办事处。

1949 年 11 月 16 日，中国人民解放军镇江部队解放西界沱，22 日，成立西沱乡人民政府，隶属石砫县三区（区署改驻石家坝）。1950 年 4 月，西沱乡改隶石砫县第六区（区署驻西沱）。1952 年 9 月 23 日，撤销西沱乡，将西沱场划出，设西沱镇（隶属第六区），镇政府驻地中街张爷庙，其余辖地并入中兴乡。1956 年 11 月 19 日，改镇人民政府为镇人民委员会。1958 年 9 月 27 日，撤销西沱镇，其地并入石砫县中兴公社。1959 年 6 月 16 日，国务院批准石砫县改为石柱县。1962 年 6 月，从中兴公社划出西沱场的 3 个居委会，恢复西沱镇。1968 年 10 月，西沱镇人民政府改为西沱镇革命委员会，1981 年 1 月 1 日撤销西沱镇革命委员会，恢复西沱镇人民政府。1983 年 11 月 13 日，国务院批准石柱为土家族自治县，西沱镇随属。同年 12 月 2 日，撤销中兴乡，其地并入西沱镇。1995 年 10 月 20 日，划出西沱镇的 12 个村，恢复中兴乡。西沱镇与四川省西沱经济技术开发区实行两块牌子一套班子并轨运行，办公地点迁至罗家塆。2001 年 7 月 28 日，撤销中兴乡，其辖地并入西沱镇。截至 2017 年 12 月 31 日，西沱镇辖 4 个社区居委会，7 个村 47 个村民小组，总面积 62 平方千米，共 11142 户 32796 人。

辖区变迁 1912 年 3 月实行团防制时，设西界沱总团，下领 5 个团。第一团：西界沱下街及其附近；第二团：土车坝、红丰、普贤庵等地；第三团：石溪场、六房岭等地；第四团：瑞应寺、九明等地；第五团：生溪场、南城寺、石方村一带。1930 年设西界沱

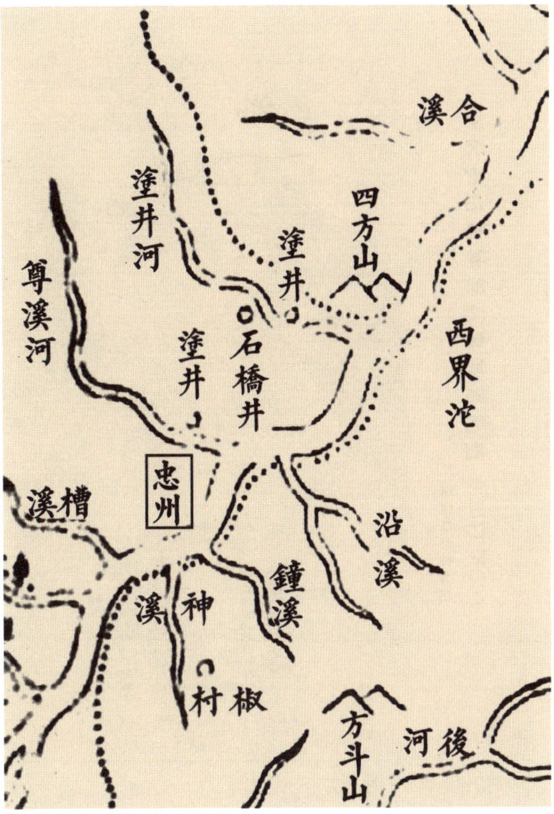

嘉庆《四川通志》中的西界沱及周边地区舆图　谭红建　提供

镇，沿袭总团辖区不变。1935 年 3 月，实行联保制，设西界沱联保，领 13 个保 155 个甲。第一保：领西沱场下街、烟市、范家坡一带；第二保：领中华街、砂罐市到独门嘴；第三保：领大房、二房、幺房塆、卢家垭口；第四保：领四房塆、青草坝、普贤庵、谭家岩；第五保：领土车坝、谭家扁、下塆、谭家冲、寒婆婆；第六保：领石溪场、张家塆、五房岩、堰坎、石龙寺；第七保：领大垭口、六房岭、关中岭；第八保：领黄泥坡、瑞应寺、青草坡；第九保：领大楼脚、大沟、石子坝；第十保：领岩上、倒埋坟、上寺、沙嘴；第十一保：领大沟、深溪场、草坝场一带；第十二保：领大木嘴、南城寺、三房岩；第十三保：领忠县境内的向家山、黄梁、古城（人称半保）。

1949 年 11 月 22 日成立西沱乡人民政府时，辖 13 个保 146 甲，辖境沿袭联保制的地域不变。1950 年 10 月，废除保甲制，改保为村，改甲为组，西沱乡辖 13 个村 146 个组，辖境未变。1952 年 6 月 25 日，万县的上复兴乡的新生、人和、黄龙、江家、双河 5 个村划归西沱乡，全乡辖 18 个村。是年 9 月 23 日，撤销西沱乡，将西沱场划出，成

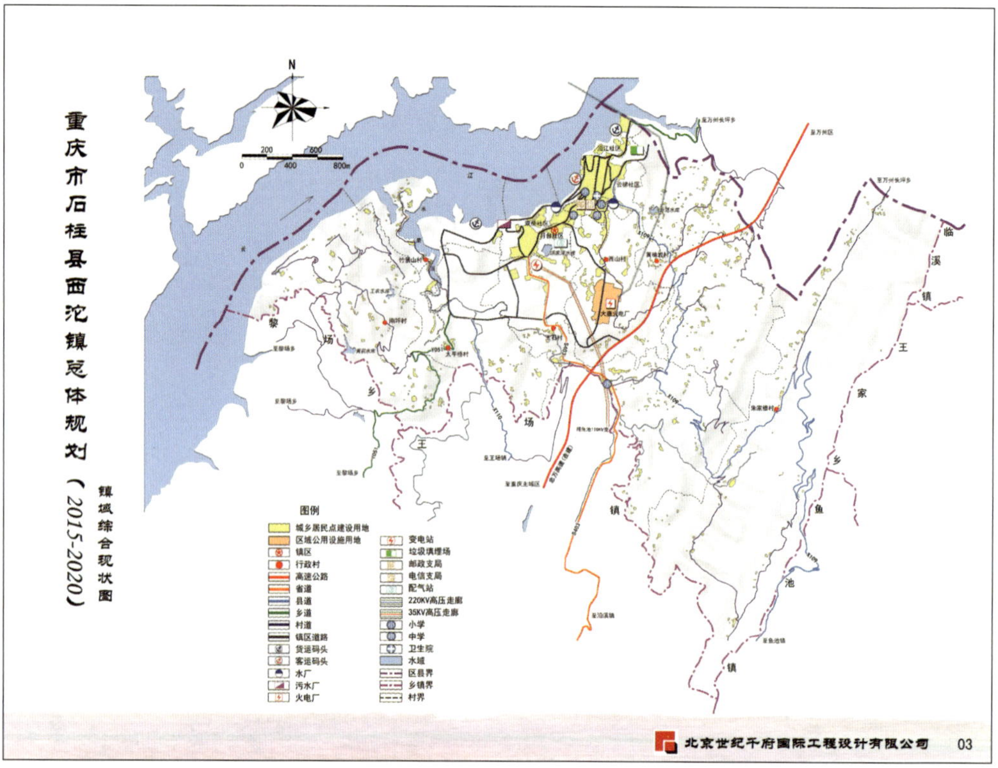

西沱镇总体规划镇域综合现状图　　　　西沱镇政府　提供

立西沱镇，西沱镇辖区为云梯街的3个段：一段辖胜利街，从下街到同济盐店；二段辖和平街，从同济盐店到扯谎坝；三段从扯谎坝到场脑壳。1953年3月26日，撤销3个段，设3个居民委员会，辖境未变。1958年9月，建立人民公社，撤销西沱镇，所辖3个居委会并入中兴公社。1962年6月，又从中兴公社划出3个居委会恢复西沱镇，辖境只有3个居委会。1964年10月，将中兴公社新建大队划归西沱镇，全镇辖3个居委会、1个大队。1983年12月2日，撤销中兴乡，其辖地并入西沱镇，全镇辖3个居民委员会、15个村。1993年11月9日，西沱镇划出新建、水磨、建新3个村中已"农转非"的12个组，新建3个居民委员会，原3个村未"农转非"的466户1935人保留原建制村不变，全镇辖6个居民委员会、15个村。1995年10月，恢复中兴乡，西沱镇划出12个村归中兴乡管辖，西沱镇只辖6个居委会、3个村（水磨村、新建村、建新村）。1996年7月17日，西沱镇6个居委会调整为沿江、云梯、月台、双桥4个居委会，3个村民委员会不变，全镇辖境未变。2001年7月27日，撤销中兴乡，其辖地并入西沱镇，全镇辖沿江、云梯、月台、双桥4个居委会，仁和、精中、里上、金华、新生、独门嘴、庆中、黄龙、马龙桥、红峰、太平、石坪、南洋、工农、水磨15个村117个村民小组，总面积62平方千米。2002年6月，撤销沿江、云梯、月台、双桥4个居委会，改设沿江、云梯、月台、双桥4个社区居委会。是年12月25日，撤村并组，撤销仁和、精中、里上、金华、新生、独门嘴、庆中、黄龙、马龙桥、红峰、太坪、石坪、南洋、工农、水磨15个村，改设朱家槽、黄桷岩、西山、玉石、太平桥、南坪、竹景山7个村，原117个村民小组合并为47个村民小组。2017年12月，全镇下辖朱家槽、黄桷岩、西山、玉石、太平桥、南坪、竹景山7个村47个村民小组，沿江、云梯、月台、双桥4个社区居委会，总面积62平方千米。

2017年西沱镇村（社区）、村民（居民）小组情况一览表

表1

村（社区）	办公地点	所辖范围
朱家槽	桐子园	金田湾　溶洞　老湾　横台　龙岗寺
黄桷岩	金家湾	深田湾　渡槽　斜石板　金家湾　小冲　汤家坝　万顺堡　双河口　示范塘
西山	哈家坝	瓦屋店　半坡　建兴　刘家坝　新湾　白家屋
玉石	里上坝	里上坝　张家坝　大墙院　大桥　马蝗坝　小堰沟　黄龙桥
太平桥	太平桥	大垰　潘家坝　青草坝　徐家沟　千垰榜　胡家坝　方家湾　漫水桥
竹景山	刘家岭	联合　公龙　合一　棕树堡　新河
南坪	山母湾	青龙嘴　倒水桥　余家岩　庙梁　黄家坝　拱桥　同梁
月台社区	原区委办公室楼	衙门路中线以上右边，三岔路口至双桥沟边地域
云梯社区	二房院子	衙门路中线以上左边，月台路以下及沙湾组地域
双桥社区	罗家湾	双桥沟边至月二山加油站（月台南路）地域
沿江社区	纵一路	衙门路中线以下，马尿溪至石槽溪（含陶家坝）地域

自然地理

地理位置　西沱镇位于石柱县境北部，长江上游南岸，石柱、忠县、万州三县区交界处。东接石柱县鱼池镇、王家乡、临溪镇，南邻王场镇、黎场乡，西与忠县石宝镇隔江相望，北与万州区长坪乡相连。西沱距县城 48 千米，距黄水国家级森林公园 70 千米。由长江逆流而上至重庆 279 千米，顺流而下至万州 47 千米。

地质地貌

地质　镇境地质构造属渝东褶皱带一部分，褶皱以方斗山长轴脊形背斜、西沱向斜为主。受丰都—忠县向斜的影响（该向斜北端有扬起之势），镇境的地层走向及倾角有一定的变化，地层产状为北 25 度，西北 25 度，倾向南西，倾角 10 ～ 30 度。方斗山背斜中有轻微断裂。西沱向斜虽无断裂，但各类砂岩中有节理，裂隙较为发育。镇境朱家槽村位于方斗山背斜西翼，出露的地层为古生界二叠系上统的长兴组、龙潭组，中生界三叠系下统的大冶组、嘉陵江组，中统的巴东组，上统的须家河组。其他村位于忠县向斜的东翼，所出露的地层为中生界侏罗系中统的下沙溪庙组、上沙溪庙组，上统的蓬莱镇组。

地貌　镇境内地势东高西低，呈台阶状下降。由于不同地质有不同的剥蚀速度，加之裂隙、溪流切割，构成平坝、低山、中山、丘陵及宽谷、窄谷、岩溶、嘈坝等多种小地貌类型。镇境内最高点在方斗山脉的冒火山，海拔 1200 米，最低点陶家坝海拔 175 米。按海拔高度可将全镇划分为平坝、丘陵、低山、中山四种地貌形态。平坝：长江沿岸沟壑两侧的嘈坝地区，海拔为 175 ～ 300 米。主要有玉石村里上坝，玉石村至太平桥村毛冲坝，黄桷岩村汤家坝、庙坝，太平桥村青草坝、大地坝、潘家坝、胡家坝，西山村哈家坝、刘家坝，沿江居委会陶家坝。这些地方虽属平坝，但由于沟壑切割，并非大片大块的面积，其中最大的是毛冲坝，约 2 平方千米，里上坝次之。平坝内主产水稻，并能生产其他各类粮食作物和经济作物，为镇境产粮区，约占全镇总面积的 20%。丘陵：沿长江边向方斗山脉一带分布，海拔在 300 ~ 600 米之间。全镇丘陵地带主要分布在西山村、黄桷岩村、南坪村、竹景山村、玉石村等地，土、田结合，以土为主，主产水稻和杂粮、经济作物等，为镇境经济作物和油料作物的主要产区，约占全镇总面积的 30%。除种植粮经作物外，还有少部分森林和经济林木。低山：沿丘陵向东面方斗山脉一带分布，居于方斗山麓，海拔在 600 ~ 800 米之间，也称“小山”。小山多为石灰岩层，主要分布在朱家槽村、玉石村，以产玉米等杂粮为主，也产水稻。低山地带除森林资源丰富外，还有矿藏煤、石灰石、铀等，中药材等土特产品种较多。中山：在方斗山脉背斜西翼，东接方斗山脊的冒火山，西接低山地带，海拔 800 ~ 1200 米。中山区主要分布在朱家槽村，全属石灰岩层。矿藏有烟煤。地面以森林为主，出产少量玉米、杂粮和中药材等，经济林木生长茂盛，是全镇主要牧草区和山羊饲养基地。

镇境有数条地表径流。跳脚石河，发源于朱家槽村溶洞组的出水溶洞，也是跳脚石大堰的主要水源。全长 13.63 千米，流经朱家槽村、玉石村、太平桥村、竹景山村 4 个村，至水磨溪注入长江，流域面积 90.4 平方千米，天然落差 410 米，多年平均流量每秒 0.949 立方米。土车溪，发源于王场镇，流经王场镇原四民、太和、梁会、新民、天顺、土车和西沱镇境太平桥村，于大地坝注入跳脚石河，全长 11 千米。槽房沟，发源于黄桷岩村万顺堡组，流经黄桷岩村双河口组、汤家坝组和玉石村里上坝组，注入跳脚石河，全长约 2 千米。

气候

镇境属中亚热带湿润季风气候，终年气温适宜，雨水充沛，四季分明，降水丰富，日照不足，垂直气候差异大，灾害性天气频繁。其气候特点：春季回暖早，升温快，但不稳定，有寒潮；夏季长，无酷热，多伏旱，暴雨强度大；秋季短，有低温；冬季迟，气温低，无严寒。年平均气温 18℃，极端最高气温 43.2℃，极端最低气温 -1.4℃。

雨量 镇境雨量充沛，适宜各种作物生长。春季前期雨量少；夏季多雨，暴雨强度大，后期多雷阵雨；秋季雨量大，阴雨多，前期也多有雷阵雨；冬季雨量少，或有小雨小雪。年平均降雨量 1103 毫米。

日照 镇境四季分明，日照不足，常年日照时数平均为 1353.5 小时，比石柱县平均日照时数多 30 小时左右，属低日照区。全年日照以 8 月份最多，1 月份最少。全年太阳总辐射量为 81.41 千卡 / 平方厘米，是全国辐射能量最少地区之一。

风　全年风向随季度变化明显，一年中除 5 月、6 月多西南风外，其余各月盛行偏东风。常年无大的风灾，只在横台中山区直上至方斗山脉山梁，常年有 3 ~ 5 级风；在长江边及丘陵地带，夏季时有 3 ~ 6 级风，数十年间或有一次 8 ~ 10 级大风。1944 年农历六月十五日，估计有 10 级大风；1990 年 5 月 10 日 17 时 58 分，估计有 7 级以上大风；1993 年 8 月 15 日 19—21 时，南坪村遭受 7 级以上大风袭击。大风来时天昏地暗，飞沙走石，拔树倒屋，粮经作物严重受损。镇境大风天一般在 4—9 月间。

霜　镇境无霜期长达 302 天以上，有的年代全年无霜期。初霜期多出现在 12 月，止于翌年的 2 月，但有的年份也有提前或延后。

雪　全年雪天少，沿长江地带 10 年左右或有一次大雪，最多 3 天后融化，最少积雪一夜后融化，一般落下即化，每年均有。但在中山区的横台到方斗山山顶，年年有大雪，时间在 12 月至翌年的 1 月，积雪 3 ~ 5 天才融化，最长达半月左右。

雾　雾在镇境比较常见，常年有 4 个月左右的雾期，一般在 11 月至翌年 3 月，以方斗山和长江江面及其两岸为主。雾大时能见度不足 10 米，致使车辆停驶、船舶停航。

自然资源

动物　野禽主要有乌鸦、喜鹊、水鸦鹊、杜鹃（二声、三声、四声、八声杜鹃均有）、燕子、画眉鸟、啄木鸟、麻雀、白鹤、老鹳、八哥、黄鹂、斑鸠、翠鸟、野鸭、野鸡、红腹锦鸡、射鸡（雉鸡）、竹鸡、秧鸡、红嘴蓝鹊、鹞子、猫头鹰、老鹰、夜鹰、黄雁等。其中锦鸡多分布在方斗山上，老鹰、夜鹰在悬崖栖息，白鹤、老鹳在方斗山、小山的高大树上栖息。候鸟中燕子春来秋去，黄雁冬来春去，秧鸡夏来秋去，杜鹃鸟春来秋去。红腹锦鸡全身是各种颜色鲜艳的羽毛，头顶生金色羽毛为冠。夜鹰形如猫头鹰，比猫头鹰、老鹰大得多，喙钩、眼大、爪利，昼伏深谷悬崖洞中，夜间出来捕食小禽或小动物（兔子、老鼠、蛇等），分布在马尿溪、手爬岩、周家岩、工农（公龙）等悬崖深谷一带。

野兽主要有黄鼠狼、松鼠、豪猪、花面狸、麂子、野兔、獐子、水獭、狗獾等，多栖于方斗山。水獭生活于跳脚石河沿岸石洞中，吃小鱼为生，经驯养后，可以帮助渔民捕鱼。

鱼类除长江鱼外，另有鲤鱼、鲢鱼、草鱼、鲫鱼、黄鳝、泥鳅等。

爬行动物主要有壁虎、乌梢蛇、翠青蛇、菜花蛇、铜钱花、秤杆蛇、赤链蛇、水赤链游蛇、眼镜蛇、尖吻蝮蛇、脆蛇蜥、乌龟、团鱼（王八）等。

节肢动物主要有蝎、蜈蚣、千脚虫、溪蟹、蜘蛛、蜂、蝉、蜻蜓、蝗虫、螳螂、蚂蚱、蟋蟀、金龟子、萤火虫、苍蝇、蚊子、蚂蚁等。

植物 全镇有林地面积1015公顷，主要分布：朱家槽村624公顷、玉石村120公顷、黄桷岩村123公顷、南坪村63公顷，其余各村、居委会85公顷。2002年冬，退耕还林441公顷，2017年冬，退耕还林32公顷，全镇森林覆盖率为24.8%。

主要树木有松、柏、杉、油桐、泡桐、梧桐、漆树、桑树、五倍子、红椿、臭椿、川楝、板栗、桉树、槐树、柳树、青杠、构叶、野樱桃、石榴、大叶榕、小叶榕、刺桐、千丈树、榆树、六股筋、花椒、杜鹃、皂荚等。

主要灌木有红籽（火棘）、黄荆、马桑、荆棘、锯木柴、藤扣、算盘子、牛筋等。

竹类有慈竹、斑竹、水竹、金竹、冬竹、白家竹、黑竹等。

珍贵植物有荷叶铁线蕨，产于西沱镇境马尿溪沿江悬崖和太平桥村手爬岩悬崖上，科学家称它为“新的活化石”。其叶呈肾形，绿灰色，叶面边沿有锯齿波纹，叶脉呈放射状，叶背边缘有小轮印，叶柄坚硬，呈黑色线状，上有细绒毛，无主秆，叶丛生，适宜在腐殖质较厚的岩缝岩磴上生长。春夏发，秋冬枯，喜湿润阴凉环境。荷叶铁线蕨是一种名贵中药材，具有清热解毒、清肝润沛等疗效。

矿产资源

镇境内主要矿藏资源：烟煤、铀、天然气、温泉、铁、沙金、硫铁、石砂岩等。

烟煤 分布在方斗山背斜西翼横台山脚和小山地带，储量约100万吨，曾有朱家槽煤矿大量开采（今已停采）。

沙金 分布在长江沿岸河漫滩的沙、砾石中，片状产出，西沱镇农民已有淘金的历史。

硫铁矿 分布在方斗山煤田，产于二叠系龙潭组，煤系地层中之顶，底板铅土页岩及煤层中，硫铁矿呈星点状分布，厚度一般为30 ~ 50厘米，硫品位低，为4% ~ 12%。

陶瓷黏土　分布在方斗山背斜西翼的二叠系、三叠系、侏罗系地层中，层状产出，有 6 ～ 10 层，8 ～ 15 米。

石灰岩　分产于方斗山背斜中山区，是生产水泥、电石、玻璃、石灰的原料，已批量开采。

水资源　跳脚石河，发源于朱家槽村溶洞组的出水溶洞，至水磨溪注入长江，天然落差 410 米，流域面积 90.4 平方千米，平均径流深 662.1 毫米，多年平均流量 0.949 立方米 / 秒。河流水能理论蕴藏量 0.2761 万千瓦，平均比降 30.09%，已在胡家大湾建水电站，装机容量 295 千瓦，常年发电量 90 万千瓦时。

土地资源　2017 年，全镇总面积 62 平方千米，其中耕地 763 公顷、园地 335.4 公顷、林地 2204 公顷、牧草地 886.66 公顷、其他农业用地 788.83 公顷、居民工矿用地 419.4 公顷、交通用地 73.8 公顷、未利用地 157 公顷、其他土地 571.91 公顷。

主要隘口

四郎垭口　位于小山上，属朱家槽村，垭口极其险峻，前俯瞰朱家槽一带，后通西沱场大路，是大山通西沱场的必经之道。

崔家岩　位于西沱镇北边，地势陡峭，是万州长坪乡到达西沱必经之道。

黄桷岩　在西沱镇北边，离集镇 2000 米，是临溪镇步行到西沱镇的要道，这里山高岩陡，又有一个隘口，隘口上方是高地，在高地上可以看到很远的地方。

江家岩　位于西沱镇南部，离集镇 4000 米，是青草坡到西沱的要道，居高临下，可俯视里上坝和过江龙一带。

人口 民族

人口总量 民国时期，西沱镇人口增长缓慢，1930年，设西沱镇时，全镇有1126户，6235人。1941年，西沱乡有1059户，6185人。1949年，全乡有2549户，10954人。中华人民共和国成立后，1950年，西沱乡有2219户，9366人。1990年，西沱镇有7119户，23479人。2017年西沱镇有11142户，32796人。

1942—1951年西沱乡人口数量表

表2 单位：人

年份	1942	1943	1944	1945	1946	1947	1948	1949	1950	1951
总人口	9923	10690	9466	10009	10029	9426	9629	10954	9366	9659

1952—2017年西沱镇户数、人口数量表

表3 单位：户、人

年份	总户数	总人口	男性	女性	农业人口	非农业人口
1952	2319	9763	4901	4862	9468	295
1953	2530	10629	5335	5294	9969	660
1954	2507	10783	5391	5392	9862	921
1955	2622	11015	5518	5497	10250	765
1956	2630	10736	5378	5358	9983	753
1957	2889	11106	5553	5553	9917	1189
1958	3563	13832	6929	6903	13278	554
1959	3485	13316	6671	6645	12650	666
1960	3439	12360	6192	6168	11742	618
1961	3651	13258	6655	6603	12595	663
1962	3581	13468	6747	6721	12794	674
1963	4070	14953	7321	7632	13781	1172

续表 3

年份	总户数	总人口	男性	女性	农业人口	非农业人口
1964	4022	15448	7463	7985	14224	1224
1965	4052	15862	7683	8179	14590	1272
1966	4027	16345	7899	8446	15017	1328
1967	4243	16630	8115	8515	15302	1328
1968	4761	17090	8401	8689	15713	1377
1969	4353	17468	8560	8908	15908	1560
1970	4407	17999	8824	9175	16577	1422
1971	4449	18438	8981	9457	17023	1415
1972	4507	18918	9342	9576	17381	1537
1973	4522	19535	9660	9875	17977	1558
1974	4591	19954	9887	10067	18388	1566
1975	4608	20203	10048	10155	18628	1575
1976	4413	18711	9262	9449	16914	1797
1977	4440	18777	9313	9464	16979	1798
1978	4434	19204	9563	9641	16979	2225
1979	4371	18825	9374	9451	17023	1802
1980	4506	18897	9372	9525	16937	1960
1981	4586	19027	9437	9590	17108	1919
1982	4821	19286	9585	9701	17325	1961
1983	4997	20898	10524	10374	17401	3497
1984	5181	21520	10843	10677	19582	1938
1985	5323	22214	11114	11100	19064	3150
1986	6203	22817	11549	11268	19652	3165
1987	6485	23252	11779	11473	19989	3263
1988	6722	23466	11979	11487	20217	3249
1989	6669	23313	11859	11454	20416	2897
1990	7119	23479	11949	11530	20594	2885
1991	7391	23803	12172	11631	20847	2956
1992	7795	25260	12773	12487	21813	3447
1993	8124	27172	13741	13431	18137	9035
1994	8934	28186	14244	13942	18200	9986
1995	9949	28524	14416	14108	17075	11449
1996	9964	28905	14617	14288	17275	11630
1997	9893	29199	14776	14423	17475	11724

续表 3

年份	总户数	总人口	男性	女性	农业人口	非农业人口
1998	9609	29327	14831	14496	17503	11824
1999	9981	29569	14949	14620	17604	11965
2000	10036	30254	15323	14931	18264	11990
2001	10079	30669	15550	15119	18655	12014
2002	10834	30901	15594	15307	18474	12427
2003	10709	30954	15506	15448	16713	14241
2004	10232	30492	15337	15155	16160	14332
2005	10023	30069	15094	14975	15936	14133
2006	10120	30158	15109	15049	15682	14476
2007	10630	32956	16510	16446	16807	16149
2008	11159	34593	17546	17047	17642	16951
2009	11818	31687	15938	15749	16794	14893
2010	10477	31537	15966	15571	16970	14567
2011	11629	31629	15846	15783	16384	15245
2012	11723	33166	16616	16550	17335	15831
2013	10732	31768	15915	15853	16837	14931
2014	11004	32793	16494	16299	16724	16069
2015	10589	31344	15358	15986	15985	15359
2016	10807	31233	15647	15586	15928	15305
2017	11142	32796	16258	16538	16527	16269

人口构成

劳动力构成 1916 年，西沱境域共 5281 人，社会劳动力（13 ~ 65 岁）4960 人，占总人口的 93.92%，其中农业劳动力 2889 人，占总劳动力的 58.25%。1944 年，西沱境域 9466 人中，社会劳动力 6313 人，占总人口的 66.69%，其中农业劳动力 5051 人，占总劳动力的 80.01%。1953 年，社会劳动力（15 ~ 64 岁）占总人口的 60.3%，1956 年占 48.53%，1964 年占 58.55%，1982 年占 59.63%，1985 年占 51.68%。1990 年，第四次全国人口普查，全镇 23479 人中，社会总劳动力 14622 人，占总人口的 62.28%。2002 年年末，全镇劳动力增加到 20437 人，占总人口 30901 人的 66.14%。其中：城镇劳动力 2540 人，占劳动力总数的 12.43%；农业劳动力 17897 人，占 87.57%。2010 年，全国第六次人口普查，全镇 31537 人中社会总劳动力 21180 人，占总人口的 67.16%。其中：农业劳动力 18619 人，占劳动力总数的 87.91%；城镇劳动力 2561 人，占劳动力总数的 12.09%。2017 年 12 月末，全镇总劳动力为 22304 人，占总人口 32796 人的 68.01%。其中：农业劳动力 19208 人，占 86.12%；城镇劳动力 3096 人，占 13.88%。

行业构成 1916 年，全镇在业人口 3748 人中，农业在业人口为 2221 人，占 59.26%，商业、手工业及服务业在业人口占 29.47%。1958 年，全镇在业人口 6163 人中，农业在业人口占 91.52%，工业在业人口占 2.28%，党政机关及商业服务在业人口等占 6.20%。1990 年，第四次全国人口普查，全镇劳动适龄人口 14380 人，占总人口 23479 人的 61.25%，在业人口 11102 人，在业率 77.21%，其中农、林、牧、渔、水利服务业在业人口 10032 人，占在业人口的 90.36%；工业 356 人，占 3.21%；建筑业占 0.22%；交通运输邮电通信业占 0.66%；商业、公共饮食、物资供应和储蓄业占 1.98%；房地产管理、公用事业、居民服务和咨询服务业占 0.32%；卫生、体育和社会福利事业占 0.41%；教育文化和广播电视业占 1.44%；金融保险业占 0.18%；党政机关和社会团体占 1.2%；其他行业占 0.01%。2017 年年末，全镇劳动适龄人口 20384 人，占全镇总人口的 62.15%，在业人口 19132 人，在业率为 93.86%，失业人口 216 人，失业率 1.12%。按国民经济行业划分，从事农、林、牧、副、渔业 13939 人，占在业人口的 72.86%；采掘业占 1.08%；制造业占 4.26%；电力电气及水的生产和供应业占 0.28%；水利管理业占 0.27%；建筑业占 3.18%；交通运输及邮电通信业占 2.46%；批发零售贸易、饮食业占 2.81%；金融、保险业占 0.28%；房地产业占 0.03%；社会服务业占 1.91%；卫生体育和社会福利业占 0.31%；教育文化艺术和广播电影电视业占 1.56%；综合技术服务业占 0.09%；党政机关和社会团体占 0.93%；其他行业占 7.69%。

民族结构 西沱镇是土家族的栖息之地，中华人民共和国成立前，土家族长期未得到承认。清末《石砫厅乡土志》称：“厅全境无旗户，皆汉人。”1982 年下半年，开始恢复少数民族成分，1983 年 5 月，基本完成民族成分恢复和确认工作，全镇恢复少数民族成分 4915 人，占总人口的 23.52%。1985 年年末，全镇 22214 人中，土家族 10796 人，占 48.6%，汉族 11418 人，占 51.4%。1990 年，全国第四次人口普查，全镇总人口 23479 人，其中汉族人口 9721 人，占总人口的 41.4%，少数民族人口 13758 人（土家族 13755 人、苗族 1 人、满族 2 人），占总人口的 58.6%。2000 年，第五次全国人口普查，全镇总人口 30254 人，其中汉族人口 9409 人，占总人口的 31.1%，少数民族人口 20845 人（土家族 20841 人、苗族 2 人、满族 2 人），占总人口的 68.9%。2010 年，第六次全国人口普查，全镇总人口 31537 人，其中汉族人口 15181 人，占总人口的 48.14%，少数民族人口为 16356 人（土家族 16337 人、苗族 16 人、满族 3 人），占总人口的 51.86%。2017 年，全镇总人口 32796 人，其中汉族人口 15541 人，占总人口的 47.39%，少数民族人口 17252 人（土家族 17249 人、苗族 2 人、满族 1 人），占总人口的 52.61%。

人口姓氏 西沱镇的姓氏中，人口较多的主要有谭、江、王、刘、朱、胡、彭、陈、黎、张等姓，其中谭、江、刘、陈在明末即为石砫土司辖地的大姓。1985 年全镇有 101 个姓氏：万、马、王、戈、毛、方、邓、艾、石、龙、卢、申、田、冉、白、包、冯、朱、乔、任、向、刘、江、汤、孙、牟、苏、杜、巫、李、杨、肖、邱、何、佘、余、邹、汪、沈、张、陈、苟、范、林、欧、易、罗、金、周、郎、孟、项、赵、郝、云、胡、哈、钟、段、侯、饶、姚、贺、骆、秦、袁、夏、晏、徐、卿、高、郭、浦、涂、陶、黄、曹、龚、崔、梁、彭、董、蒋、韩、喻、程、童、曾、谢、裘、雷、睦、廖、谭、熊、樊、黎、潘、薛、戴、魏。

随着改革开放的深入，人员流动迁徙频繁，西沱镇的姓氏增多，至 2017 年年末，全镇有丁、卜、万、马、王、韦、戈、毛、文、尹、邓、甘、艾、古、左、石、龙、卢、叶、申、田、史、付、代、白、印、包、冯、兰、宁、母、朴、权、成、尧、曲、朱、乔、伍、任、向、合、邬、刘、齐、闫、关、米、江、汤、安、许、阮、孙、牟、芦、苏、杜、李、杨、肖、吴、利、邱、何、佘、余、邹、况、闵、汪、沈、宋、张、陆、陈、幸、苟、范、茅、林、欧、昌、明、易、岑、和、岳、金、周、庞、郑、郎、孟、练、赵、郝、荆、云、胡、柯、柳、哈、钟、段、修、侯、饶、姜、洪、宦、胥、姚、贺、骆、秦、敖、袁、聂、莫、晋、桂、贾、夏、晏、钱、徐、卿、高、郭、唐、涂、谈、陶、黄、梅、曹、龚、盛、常、崔、康、阎、梁、寇、宿、屠、隆、彭、董、蒋、韩、朝、覃、喻、程、傅、焦、鲁、童、曾、湛、游、谢、靳、蓝、蒲、赖、雷、简、满、蔡、廖、漆、谭、熊、樊、黎、滕、颜、潘、衡、戴、魏、蹇 185 个姓氏。但人口较多的仍是谭、江、王、刘、朱、胡、彭、陈、黎、张等姓。

镇域经济

经济概况 1949年，西界沱乡农业产值仅41.68万元。1985年，农民人均现金收入158元。2002年，农业生产总值4500万元，是1949年100多倍。农民人均现金收入1496元，是1985年的9倍多。2010年，地区生产总值5.49亿元，镇级财政收入1589万元，城镇居民人均可支配收入14992元，农民人均纯收入5663元，社会消费品零售总额1.77亿元，固定资产投资2.76亿元。2017年，地区生产总值22.50亿元，是2010年的4.1倍；镇级财政收入4009万元，是2010年的2.5倍；城镇居民人均可支配收入27631.35元，是2010年的1.84倍；农民人均纯收入9268.05元，是2010年的1.6倍；社会销售品零售总额6.71亿元，是2010年的3.79倍；全社会固定资产投资2.35亿元，比2010年略少。

2003—2017年西沱镇经济概况一览表

表4

年度	地区生产总值（亿元）	镇级财政收入（万元）	城镇居民人均可支配收入（元）	农民人均纯收入（元）	社会消费品零售总额（万元）	固定资产投资（万元）
2003	1.02	539	5980	1717	4184	3267
2004	1.17	623	7000	2010	6214	3290
2005	1.55	785	8055	2313	8239	2150
2006	2.00	632	9145	2626	9566	5540
2007	2.39	635	10887	3126	9700	6994
2008	3.09	725	13340	3830	13400	10000
2009	4.12	970	13209	4642	14366	23000
2010	5.49	1589	14992	5663	17700	27600
2011	8.80	1400	14992	6224	19800	84000
2012	11.80	4998	19674	8005	35600	305000
2013	15.34	7100	23608	8200	38000	185000
2014	13.30	9519	25587	8620	49000	197000
2015	13.50	8367	26125	8935	51000	15000

续表 4

年度	地区生产总值（亿元）	镇级财政收入（万元）	城镇居民人均可支配收入（元）	农民人均纯收入（元）	社会消费品零售总额（万元）	固定资产投资（万元）
2016	18.85	6873	26386	9096	59000	16200
2017	22.50	4009	27631	9268	67097	23500

农业 境内有水稻、玉米、小麦、薯类、豆类等粮食作物，有花生、油菜、芝麻、辣椒、棉花、烟草、柑橘、佛手等经济作物。

1949 年 6 月，四川省政府《石硅县经济概况租佃制度》调整记载，少数人占有土地总面积的 68%，自耕农和半自耕农占有土地的 32%。1949 年西界沱乡粮食总产量 2612.5 吨。中华人民共和国成立后，于 1951 年 6 月至 1952 年 4 月，分两批完成土地改革，废除封建所有制，实现耕者有其田，农民的生产积极性高涨。1957 年粮食总产量增至 3216.2 吨，1966 年上升到 4147 吨。1982 年，西沱境域所有生产队全部实行家庭联产承包责任制，进一步激发了农户的生产积极性。1985 年粮食总产量 7183 吨，2000 年猛增至 1.23 万吨。2017 年，产粮食 1.14 万吨、油料 1268.6 吨、水果 1396.5 吨。

养殖业 西沱境域历来有饲养牛、猪、羊、兔、鹅、鸭、鸡等畜禽的习惯。中华人民共和国成立前，西沱境域养殖业较为落后，规模极小。1949 年，西沱境域存栏猪 1360 头，户均不到一头，出肥率不到 50%。

1950—1980 年，实行集体生产，农户除完成派购、订购任务外，饲养的畜禽仅能自给自足，有少量家禽及禽蛋在市场交易，养殖业发展缓慢。1986—2002 年，西沱镇先后采取措施，允许农民临时占用土地修建牲畜圈舍；贴息、补贴引进良种，淘汰老品种；给予饲料补贴，降低税费；培育专业交易市场；改革畜牧业生产、管理、流通体制，在资金、技术、物质上全力扶持重点村、专业户，全镇畜牧业逐步向规模化、产业化方向发展，畜牧业产值在农村经济中的比重逐年增加。2002 年，畜牧业产值 526 万元，占全年农业总产值 2056 万元的 25.58%。畜禽存栏 24.15 万头（只），其中存栏猪 1.67 万头、牛 3890 头、羊 721 只、鸡 3.2 万只、鸭 1.93 万只，分别比 1986 年的 1.04 万头、1568 头、42 只、1.12 万只、5742 只增长 60.58%、148.09%、16.2 倍、185.71%、2.36 倍；人均肉类占有量 45.05 千克，蛋类占有量 4.55 千克，分别比 1986 年的 15.91 千克、1.64 千克增长 1.83 倍、1.77 倍。2003 年后，采取培育大户、科技扶持、专业合作社引导，加强疫病防治等措施，发展畜牧产业，并在 2010 年建成市级标准化生猪养殖场 2 个，建立和完善人工授精点2个，成立养殖专业合作社4个，全镇有畜禽养殖户2632户，规模大户107户，存栏肉牛4500头，生猪1.72万头、羊2500只，圈存肉兔9.2万只、家禽12万只，养蜂1500群。畜牧业总产值3262万元，比2002年的526万元，增长5.2倍，占全年农业总产值的38.6%。2017年年末，存栏牛4625头、猪1.54万头、羊581只、兔1.2万只、鸡5.21万只、鸭1.56万只，出栏牛1589头、猪1.61万头、羊256只、兔1.1万只、鸡3.12万只、鸭8264只。

工业 中华人民共和国成立前，场镇上有锅铧厂、铁匠铺、铜匠铺、织布坊、针织铺、染坊、缝纫铺、木器铺、竹器铺、雕刻店、鞭炮作坊、制糖作坊、酿酒作坊、榨油作坊等，均为小规模手工作坊。1949年，西沱场镇有铁器匠铺6家，纺织作坊16家、印染坊4家、食品加工店3家、建材加工店3家。

中华人民共和国成立后，开始兴办工业企业，对私营企业进行社会主义改造，1957年年末，全镇有公私合营工业企业（合作社）12家，从业人员121人，总产值22.61万元。1958年成立人民公社，“大办工业”，全镇工业企业（包括手工业）达32家，从业人员236人，总产值28.92万元。至1966年，有铁器、木器、竹器、五金、纺织、缝纫、石灰、修配、衡器、锅铧、砖瓦、建筑12个手工业社（组），当年生产各种农具12361件，各种家具896件，工业总产值10.96万元。到1977年，全镇有工业企业19家，从业人员238人，总产值25.62万元。中共十一届三中全会后，工业发展较快。1979年成立镇街道工业办公室。先后新办农具厂、锅铧社、翻砂厂、陶器厂、碎石厂、粮油加工厂等企业。至1985年年末，全镇工业企业发展到36家，工业总产值51.21万元。1986年，镇党委、镇政府在实践中认识到“无农不稳，无工不富，无商不活”的经济发展客观规律，把工业兴镇列入工作的重要议事日程，举全镇之力优先发展电力工业，突破制约西沱工业企业发展的瓶颈，依托本地优势资源，对已建成的企业实行升级改造，淘汰老旧产品，开发新产品，提升产品的产量、质量，并新建朱家槽煤矿、农具厂、西沱水泥厂等一批企业。至1990年，西沱镇实现工业总产值681.62万元。1991年年末，下放企业经营权，实行自主经营、自负盈亏、政企分开，减少指令性计划，企业根据市场需要自选生产品种，自定生产规模和产品价格。与此同时，对砂砖厂、工农煤矿、西沱自来水厂、西沱装卸公司、西沱镇建筑公司、西沱家具厂、西沱镇印刷厂等集体企业实行首轮承包经营。1993年后取消指令性计划，全由企业自主经营、依法纳税、自负盈亏。年末，全镇工业总产值518.6万元。1994年工业总产值812.31万元（其中民营工业产值386.15

万元），纳税 56.81 万元，利润 120.12 万元。1996 年，全镇企业开展学邯郸“抓管理、降成本、增效益”活动。1990—1998 年，先后建成重庆西沱肉联厂、三峡能源建材股份有限公司、白岩公司、中泽汽车修理厂、西沱蚊香厂等企业。

1998 年年初，执行石柱县委、县政府《关于加快企业改革的决定》和《关于全县企业改革的实施意见》，成立以镇党委书记任组长，镇长、分管领导任副组长的企业产权改革领导小组，从部门抽调 7 人，组成改革工作小组，按照“国有资产不流失，银行债务不悬空，职工安置有去向”和“因企制宜，一企一策”（宜股则股、宜并则并、宜分则分、宜租则租、宜卖则卖、宜破则破、不搞一刀切）的原则，实行产权制度改革。至 2002 年年末，共改制工业企业 15 户，盘活存量资产 1260 万元，筹集股金 600 万元，核销银行呆账 619 万元，全镇企业总利润 816.12 万元，规模以上企业亏损户减至 3 户。

2003—2010 年，全镇围绕工业发展战略，依托特色资源，抓重点项目建设，壮大重点企业。发展特色资源加工业，重点培育化工、轻纺、建材、矿产加工企业，新建加工辣椒、马铃薯、“豫薯王”（红薯）的绿色食品加工企业，着力新产品开发，新办产值超 100 万元的广博房地产开发有限公司、金田煤矿、西沱榨菜加工厂、重庆香水火锅调料加工厂等。2010 年，全镇有工业企业 57 户，工业总产值 5.2 亿元。2011—2017 年，镇党委、政府依托库区优势，按照“县域经济中心、三峡库区工贸重镇”和“十亿级经济强镇”的战略定位和“建港兴业”“优先发展特色工业”的发展思路，主攻以化工、建材等重工业为主的工业。2017 年年末，全镇有各类企业 117 家，从业人员 3315 人，实现工业总产值 14.1 亿元，缴税 4161 万元，利润 6891 万元。

商业 西沱地处水陆要冲，深水良港，唐、宋时期已成商埠。1949 年以前，西界沱是石砫县的商业中心。由唐至清，巴盐销楚以及川盐济楚，致使西界沱的流动人口剧增，带动商业经济发展，吸引湖南、湖北、广东、广西、浙江、江西等地的商人到西沱经商，进一步促进了西沱商业经济的繁荣。民国时期，西界沱的商业全为私营，经营形式有坐商、行商、摊贩三种。坐商有固定店铺，主要经营盐、米、布匹、绸缎、糖果食品、丝烟、文具、小五金、日杂百货、饭食等。行商较坐商少，主要从事采购西界沱市场上的农产品，运往外地销售，采购外地商品销给境内坐商、摊贩。摊贩比行商多，本小利微、串乡赶场，所销商品多为日用百货。其中，1941—1949 年间先后兴办的和成字号、永成字号、翕成字号、同济盐店、同福字号（主营粮食、食盐、中药材、棉花、布匹、桐油及其他土产），是中共地下组织的联络站，为中共地下组织筹集活动经费。

1949年，西沱境域有私营工商户218户，其中私营商业户196户，从业人员582人。

中华人民共和国成立后，实行计划经济，特别是进行社会主义改造后，私营商业相继歇业关闭，但西沱作为石柱县唯一的深水良港，仍是商品集散地，国营商业、集体商业、合作商业应运而生，成为西沱商业的主流。1950—1969年间，先后兴办西沱区粮油食品经营站、西沱中药批发收购组、西沱土产站、西沱盐业批发部、西沱区食品经营站、西沱蚕茧站等国营企业，成立公私合营商店6个（从业人员142人）、集体合作小组19个（从业人员212人）、供销合作社，百货、煤炭、副食、食品、日杂、青年综合商店等集体合作商店。

中共十一届三中全会后，贯彻开放搞活方针，由计划经济向市场经济过渡，对私营个体商贩逐步取消限制，从开业发证、经营品种、货物购销等方面放宽政策，西沱境域的个体商店、商贩逐年增多。1980年发展个体工商户63户，从业人员69人。1982年8月12日，成立西沱镇个体劳动者协会，年末工商户增加到251户。1985年，全镇有集体合作商店39个，从业人员396人；村办集体商店41个，从业人员168人；居委办商店12个，职工61人。1989年10月，计划商品由原60种减为36种，1991年后，放开粮油、肉食、小商品（1244种）和纺针织品、百货、文化用品、五交化产品、家具、食品及饮料七大类商品的价格，出厂价、批发价、零售价均由生产企业、批发企业、零售企业自主决定，允许私营企业、个体商贩经商，国有商业、供销社、新老合作商店和镇办商业在激烈的市场竞争中渐处弱势。1995年后，放宽登记条件，减轻税费负担，提供贷款支持，个体商业户增多，并注册私营商业企业16户（从业人员268人）。

1998—2001年，实施企业产权制度改革，除经营烟、盐、燃油、民用爆炸物品的国有专营商业外，其他国营商业企业、供销社、合作商业纷纷改制、解体、关闭，私营商业、个体商贩迅速崛起，成为西沱商业的主流。2002年年末，全镇私营商业企业98户，从业人员4612人，营业收入1286万元；个体工商户总数增加到409户，从业人员1897人。2003—2005年，新办产值100万元以上的商业企业5户，新发展个体工商户452户，2005年年末，营业收入8238.7万元。2010年，新发展私营企业10户、个体工商户100户，从业人员3770人，营业收入1.2亿元，缴税2540万元，利润2100万元。2015年新发展个体工商户265户，微型企业79户。年末，全镇有个体工商户1547户，个体工商户销售收入1.72亿元，纳税612万元。2017年，全镇有个体工商户1365户，微型企业179户，私营企业448户，个体工商户销售收入0.83亿元，纳税529万元。

镇村建设

场镇建设

街道建设 1949年前，西沱镇的街道西起长江边，沿坡而上，经下盐店、老平街、米市街、平街、中华街，东达乌龟背的独门嘴，街长约2500米。1973—1985年，先后修建西沱搬运社至纸板厂的滨河街，二房院子至西沱中学的月台路，纸板厂至二房院子的万家路，镇医院（月台路三岔口）至钻井台的温泉路，街道总长增至6千米。2002年，街道增至22条，总长20千米，被重庆市政府评为“市小城镇建设示范镇”“市优秀绿化小城镇”。截至2017年，先后建成街道及街巷29条，总长31.62千米，其中商业街6条，街巷8条，其他街路15条，形成“三横三纵”的街道骨架。

街房建设 中华人民共和国成立前，街房多为木房，少部分为土房，极少砖房，街房总面积约7万平方米。1949年，场镇上有住户222户904人。中华人民共和国成立后，土房逐步改建为砖木或砖混结构，至1970年年末，扩建、新建街房11.2万平方米，街房总面积增至18.25万平方米。1985年年末，街房面积增至46.52万平方米，场镇上有住户546户3150人。自1986年始，私人建房逐年增多，开始出现砖混结构。1995年3月29日，西沱镇被建设部定为“小城镇建设试点镇”，并从1995年起，连续5年享受试点镇每年基础设施建设补助资金10万元。1999年12月，被建设部表彰为“全国村镇建设先进镇”。至2002年年末，集镇建成区面积2.5平方千米，街房建筑面积增至131.06万平方米，有宾馆5家，客户150间，床位350个，公厕6座（蹲位80个）。2008年后，场镇建房均采用全框架现浇结构。2017年年末，场镇建成区面积增至3.8平方千米，街房建筑面积增至181万平方米。

路灯设置 1980年1月，西沱街上开始安装路灯，初期只有区公所至西沱中学、煤建公司至港务站公路沿线安装路灯。1990年后，衙门路、月台路、月台北路、月台南路、园丁街、纵一路、纵二路、老云梯街等主要街道均安装路灯。1998 年，重新设计安装路灯 80 盏；2002 年，场镇共有路灯 150 盏。2003 年，衙门路更换 44 盏，形成灯饰一条街。2017 年，全镇所有街道均安装路灯，临街、临江房屋全部安装灯饰。

农村建设

农房建设 1978 年以前，农房普遍是土木结构或全木结构，砖房极少。中共十一届三中全会后，开始建二、三层砖混结构的房屋。至 1982 年，农村 18% 以上农户改建、新建、扩建房屋。农房的形式有一字形、弯尺形、三合院形、四合院形等。1985 年年末，全镇有农业人口 19064 人，农房总建筑面积 62.56 万平方米，人均 32.82 平方米。

1986—2002 年，农房改建逐年增多，特别是 1995 年，形成农房改建、新建高潮。公路沿线普遍修造三层以上的砖混楼房，居住在边远的村民，逐步搬迁到条件相对较好的公路边居住。至 2017 年，全镇农房占地面积 79.97 万平方米，人均 31.99 平方米。农房建筑面积 120.98 万平方米，人均 39 平方米，多年的土墙房、土木房基本消失。

居民新村建设 2002—2016 年，先后建成水磨移民新村（建房 1.2 万平方米，街道长 200 米）、里上坝居民新村（建房 2.8 万平方米，街道长 800 米）、井团路居民新村（1.86 万平方米，街道长 400 余米）、郎家渡槽居民新村（建房 3.6 万平方米，街道 1200 米），给排水、供电、供气、通信网络、停车、集市交易等功能齐全。镇境的三峡库区移民、火电厂征地移民、扶贫移民等共 250 余户入住居民新村。

交通建设

公路 1958 年 3 月动工兴建石（柱）西（西沱）路：从石（柱）高（镇）公路 6 千米的高岗院处起，经大歇、龙沙、悦来、鱼池至西沱镇，全长 77.3 千米，1965 年 1 月 15 日竣工通车，2010 年硬化为水泥路面。1973 年 11 月，动工修建西沱至王场公路，全长 15 千米，1974 年 8 月竣工通车，2005 年硬化为水泥路面。1993 年 12 月 6 日动工修建西沱镇太平桥至黎场乡石坪村的公路，全长 5.8 千米，1994 年 2 月竣工通车，2005 年硬化为水泥路面。1993 年 12 月动工修建西沱至万州区长坪乡的公路，全长 1 千米，1994 年 3 月竣工，2010 年硬化为水泥路面。1995 年动工修建西沱镇至沿溪镇赶家桥公路，全长 18.70 千米，在赶家桥头连通川汉公路，翻越方斗山后在鱼池镇与旧石西路相汇，形成西沱至石柱县城的便捷通道，1999 年 8 月竣工通车，水泥路面。2012 年 12 月动工修建沿江高速公路（G69），镇境内全长 6 千米，设有进出口一个，2016 年 12 月 29 日竣工通车。1994—2017 年，修建通村通组公路 10 条共 150 余千米。2017 年，镇境内

沿江高速公路忠县—万州段西沱站（2017 年） 谭红建 摄

公路总里程达到 214.55 千米，其中高速公路 6 千米、互通连接路 2 千米、县道 83 千米、乡村道 123.55 千米，另有通组道 38.3 千米。全镇的 7 个村、47 个村民小组全部通公路，1.5 米宽水泥路面的人行道通往全镇每一个院落，可通行机动三轮农用车。

港口建设 1976 年 10 月 28 日，长江航运公司在西沱镇陶家坝建成客运码头，宜昌—重庆的“东方红”号客轮在码头停靠上下旅客。1978 年，将木质趸船更换成钢筋水泥趸船。2003 年 11 月新建成打鱼湾客运码头，有客运泊位 1 个长 155 米，趸船 1 只长 50米，最大停泊能力1000吨，最大通过能力50万人次／年。建客运站面积1600平方米，客运广场 2000 余平方米。

1976 年 11 月，长江航运公司在西沱镇陶家坝建成货运码头。1985 年，增设一艘可容 1500 吨级船队停泊装卸的货运趸船。三峡蓄水淹没原码头后，在原址靠后建成泊位 1000 吨、年吞吐能力 67 万吨的陶家坝货运码头。2003 年 11 月建成，有货运泊位 1 个，货运堆场 3000 余平方米。

1984 年，成立石柱县航运公司，在西沱码头设木质趸船。1993 年，石柱县航运公司更名为黔江地区长江轮船公司。是年投资 2400 万元，建造 4 艘 600 客位的客轮，开通重庆至岳阳航线。至 2000 年，共建造 600 客位的客轮 8 艘、小型机动客轮 3 艘，另建造拖轮 3 艘、货驳 14 艘。

1985 年 6 月，石柱县航运公司在原西沱码头建成靠泊能力 200 ～ 500 吨的分级式码头，设 30 吨木质趸船 1 艘。1988 年 3 月，设载重 170 吨的钢质客运趸船一艘、载重 100 吨的钢质货运趸船一艘，供短途客、货轮停靠（2004 年，三峡水库蓄水淹没）。2002 年，靠后复建西沱码头，2003 年 11 月建成客货泊位各一个、客运广场 2000 多平方米，货运堆场 3000 多平方米。

西沱港位于西沱镇，上起牯牛滩，下止石槽溪，岸线长 2330 米，主航道终年可航行 1000 ～ 1500 吨级船舶。港区陆域面积 40.5 万平方米，水域面积 39.3 万平方米。1976 年 2 月 9 日，长航万县港务管理局在西沱镇陶家坝建立西沱镇港务站和客货码头。1985 年，西沱港有码头 2 个，泊位 4 个，以及水上仓库 1 座，50 平方米，容量 100 吨。另有枯水期停泊船只的陶家坝锚地，面积 2.3 万平方米，系船浮筒 5 个；洪水期停泊船只的母猪函锚地，面积 2.8 万平方米，系船浮筒 4 个。陆域上有煤炭堆场 2000 平方米，仓库 16 座，11172 平方米。1992 年水域中有码头 14 座，泊位 20 个，其中万县港口管理局西沱港务站所属码头 3 座，泊位 3 个，地方码头 6 座，泊位 11 个，货运码头 4 座，泊位 5 个，重庆航道管理局西沱港航道段码头、泊位各 1 个。码头主要分布在马尿溪至石槽溪一线。2003 年 6 月，三峡水库二期蓄水 135 米，西沱港 14 座码头 20 个泊位全部被淹没。2017 年港区面积 93.83 万平方米，其中陆域面积 22.53 万平方米，水域面积 71.30 万平方米。陆域上有煤炭堆场 1 处，容量 500 吨。有连接石西公路的下河公路 1.32 千米及引道 4 条，有地、县石油公司油库及输油管道线 4 条，长 300 米，有客运站 1 座和装卸公司 1 个。港口有供洪水期和枯水期临时停泊船舶的母猪函锚地和陶家坝锚地。

码头建设

西沱码头 是长江边顺岸式自然码头，初建于唐代，船舶枯水期停靠镇溪口，洪水期停靠打鱼湾。1960 年万县永兴航道站迁至西沱码头，设西沱航道站，担负欧家河至观音阁 11.5 千米的水上航标灯，陆上大背子、猫心嘴、鲤鱼溪信息台及工农背雾台的管理工作。1974 年 4 月建成码头公路 0.7 千米。1985 年 6 月石柱航运公司设 30 吨木质趸船一艘，建成靠泊能力 200 ～ 500 吨的分级式码头。1988 年 4 月动工，将原泥石路面下河引道扩建为长 720 米、宽 7 米的水泥路面。6 月和 8 月，两次购进长 20 米、宽 6 米，载重 100 吨的钢质货运趸船和长 32 米、宽 9 米，载重 170 吨的钢质客运趸船各一艘，供短途客、货

长江西沱码头（2021 年） 谭红建 摄

轮停靠（2004 年，三峡水库蓄水淹没）。2002 年，靠后复建西沱码头，2003 年 11 月建成客货泊位各一个、客运广场 2000 多平方米，货运堆场 3000 多平方米。

港务站客运码头 位于西沱镇陶家坝。梯道踏步式码头，有泊位 1 个，泊位长 200 米，40 米长、载重 100 吨的“40-4”号钢筋水泥趸船 1 艘，最大停靠能力 1000 吨，最大通过能力 23 万人次／年，建有货场 1 个，面积 500 平方米，有客运站 1 座，面积 1787 平方米（2004 年，三峡水库蓄水淹没）。2001 年 12 月 28 日，在原址与西沱码头之间的打鱼塆动工复建长航客运码头。2003 年 11 月建成，有客运泊位 1 个，长 155 米，趸船 1 只，长 50 米，最大停泊能力 1000 吨，最大通过能力 50 万人次／年。建客运站面积 1600 平方米，客运广场 2000 余平方米。

港务站货运码头 位于西沱镇陶家坝，为长江边石梯道货运码头，主要停靠水泥、煤炭运输船舶。码头区内设有粮食、农资、物资、石油仓库，抽油趸船，以及 2 个共容 8000 吨的煤坪，建有面积 2000 平方米货场。有泊位 1 个，泊位长 200 米，有 40 米长趸船 1 艘，最大停靠能力 1000 吨，最大通过能力 20 万吨／年。1985 年年初，港务站增设可容 1500 吨级船队停泊装卸的货运趸船 1 艘（2004 年，三峡水库蓄水淹没）。2001 年

12月28日，在原址与西沱码头之间的打鱼塆动工复建长航客运码头。2003年11月建成，有货运泊位1个，货运堆场3000余平方米。2002年4月，在原址动工复建长航陶家坝货运码头，2005年建成投用，有泊位1个，最大停靠能力1000吨，年吞吐能力67万吨。码头沿江岸长100米，占地4.67公顷。建成货场面积2000余平方米，给排水、安全设施、下河梯道及轨道，电力、通信设施一应俱全，总投资1921万元。

黔江长江船厂码头 梯坡式客运码头，主要停靠、修造船舶，后停靠黔江地区轮船公司大客轮。有泊位2个，泊位长150米，55米长趸船1艘，最大停泊能力600吨，建有货场1处，面积2000平方米。

马尿溪客运码头 为长江边顺岸式自然码头，有泊位1个，泊位长100米，最大停泊能力500吨，最大通过能力15万人次／年，是专门供短途客运船舶停靠的码头。

打鱼湾煤炭码头 为分级直立岸壁货运码头，主要供煤炭出口船舶停靠。有50米长趸船1艘，泊位2个，泊位长100米，最大停靠能力1000吨，最大通过能力15万吨／年，建有11400平方米货场。2001年自筹资金30万元，修建可容5000吨的临时煤坪1处，于2002年年初投入使用，并购买15型和50型装载机各1辆，添置50米皮带输送机及配套设施，全自动机械作业，日装煤炭量可达1500吨。

洞洞河煤炭码头 为直立岸壁货运码头，系西沱装卸运输公司煤炭码头。有泊位2个，泊位长200米，最大停靠能力800吨，最大通过能力15万吨／年，建有7000平方米货运场。

盐店货运码头 为长江边自然岸坡式货运码头，主要供木材进出口船舶停靠。有泊位2个，泊位长200米，最大停靠能力600吨，最大通过能力12万吨／年。

石柱县农资公司码头 为长江边斜坡自然码头。主要停靠化肥、农药等货物运输船舶。有泊位1个，泊位长100米，最大停靠能力600吨，最大通过能力17万吨／年。

石柱县煤炭公司码头 为长江边直立岸壁货运码头。主要停靠煤炭船舶，有泊位1个，泊位长100米，最大停靠能力800吨，最大通过能力19万吨／年，建有面积2500平方米货场。

石柱县石油公司码头 为长江边梯坡式货运码头，主要停靠石油运输船舶。有泊位1个，泊位长100米，50米长趸船1艘，下河输油管线4条，最大停靠能力500吨，最大通过能力8万吨／年。2000年，该趸船经过改造，建成水上加油站。2001年，修建输油管道1条，50米长趸船1艘。

重庆航道局西沱段码头 为长江边顺岸自然码头，主要停靠航道船舶。有泊位1个，泊位长50米，30米长趸船1艘，最大停靠能力500吨。

渡口建设

原有西界沱、欧家河、工农背、水磨溪4个渡口，1992年后，原欧家河、工农背、西界沱渡口均由顺江航行的短途客船代替，仅存水磨溪渡口。

西界沱渡口 由西沱镇码头至长江对岸石宝乡黄家铺子，历史悠久。1950年由私人经营，1956年由新安木船社经营，1959年2月由西沱木船社经营。1985年县航运公司设机动渡船1艘，载重10吨，年渡运量14.4万人次。

欧家河渡口 为西沱镇欧家河至长江北岸石宝寨渡口。先后由私营和忠县新安木船社、石柱县西沱木船社经营。1979年由中兴公社南洋大队管理。1985年联户经营，有西沱挂机3号木质机动船1艘，载重9吨，年渡运量4.62万人次。

工农背渡口 又名刘家渡。为西沱镇刘家岩至长江北岸石宝寨渡口，洪水期设渡于工农背，枯水期设渡于碛塄坎。渡口先后由新安木船社、西沱木船社和工农村联户经营。1985年有木质机动船西沱挂机1号、2号、4号三艘，载重量分别为14吨、13吨、12吨，年渡运量14.4万人次。

水磨溪渡口 位于西沱镇水磨村与工农村之间溪水汇入长江口处，每年4至11月长江汛期设渡。民国时期由溪两岸14亩土地养渡。1956年由农业生产合作社给渡工评工分付酬，1983年实行以渡养渡。1963年4月后，县财政先后3次拨款补助修造渡船。1985年有载重4.5吨木船1艘，年渡运量4.5万人次，由村管理。

水利建设

水库 中华人民共和国成立后，1952年完成土地改革，实行兴利除害并重的方针，采取民办公助的办法，每年冬春组织劳动力，开展农田水利基本建设。至2017年年末，全镇有水库4座，蓄水64.92万立方米，灌溉面积9.67公顷；引水渠1条长26千米，引水68.24万立方米。机电提灌站6处，灌溉面积123.33公顷。

示范水库：位于西沱镇黄桷岩村示范塘组，属小（2）型水库。1957年12月完工，坝高（土坝）7.4米，有效灌溉面积26.67公顷，保证灌溉面积21公顷。

汤家塆水库：位于西沱镇玉石村大墙院组，属小（2）型水库。1957年12月动工，1958年3月完工，坝高（土坝）10.4米，纳入跳脚石大堰的灌溉面积。

石坪水库：位于西沱镇南坪村同梁组，属小（2）型水库。1968年5月动工，1971

汤家湾水库（1987 年） 谭红建 摄

年 3 月完工，坝高 15.3 米，有效灌溉面积 60 公顷，保证灌溉面积 46 公顷。

工农水库：位于西沱镇南坪村余家岩组，属小（2）型水库。1975 年 10 月开工，1977 年 12 月完工，坝高 14.1 米，有效灌溉面积 440 公顷，保证灌溉面积 266.67 公顷。

山坪塘 1949 年，全镇有 62 口小塘，蓄水 100 立方米，多数不能蓄水或蓄半塘水，总灌溉面积不足 200 公顷，仅占田面积的 0.2%。1952 年开始土地改革时，就规定选择塘址，留足塘基。土地改革结束后，国家发放贷款鼓励和组织农民兴修水利。1953 年冬在里上村修第一口示范塘，改砌石坝为土坝，坝高 5.3 米，蓄水 6660 立方米，灌溉农田 3.4 公顷。以后乡村每年冬春组织开展水利建设，至 1958 年年末，全镇整修山坪塘 41 处（口）、蓄水池 38 处（口），新修山坪塘 22 处（口），总蓄水量为 168.21 万立方米，有效灌溉面积 266.67 公顷，保证灌溉面积 212 公顷。1971 年起，全镇各大队、生产队均组织农田水利基本建设专业队伍，兴修水利设施。至 1985 年，全镇共有山坪塘 78 处（口）、蓄水池 13 处（口），总蓄水量为 268.72 万立方米，有效灌溉面积 366.67 公顷，保证灌溉面积 321.67 公顷。至 2002 年，全镇有山坪塘 65 处（口）、蓄水池 38 处（口），总蓄水量 76.8 万立方米，有效灌溉面积 166.67 公顷，保证灌溉面积 133.33 公顷。2003—2010 年，主要以整修山坪塘为主。其间，2003 年整修山坪塘 11 口，2010 年整修山坪塘12口。2011—2017年，全镇将山坪塘整治纳入重点民生实事推进。7年中共整治山坪塘85处（口），总蓄水量20万立方米，有效灌溉面积100公顷以上，保证灌溉面积82公顷。

渠堰 1949年，全镇有溪河拦水坝13座、堰沟11条，拦水坝多为早期临时筑坝，遇山洪即毁。1953—1985年，全镇共修筑渠堰22条。截至2017年，全镇有渠堰36条，其中小（1）型大堰1条（跳脚石大堰）。

邮政

邮路 1913年，设西界沱邮寄代办所。1921年1月，西界沱邮寄代办所升为邮局。1926年，西界沱邮局升为二等局，在临溪、悦来设立代办所开辟西（界沱）汪（湖北省利川县汪家营）邮路和西界沱经鱼池、悦来、黄水、石家到临溪的邮路，每4日一班。1936年，西界沱邮局与石砫邮局的邮件在悦来互换。1949年1月，西界沱经鱼池、悦来、黄水、石家、临溪到楠木垭返回西界沱，每4日一班。另外西界沱邮局在忠县境内的石宝寨、汝溪、涂井、白庙、辰溪口、会场口和万县境内下复兴、甘宁、郭家岭、沙包子、武陵、响水等设邮寄代办所。1951年，增加西沱经黎场、沿溪、坡口、万朝返回西沱邮路，每4日一班，县城至西沱邮政经大歇、悦来、石家、临溪到西沱，再由西沱经王场、鱼池、悦来返回县城，每5日一班。1953年1月，西沱邮局改为西沱邮政营业处。1956年，邮路调整为西沱经黎场、沿溪、坡口至万朝、王场返回西沱，每4日一班。1961年，精减投递员，撤销社办邮电所和社以下邮路，改为逢场日、开会日到代办所自取和托人代转邮件。1962年9月14日，西沱邮电所升为邮电支局，设有邮电直属营业厅。1993年9月23日，西沱邮电综合大楼在月台南路望江小区动工，1995年竣工（原在沿江路25号）。1997年7月，邮电分营，西沱邮电支局更名为西沱邮政支局。2001年月台北路邮政所改为月台北路邮政代办所，万朝、茶园的业务分离，沿溪、王场为直接由石柱直封，西沱至黎场、坡口将步班改为扎袋直封，直至2017年。

函件 中华人民共和国成立前，邮政只办理平信、挂号信、明信片三种函件业务。中华人民共和国成立后，1950年开办航空业务。1952年新增盲人读物、保价信函、保价印刷品业务。1953年取消快件业务，1960年4月开办邮寄粮、油、布票特种挂号业务。1961年取消装钞保价业务。1962年增加国际平信和国际挂号信业务。至1985年，开办有平信、单双挂号信、特种挂号、印刷品、明信片、航空平信、国际信函、保价信函、盲人读物函件业务，年末出口函件80289件（平信70602件、普挂9465件、特挂222件）

为1952年的7.79倍；进口87533件。1986年出口85621件，1988年开办邮政快件业务，1990年出口函件86712件；1996年10月开办邮政特快专递和喜报、贺卡、鲜花等投递服务，全年出口函件91281件，比1985年增长13.69%。后因程控电话开通，移动电话面世，使用书信往来的人减少，邮件业务下降，1997年、2000年、2005年、2010年、2017年出口函件分别为2.1万件、1.5万件、1.21万件、1.01万件、0.25万件。

包裹 中华人民共和国成立前，开办普通包裹业务。1952年增加保价包裹和保价快递小包业务。1984年10月增办松泡商品包裹业务。1985年年末，出口包裹604件，为1952年的12.11倍。1986年出口包裹595件。之后，因外出务工人员日益增多，出口包裹逐年增多，1991年为612件，1996年889件，2003年822件，2010年、2015年、2017年分别为712件、615件、412件。

汇兑 中华人民共和国成立前，开办普通汇兑业务。1956年增办电报汇兑业务。1985年境内出口汇票1123单。1986年、1990年分别出口汇票1129单、1231单。2004年后，因邮政储蓄业务发展、银行实行全国联网通存通取，现金汇兑业务逐渐萎缩。2005年、2008年出口汇票分别为815单、421单。此后，由于手机银行、微信转账等兴起，汇兑业务基本停止。

报刊发行 中华人民共和国成立前，开始代订报刊、邮寄报刊。1951年下半年，开办报刊订销、投递业务。至1985年报刊发行种类2138种，订销报刊累计3.18万份、杂志0.31万份，流转额3.1万元。1986年订销报纸3.21万份、杂志0.34万份。此后，因电视逐步进入千家万户，报刊订销业务萎缩。1990年订销报纸0.12万份，2000年后，以机关事业单位订阅党报党刊为主。

通信

线路 1938年，架通县城经大歇、悦来、鱼池至西界沱电话线路，总长90单程千米。1942年春季，群众集资，架设西界沱黄老虎至对岸石宝寨三羊角的过江（长江）线路。中华人民共和国成立后，1950—1952年，维修原有部分杆线。1958年延伸公社以下的电话线路。1961年贯彻调整方针，撤销社办邮电所和社以下电话单机。1969年西沱支局所在场镇架设电缆。1977年使用水泥电杆代替木质电杆，9月县城至西沱铝包钢线路架设竣工投用。至1985年年末，境内所有木质电杆全部改换为水泥电杆。1998年架设光缆、电缆96皮长千米。2002年开通程控电话。2003—2007年建成传输复线，西沱至县城开通1G宽带的互联网。

电报 1949年前，开始办理明码话传电报业务。中华人民共和国成立后，1956年安装莫尔斯人工电报机1台。1978年安装“八一”型无线电短波电台1部，1979年安装56型电传电报机1台，“八一”小型15瓦无线电台1部，莫尔斯人工发报机1部。开办防空、气象、水情、军政、公益、公务、汇款、普通电报业务，全年发出电报27213份。1990年后，镇政府开始使用传真机收发文件。至2002年，全镇（包括机关、企事业单位）拥有传真机26台。2003年之后，用互联网传递各种信息、文件、资料等。

电话 农村电话：中华人民共和国成立前，有县通区、乡政府机构间的电话，不对外开放营业。中华人民共和国成立后，农村电话逐年增加。1956年农村电话开始部分对外营业。1958年5月，各企业单位实行计次通话，党、政、军单位实行免费通话。1959年境内有农村电话单机12部。1963年1月农村电话实行计次收费。1972年始用载波机。1978年起实行交换区内包月电话，计次电话逐年下降。至1985年境内有农村电话交换机3台，容量100门，电话单机29部。1990年6月，西沱实现半自动电话。1993年2月20日，西沱镇开通数字程控自动电话。1995年境内安装程控电话，至2002年境内实现村村通程控电话。年末，有固定电话用户2181户（部），农村电话用户普及率为36.21%。2003年有农村电话用户5281户（部）。此后移动电话基本普及，固定电话用户逐年减少。至2017年年末，除机关、企事业单位有固定电话外，农村少有固定电话。

长途电话：中华人民共和国成立前，开办有普通和加急两种长途业务，设备为1台10门磁石交换机和一部单机。1952年长途电话去话年交换量148张。1985年长途电话交换量达到1281张。2000年长途电话去话通话为1.23万次（统计方法改张为次），2002年为1.41万次。此后，普遍使用移动电话。

市内电话：中华人民共和国成立前，境内无市内电话。中华人民共和国成立后，市内电话得到发展。1952年有市话小型交换机1台，容量15门，用户8户。1958年市内电话用户发展到21户。1962年有市内交换机容量为50门，市内电话用户32户。至1985年年末，有市内电话交换机2台，250门，电话单机121部，用户96户。1994年，市内电话增加到231户，单机331部。1995年3月，开通程控电话。1998年11月28日，境内电话号码从6位升为8位，长途区号由08293改为023，进入重庆大网，市内县与县之间的通话资费，按区间电话收取。至2002年年末，境内的电话用户能与全国及世界各地接打长途电话。此后，市内电话用户通过申请业务后，可以上网，用户缴费按每部电话每次打出的时间长短和地点远近，由电脑自动计时计费，按月到营业厅或各家银行缴费。2001 年年末，开通无线市话“小灵通”。2002 年发展小灵通用户 500 多户。此后，移动电话的普及取代了固定电话和小灵通电话。2006 年后除机关企业单位用固定电话外，私人户用固定电话的越来越少。至 2017 年，仅有机关企事业单位固定电话 50 余部。

移动电话：1999 年年末，镇境内开通 139 号的移动电话。2000 年，中国移动公司石柱分公司在西沱设经营门市部 1 个，中国联通石柱分公司在西沱设营业厅 2 个。至 2002 年年末，境内建有移动、联通、电信等通信基站 3 个，架通长途缆、地方光缆，设有移动、联通、电信营业厅共 4 个，代理代办点 21 家，手机用户达到 1500 余户。2005 年移动手机用户 15000 余户，2010 年 18000 余户，截至 2017 年，境内移动电话用户 3 万户以上。

文化建设

广播 1972 年 4 月，设西沱镇广播站，有工作人员 2 人，广播网络 99 杆千米，安装喇叭 859 只，其中舌簧喇叭 129 只，入户率 35.35%。1982 年 7 月，因洪灾，线路被毁，镇广播站停播。1985 年年末，恢复播音，全镇网络 210 杆千米，安装喇叭 3646 只，入户率 68.5%。1991 年，农村通广播 6984 户，占农村总户数的 94.5%。以后，镇广播站逐渐停止工作，转入有线电视，2002 年农村广播线路及喇叭停用。

1988 年，西沱镇广播站由原来自办的简单专题节目，改为每逢星期一、三、五播放西沱镇自办计划生育、经济信息、商品知识、科学技术、蚕桑生产、林业生产、畜牧生产、柑橘生产等节目，并每天转播县广播站节目。1990 年后，因广播信息传输并入电视传输系统改为调频广播，有线广播播音、广播站自办节目逐渐减少，至 1996 年，原有线广播线路及喇叭基本停用。调频式无线播音的收音机兴起。县广播站采用调频传输信号，转播上级广播节目。2005 年，镇广播站原广播设备停用。

电视 1979 年，西沱境域个别经济条件好的家庭购买电视机，收忠县差转台的信号，效果极差。之后电视数量逐年增加。1985 年 6 月，方斗山电视差转台建成后，西沱区公所、西沱区粮站、区供销社等单位及部分住户陆续购电视机，电视机数量逐月递增。1989 年，西沱镇建成电视地面接收站，收视效果提升，彩色电视机进入单位及私人家庭。1990 年，境内架设闭路电视线，能收看 12 个频道。2000 年，启动电视“村村通”工程，场镇闭路电视线接到各户，开始架设光网。2001 年，随着光网的建立，方斗山和忠县石宝寨的差转台停止工作，部分农村居民自筹资金购买地面卫星接收器（俗称“锅盖”），可以收看4个台，但效果不佳。2002年年末，镇境数据平台开通，接入数据专网、因特网，收视效果更佳。2005年，全镇含“锅盖”在内的电视网络覆盖率100%，户户能收看电视节目。年末，全镇有电视机6364台，占总户数的63.7%，其中彩色电视机3729台，占电视机总数的58.6%。2010年，黑白电视机全部淘汰。至2017年年末，光网架设到全镇各村、组，全部实现数字电视。全镇有数字电视在线用户1589户，在册用户7821户；个人宽带在线用户1215户，在册用户1581户，实现电视网络全覆盖。

电影 1939年，从外地请来电影放映队，在场镇关帝庙放映《火烧红莲寺》《火焚七星楼》《猪八戒招亲》等无声影片18天，为西沱镇电影放映之始。1954年，四川省文化局川东影像教育工作队101小队，首次在西沱镇放映有声电影。1955—1985年，先后由石柱电影一队、石柱电影二队每年巡回到西沱放映1～4场。1976年2月，西沱建立电影放映队，露天放映。1982年3月，动工新建电影院，翌年4月竣工投入使用，占地270平方米，建筑面积216平方米。1986年4月，西沱镇设电影放映队后，从露天放映转入室内放映。1986年12月，西沱镇成立电影第二放映点，在镇政府礼堂放映。1992年8月，石柱电影公司西沱电影院迁至镇政府礼堂。1993年后，随着电视、录像业的兴起，看电影者渐少。1996年12月，西沱电影队停业。

文化站 1956年西沱建立文化站，1959—1961年，正值三年困难时期，文化活动很少。“文化大革命”中，西沱文化站撤销。1979年，西沱区首先恢复文化站，开展图

川剧表演（1973年） 谭红建 摄

书阅览、宣传专栏、图片展览、棋赛、球赛、新歌教唱、文艺演唱、文艺创作等活动。1980 年，全县改革农村文化管理体制，把农村青年工作、农民业余教育、业余技术教育纳入文化站，实行“四合一”统一管理、统一活动。2001 年 7 月机构改革时，西沱镇文化站增添不少书籍和健身器材。2017 年 12 月，镇综合文化站藏书 7586 册，全天免费开放，年借阅图书 1300 余人次。

民间乐团（队） 1992 后，镇境有文艺爱好者 5 ～ 7 人成立乐队，最早的乐队名为“光宝宝”，有电子琴、架子鼓、小号、长号、扩音器、音箱、话筒等设备，走乡串户在红白会期唱歌、跳舞、演小品、说相声、哭灵等。2000 年后，添置表演服装、道具等，新增演唱、杂技、魔术等节目，演出效果提升，镇境的乐队发展到 4 家。2008 年后，改用 MP3，省去电子琴和架子鼓，虽效果略差，但走乡串户更为轻便。2010 年后，乐队注册为微型企业，不缴税，还能享受微型企业补助。一些 10 余人组成的乐队改称乐团，长号、短号、萨克斯等乐器大大增加，气势更壮。2017 年年末，镇境有乐队、乐团 5 个。

公共设施

公园广场 1995 年，西沱镇政府迁至罗家湾，在政府大楼前建成“古镇文化广场”。2010—2007 年间，先后建成“商业广场”“滨江广场”，在江家槽建公园一座。

西沱古镇广场（2020 年）　　谭红建　摄

绿地 西沱镇居民历来有栽花、种草、美化家园的习惯。1985 年年末，在场镇街道两旁栽种行道树 1629 棵。1995 年，引进小叶榕、刺桐、桉树等树种，将场镇街道两旁全部植树。2000 年，被重庆市政府命名为“优秀绿化小城镇”。2003 年，在衙门路、月台路等主要路段及街道新建花台 177 个。截至 2017 年，场镇内有行道树 3219 棵，各种花台 212 个，屋顶花园 81 个，共建点、线、面公园绿地约 7.5 万平方米，人均 3.8 平方米。

农贸市场 1953 年，在老云梯街设农贸市场，售卖肉食、禽蛋、水产、水果、蔬菜、干果、调味品等农副产品。1987 年，增设滨江路和温泉路农贸市场。1995 年 6 月，撤销老云梯街、滨江路、温泉路农贸市场，在月台路新建农贸市场。2001 年 1 月，撤销月台路农贸市场，在月台北路新建农贸市场。是年 6 月，新建双桥农贸市场。2003 年，通过招商引资，投资 1200 万元在商业街修建 1 座占地 5100 平方米的综合农贸市场。

场镇饮水 西沱镇居民历来饮用井水。因人口增多，井水供不应求，于 1978 年 6 月在镇境汤家湾始建自来水厂，12 月建成，水池容量 800 立方米，日供水 300 立方米，西沱场镇的饮水条件得到改善。1993 年 6 月，在西沱镇罗家湾动工兴建西沱自来水厂，2002 年建成投产（建设期间两次停工、两次复工），日供水 1 万吨。2017 年，投入 79.04 万元铺设南坪人饮水管网 22 千米，解决 1060 人安全用水；投入 30 万元整修黄桷岩村人畜饮水管网，新建 50 立方米调节池，铺设引水管网 400 米及输水管道 5100 米，更换净水闸阀 1 套。截至 2017 年，镇内有自来水厂 2 座，日供水能力达 1.2 万吨。

农村饮水 民国时期，农村居民主要饮用井水、泉水、溪涧水、岩洞水、塘水。均需到井中挑水回家存入缸中，极少数农户用竹木笕引水入缸。有些地方一遇伏旱、冬季干旱，水源奇缺，人畜饮水困难。中华人民共和国成立后，党和政府重视解决人畜饮水问题，改善卫生条件，减少人民疾病。1953 年，镇政府在南北龙眼桥下的溪河修建挑水码头 8 处，防止饮水和洗涤用水混用。1984 年 6 月，全面调查农村人畜饮水状况，从住房到取水点距离在 1000 米以上或垂直高度 100 米以上的用户，以及干旱 50 天内不能保证每人每天供水 40 千克，每头大牲畜每天供水不足 50 千克的用户，全镇有 18 个村（居）委、126 个组、5323 户、22214 人、325 头牲畜。其中缺水的有 15 个大队（居委）、86 个生产队、5685 人、牲畜 1892 头。1985 年 1 月，县水电局培训 4 名技术人员，本着民办公助的原则，启动农村人畜饮水工程，实行定领导、定任务、定时间、定质量、定补助、定安全、定奖惩的“七定”责任制。年末，全镇修建人畜饮水工程 5 处。1986—

2002年，党委、政府采取“自力更生为主，国家扶持为辅”的方针，全镇先后修建人畜饮水工程144处，建池144口，蓄水3.85万立方米，总投资74.04万元，其中国家补助64.83万元，自筹9.21万元，累计解决7个村、38个组、2615户、11705人、9114头牲畜的饮水问题。2003—2010年，全镇投入资金520万元，先后建成朱家槽、玉石、竹景山、西山等农村人畜饮水工程11处，打井12口，解决4211人的饮水难问题。2011—2017年，投资165万元，其中国家补助60万元，市级补助80万元，县级补助20万元，自筹5万元，先后建成安全饮水工程3处。

农村燃气 2000年4月11日，昆达燃气公司在云梯街举行点火供气仪式，自此开始为西沱镇供给天然气。

环境整治

街道卫生 场镇街道卫生历来由沿街单位、商户自行负责清理。1980年1月，招聘街道清洁工6人，负责胜利街、和平街、新华街清扫保洁。1992年4月，建立西沱环卫队，环卫工人增加到8人。1995—2000年，购置手持式拖拉机和四轮车各1台，清运集镇垃圾。2001年在月台路、衙门路设置垃圾箱32个。2003年投入7万元，购买垃圾桶78个、果皮箱45个、手推车12辆，环卫工人增加到22人。至2017年有垃圾桶156个、果皮箱123个、手推车66辆、洒水车1辆、垃圾清运车2辆、垃圾清运压缩车1辆，环卫工人66人。

农村卫生 2010—2017年，围绕改善人居环境，坚持“全面开花、点上结果、户出成效”思路，开展以清理积存垃圾、治理村庄污水和整治村容村貌为重点的集中整治活动。每个院落配备垃圾桶，垃圾车定期收运垃圾。完成1172个农户改厨、改厕、改地坪工作，硬化室内外地坪5.68万平方米，新建卫生厕所357座、三格式化粪池545个、案板787块、碗柜736个，维修、新建灶台784个。修缮420户C级危房，改造47户D级危房。

垃圾处理 1998年前，场镇的垃圾运到场外崔家岩堆放，1998年崔家岩堆满后，3月于场外刘家岭重新设置垃圾堆放场，2001年停用。2002年，三峡水库二期蓄水，崔家岩垃圾堆放场的垃圾全部深埋处理。2004年3月，在镇境卢高组动工新建垃圾处理场，由县建委城建开发公司承建，2006年3月完工，占地7.21公顷，总投资1986万元，日处理能力34立方米，总容量69万立方米，2013年停用。2014年起，场镇和农村的垃圾，采取“户集、村收、镇运、县处理”的模式运作，运至位于万朝镇境的垃圾焚烧发电厂。

污水处理 西沱镇的污水，历来由场镇内暗沟、明沟自然排放，没有污水处理、排放系统，有的街道无下水道，每逢暴雨，污水漫溢，由老云梯街两边水沟直接流入长江。1975 年 3 月后，场镇排水系统工程纳入场镇建设计划，采用分流制分区排水系统，直接排入老云梯街两边小水沟。1993 年，确定西沱为省（市）经济技术开发区，随着场镇扩容，排水系统也与街道建设同步发展，先后建成衙门路、滨江路、荷花路、商业街、万家路、月台路等 20 多条下水道，长 17.82 千米，新建污水处理厂，使场镇排水工程形成网络。2017 年 6—7 月，对全镇污水管网进行全面整治，新建二级管网 4036.5 米、三级管网 3261.12 米、检查井 145 个、100 立方米生化池 1 座、提升井 2 座、箱涵 171.5 米，清掏一级管网 1.4 千米、二级管网 6.53 千米。

教育

中华人民共和国成立前，西沱境域有私塾、义学、学堂、小学等，官绅富户聘塾师教授子弟，或进小学，贫民无钱上学。中华人民共和国成立后，私塾、义学、学堂相继停办，设幼儿园、小学、中学、职业中学等。1975 年，有公办中学 2 所、小学 3 所。1985 年前，全镇有幼儿园 2 所、小学 9 所（含民办小学 2 所）、中学 2 所，在校小学生 2132 人，中学生 1281 人，小学入学率 85.50%。有专业教师 204 人。2001 年撤区并乡建镇后，全镇有中心小学 1 所，完小 4 所，适龄儿童入学率已达 100%。2007 年，全面实施农村义务教育“两免一补”（免学杂费、书本费，补助生活住宿费）。2017 年，全镇有幼儿园 14 所（含私立幼儿园）、小学 3 所、中学 1 所，在校学生分别为 1395 人、2351 人、3641 人，适龄儿童入学率均达 100%；累计考入大专院校 3896 人。

旧制教育 明代，西沱境域的地主、豪绅皆聘塾师教育子弟。私塾以教授《三字经》《百家姓》《千字文》《五字经》《当家书》《女儿经》等启蒙读物为主。私塾在西沱存续时间很长，一直延续到中华人民共和国成立初期。清道光六年（1826），石砫直隶厅同知徐九道在西界沱场建立义学，以识字、写字为主，教材与私塾同。清光绪三十二年（1906），开办西界沱官立高等小学堂，课程设修身、读经、中国文字、算术、格致、地理、中国历史、图画、体操、手工等。1912年，学堂改称学校。

学前教育 1936年，西沱在关帝庙开办幼稚园，约两年后停办。1950年春，西沱乡中心人民小学增设一幼稚园。至1952年幼稚园有2个班，幼儿98人，教养员2人。1954年改名为幼儿园（班）。是年下半年，西沱镇开办民办幼儿园1所，2个班，招收幼儿82人。1981年秋，庆中小学设幼儿园1所，有2个班，入园幼儿32人。1985年后，鼓励社会力量办学，至1990年，全镇有幼儿园9所，其中西沱镇小学幼儿园为公办，其余8所为私立幼儿园。2002年，全镇有幼儿园7所，入园幼儿522人。2017年12月，全镇有幼儿园14所（含私立幼儿园），入园幼儿1395人，幼儿教师35人。

小学教育 1912年，西沱境域有官立高等小学1所。1922年，有高等、初等小学各1所。1945年，全乡有中心国民学校1所，4个班，学生96人；保国民学校6所，9个班，学生129人，教师27人。1949年，有公办小学2所、民办小学（含私立学堂）3所，学生261人，教师29人。1958年，公办小学增为7所，在校学生451人，教职工26人；民办小学5所，学生481人，教师21人。1959年冬开始，部分小学渐次停办，到1961年，全乡仅保留公办学校3所，学生321人。1978年，公办小学增至6所，学生612人，教职工56人；民办小学7所，学生712人，教师58人。1985年年末，全镇有中心小学1所（西沱镇中心小学）、完小3所（庆中小学、新生小学、水磨小学）、村小5所（南洋村小、石坪村小、里上村小、红丰村小、人和村小）、私立小学1所（工农村小学），在校学生3102人，教职工204人（其中专任教师201人，工人3人）。2001年撤区并乡建镇后，全镇中心小学1所，完小4所，在校学生2819人，适龄儿童入学率100%。2005年接受重庆康德集团捐资新建重庆康德里上希望小学，解决玉石村儿童入学难问题。2017年全镇有小学4所，在校学生2351人，教师176人，适龄儿童入学率、巩固率均达100%，在校学生全部享受营养午餐。

中学教育 1954年春，石砫第二初级中学校（公办）由临溪场观兴寺迁到西沱，有教职员工21人，学生256人。1958年秋，在新建村黄桷岩创办西沱镇初级农业中学（有教师3人，3个班学生160人），1964年春，迁至独门嘴，是年秋，迁到镇上关帝庙，1975年改名为东方红中学，1985年改名为西沱镇初级职业中学。1989年6月，西沱镇中学民办教师谭祈剑创办井冈山中学校，1992年更名为重庆市宏达学校，2002年申办高中班（2008年停办）。2017年，全镇有中学1所，教师269人，在校学生3641人，其中高中学生1969人，初中学生1672人。

西沱镇小学少年宫开展课外活动（2015年）　谭红建　摄

扫盲教育　1950年，全镇兴办冬学，采取民教民、能者为师、学校教师辅导等形式，组织农村和场镇居民参加识字扫盲。1956年，区、乡成立扫盲协会，全镇通过灯下组、灶头组、送字组、场口识字牌、家庭互教互学、包教包学等形式开展扫盲教育。1958年，全镇扫盲人数800多人。1974年，全镇办政治夜校121所，开设有政治、语文、算术（珠算）、农技、唱歌等课程，有学员2152人。1980年，全镇有扫盲业余学校42所，参加扫盲人数1756人，扫盲毕业

20世纪60年代的西沱镇中心校　谭红建　摄

20世纪80年代的西沱镇中学　谭红建　摄

石柱县第一职业中学教学楼（2000 年） 谭红建 摄

学员 1521 人。1987 年，全镇基本完成扫盲教育。1996 年，扫盲教育经黔江地区、四川省验收达标。

职业教育 1985 年，西沱镇东方红中学改名为西沱镇初级职业中学。1990 年 5 月，黔江地区教委批准，西沱镇初级职业中学由民办转为公办，是年全校在校学生 1196 人，教学班 16 个，教职工 46 人。1992 年 7 月，原一职中由桥头乡迁址西沱，与西沱职业中学合并为县第一职业高级中学。1995 年晋升为黔江地区重点职业中学，1996 年 8 月晋升为省级重点职业中学，2000 年晋升为国家级重点职业高级中学。2001 年 8 月，职业高中迁至县城东北郊职教中心（姚耳坡），其初中部保留在西沱，更名西沱初级中学校，于 2016 年 8 月并入西沱中学。

医疗

清宣统三年（1911），西界沱熊家大药房（店主熊长兴）开始售西药碘酒、硼酸粉、阿司匹林等，为石硅县售卖西药之始。1941年，西界沱始设西医诊所，为石硅县西医诊疗之始。至1949年，西界沱场镇上有熊家大药房、中药铺、春林药铺等4家私人诊所。中华人民共和国成立后，私人诊所相继歇业关闭。1952年8月，在西沱场上建立第六区卫生所（1955年10月更名西沱区卫生所）。1956年，建立西沱镇联合诊所、中兴乡联合诊所。1970年，联合诊所更名为卫生院。1985年，全镇有卫生院2个，个体诊所2个，医疗卫生人员9人，病床12张。2017年全镇有公办医疗机构1个，民营医院1家，个体医疗机构6家，医疗卫生人员106人，病床90张，年门诊6万余人次，住院病人4500余人次，年收入超1000万元，诊疗水平和疾病防控能力明显提高。

西沱镇中心卫生院 1952年8月，建立第六区卫生所。1955年10月，更名为西沱区卫生所。1967年3月，更名为西沱区卫生院，时有职工18人。1985年年末，西沱区

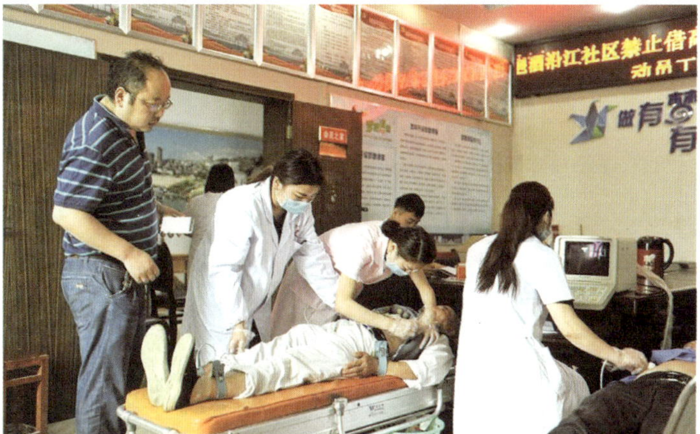

西沱镇中心卫生院医生为群众义诊（2011年） 谭红建 摄

卫生院设有内科、妇产科、五官科、口腔科、放射科、检查室、制剂室、计划生育指导组及住院部，病床 32 张。2002 年机构改革后，改为西沱镇中心卫生院，卫生院占地面积 7000 平方米，建筑面积 5000 平方米，有病床 60 张，可实施普外科、五官科、妇产科、内科手术，有职工 158 人，其中技术人员 128 人，高级职称 2 人，中级职称 23 人，初级职称 103 人。2011 年 10 月 26 日，西沱镇卫生院合并到西沱镇中心卫生院，为中心卫生院二门诊部。2017 年 12 月，西沱镇中心卫生院内设各种科室 19 个，有职工 106 人，年门诊人次 6 万余人次。

西沱镇卫生院 1953 年 3 月，在西沱镇平街设立巡回医疗组。1956 年 6 月，改为西沱镇联合诊所。1970 年 4 月，改为西沱镇卫生院。1983 年 6 月，将位于街心花园的中兴公社卫生院合并到西沱镇卫生院。1985 年年末，西沱镇卫生院占地面积 700 多平方米（平街 400 多平方米，街心花园 300 多平方米），建筑面积 500 多平方米（平街 300 多平方米，街心花园 200 多平方米），有职工 46 人，设有内科、外科、妇产科、放射科、检验室、中药房、西药房、注射室、住院部，有病床 50 张。1995 年，西沱镇卫生院职工增加到 72 人。2011 年 10 月 26 日，西沱镇卫生院合并到西沱镇中心卫生院，将所有财产及人员（26 人）全部纳入西沱镇中心卫生院统一管理，设为二门诊部。

合作医疗站 1967 年后，全镇农村各大队相继建立合作医疗站。至 1978 年年末，全镇有马龙桥、独门嘴、太平、新建、红丰、水磨、工农、南洋、黄龙、建新、庆中、里上、金华、新生、石坪大队合作医疗站，有赤脚医生 52 人，其报酬按工分参加生产队分配。医疗站的经费，由参加合作医疗的人员每人每年交纳 0.5 ~ 1 元，大队用公益金每人每年补助 0.5 元，一般采取 1 根针（银针），1 把草（草药）和自种药治病。水磨大队合作医疗站于 1979 年实行社员看病不收挂号费，只收药费，贫困患者减半收取药费，暂时没有钱的可以记账，年终决算时付清。1981 年，实行家庭联产承包责任制后，合作医疗站逐步由大队（村）办，或赤脚医生自办。1985 年以后，又逐步改为村卫生员参加全国乡村医生统一考试，取得行医资质，由镇政府实行定点定人，镇卫生院授牌管理，县卫生局审核后颁发村卫生站执业许可证。2000 年，全镇有村级卫生站 15 个、医疗点 23 个。2002 年 12 月，调整村、组建制，将全镇 15 个村调整为 7 个村，设立 7 个村级卫生室。2017 年年末，全镇有朱家槽、黄桷岩、西山、玉石、太平桥、南坪、竹景山村卫生室，有合作医疗点 9 个，从业人员 19 人，遍及全镇各村。

个体医所 1950 年，西沱镇街上有“熊长兴”“四时春”等中药铺 4 家、西医诊所

2家、草药摊3家。1956年，对私营工商业进行社会主义改造后，私营药铺、药摊、诊所实行公私合营，或组成合作店、组，仅有少数个体开业，后逐步有所增加。1968年6月后，赤脚医生需经考核合格，方可领取赤脚医生证书。1984年，全镇有3人开办个体诊所。1985年，西沱镇有中医1人，西医1人，草医1人。2000年，镇境有持证开业的个体医疗机构6家，2010年年末发展到7家，另有学校、厂矿企业医务室3家。截至2017年年末，全镇有民营医院1家，个体医疗机构6家。

社会福利

民政优抚 中共十一届三中全会以前，组织群众为军烈属助耕或代耕，解决其生产、生活困难。1982年始，由镇政府统一发放优待金，标准随生活水平提高而逐年增高。1986年给军属67户、烈属8户、伤残军人、复员军人发放优待金22737元。2000年，给优抚对象48户发放优待金39761元，平均每户828.4元。2002年，分别给定期救助户13户、定期补助户82户、伤残军人13人、烈属4户、农村义务兵、集镇义务兵发放优待金5846.4元、7.18万元、1.71万元、1万元、7500元、1000元。过年或建军节，镇政府对优抚对象开展慰问活动，召开座谈会或登门慰问，赠送白酒、白糖、红糖、鞭炮、年画、春联、雨伞等。

社会救济

灾情救济 镇居民受灾时，由村、组报告镇政府办公室，镇民政员下乡核查后，书面报告镇政府，根据灾情确定救济方式及救灾款、物额度。1986年，镇境自然灾害严重，减免农业税3.5万元，发放救灾救济粮90吨、救济款4560元，并为13个贫困户修房16间。1990年，发放救济粮6250千克、救济款5400元。1995年，发放救济粮1.2吨、救济款7630元。2000年，救灾12户41人，发放救济粮16吨、救济款5000元。2002年，发放救济粮24吨、衣物40包、救济款1.85万元。2003—2017年，凡有受灾户，均予

以救济。

五保户 1985年，全镇有“五保”对象58人、孤儿3人。1988年，有“五保”对象48人，其中25人在敬老院养老，散居“五保”对象23人。散居“五保”对象每人每月享受补助100元，粮、油等按需由政府供给。

敬老院 位于西沱镇云梯居委会，1987年4月8日动工兴建，占地5700平方米，建筑面积559.6平方米，总投资5.76万元，1988年5月竣工，接收“五保”对象25名。之后，建筑面积逐年扩建至1155.6平方米，有办公室、活动室、宿舍、厨房、食堂、饲养场、养鱼池、盐菜房、小卖部、加工房、活动场地等，有花草64盆。至2002年，共接收“五保”对象46名，其中在院中去世33名，在院13名。2002年，全镇有散居“五保”对象3人。2017年，敬老院有18名“五保”对象，已无散居“五保”对象。

最低生活保障 2001年4月，西沱镇开始实施低保制度，全镇共有347人享受低保待遇，发放低保金11.37万元。2002年，全镇共有2671人享受低保待遇，发放低保金126.89万元。2003—2017年，每年约2500人享受低保待遇。

镇民生活

中华人民共和国成立前，西沱境域多数平民百姓生活困窘，挣扎在贫困线上。中华人民共和国成立后，普通百姓分到了田地、房屋，生活改善。实行家庭联产承包责任制后，农民精心耕耘承包土地，推广良种良法，粮食产量大幅提高，年年有余粮。发展养殖业和家庭农副业，经济收入年年提高，基本解决温饱。1985年，全镇农村居民人均产粮295千克，人均纯收入158元，集镇居民人均可支配收入925元，外出务工181人，收入19.91万元。1990年后，外出务工人员经济收入大幅增长，快步向小康生活迈进。2001—2015年，国家减免农业税费以减轻农民负担，镇政府实施增收工程，增加农民收入。至2017年，农民人均可支配收入增至9258元，城镇居民人均可支配收

打糍粑（2020 年） 谭红建 摄

入 27631.35 元，基本实现小康。社会商品零售额由 1985 年的 72.16 万元增加到 2017 年的 6.71 亿元，增长 900 多倍；农村居民家庭人均生活费支出由 1985 年的 123 元增加到 2017 年的 2052 元，增长 15.68 倍；人均拥有粮食由 1985 年的 358.67 千克增长到 2017 年的 532.28 千克，增长 48.40%；场镇和农村人均住房面积分别为 30.61 平方米和 51.26 平方米，分别比 1985 年的 9.22 平方米、36.51 平方米增长 232% 和 40.4%，居住条件进一步改善；每 100 户拥有小汽车 15 辆、洗衣机 42 台、电冰箱 45 台、彩电 94 台，全镇基本淘汰黑白电视机。

镇民收支

粮食收入 中华人民共和国成立前，贫雇农所种粮食在交租后所剩无几，难以糊口，多以薯类等粗粮充作口粮。农业合作化初期，在粮食总产量中除去国家征购、公益事业用粮、集体种子、饲料粮、储备粮后，按人均分配。1957—1961 年以 70% 按人头、28% 按工分、2% 按养猪头数分配。1962 年后以生产队为单位，粮食总产量除去国家征收、集体提留后，社员分配按基本口粮、工分分粮三七开、二八开按比例分配。社员分配口粮占粮食总产量的比重为：1970 年为 70.77%，人均分粮 249.5 千克；1975 年为 66.46%，人均分粮 229 千克；1981 年为 70.61%，人均分粮 252 千克。1982 年实行家庭联产承包责任制后，分户生产经营，按照“交够国家的、留足集体的，剩余归自己”的原则实行分配，家家有余粮出售，薯类、玉米等粗粮多用于饲养牲畜或酿酒。2002 年后免交国家定购任务后，每年有 50% 的余粮出售。

1987—2002 年西沱镇人均产粮一览表

表 5　　　　单位：千克

年度	人均产粮	年度	人均产粮	年度	人均产粮	年度	人均产粮
1987	392	1991	516	1995	548	1999	805
1988	457	1992	454	1996	875	2000	720
1989	431	1993	569	1997	870	2001	447
1990	457	1994	603	1998	843	2002	572

现金收入　农业合作化时期，收益分配按国家、集体、个人三者兼顾和按劳分配的原则进行。在总收入中，除去国家税金、集体提留后，初级社按土地报酬占 20% ~ 40% 和劳动报酬占 60% ~ 80% 的比例分配。高级社除去税金、提留后，全部按劳动日分配。人民公社化后，1959—1961 年先后实行公社、大队按劳动统一分配。1962 年起以生产队为基本核算单位实行按劳动工分分配，缴足国家税金后，在总收入中，执行生产费用占 25% 左右，公共积累占 5%，管理费不超过 2%，确保 60% 以上的收入分配给社员，90% 以上的农户收入增加。1982 年全面落实包产到户、包干到户的家庭联产承包责任制后，将国家税金、集体提留统筹按包产人口计算到户，农业户在完成国家税金和集体提留统筹等税费后，余下收入自行分配。1990 年后，全镇外出务工的农民工逐年增多，务工收入逐年增加，从每月 200 元增加到每月数千元，最高的每月万余元，带动农户收入逐年增高。2002—2005 年，农民人均纯收入分别为 1362 元、1717 元、2010 元、2313 元。2006 年 1 月 1 日起，废止《中华人民共和国农业税条例》，在中国沿袭 2000 多年的农业税终结。2006—2010 年农民人均纯收入分别为 2626 元、3126 元、3582 元、3962 元、5663 元。2011—2012 年分别为 6224 元、8005 元。自 2013 年起，农民人均纯收入按国家统计局统一口径改为农民人均可支配收入。2013—2017 年分别为 8200 元、8620 元、8935 元、9095.83 元、9268 元。2017 年场镇居民人均可支配收入 27631.35 元，比 1985 年的 925 元增长 28.87 倍。

镇民支出　改革开放前，农村居民的支出主要包括购买油、盐、酒、布、棉、牲畜、农具，修房、就医、子女学费等，场镇居民的支出主要包括购买粮食、油、盐、糖、酒、布、棉，修房、就医、子女学费等。因收入较低，故开支较小。改革开放后，人民生活水平日益提高，农村居民家庭人均生活费支出由 1985 年的 123 元增加到 2017 年的 2052 元，增长 15.68 倍；场镇居民家庭的生活费支出由 1985 年的 182 元增加到 2017 年的 4552 元，增长 24.01 倍。

衣着

服装　土司时期，西沱境域男子上衣为圆领右开襟短袍（长不过膝），系腰带，下装为大腰大裤管。女子内穿立领短袍，外套对襟背心，系围腰。下着过膝百褶裙，衣裙尽刺花边，面料为自织、自染窄幅粗纱布。改土归流至清末，境域内男子春、秋季上穿青色、灰色或蓝色大袖右超襟长衫，夏穿坎肩或对襟短衣（习称汗头），少数豪绅穿细纱宽布或丝绸长袍马褂。冬穿棉袍，外罩长衫，初冬及初春穿棉背心，老年人系腰带

土家男女服饰（1984 年）　李小丰　摄

（别烟袋及刀斧）。下穿大裤腰、大裤脚的裤子，春、夏、秋着单裤，冬天穿棉裤。女子上衣为青色或蓝色外托肩大袖右超襟的齐膝圆摆短袍，衣襟、袖口皆绣花边，系上圆下方的绣花挂颈包肚围腰。少数富家女子穿丝绸缝制的旗袍，冬天穿棉袍罩外衣。下装为青色或蓝色，大裤管，裤脚边绣花，裤腰用白布。男女服装皆用自织、自染的窄幅土布手工缝成，以丝织品作衣料者极少。民国时期，基本沿袭清代服装。冬天除穿长棉袍（习称夹袄）外，还穿短棉袄（习称滚滚儿）、棉坎肩（习称棉背心）。少数中小学生男穿童子军制服、女穿旗袍。1949—1980年间，中老年人沿袭旧时服装，青年逐渐流行男穿中山服，女穿胸前五扣的列宁装或花布右开襟齐臀短衣，仍喜系绣花围腰。白布衬衣、毛衣以及绒衣绒裤等针织服装逐渐普及。随后缝纫机逐步代替手工缝制。布料为市面出售的细纹布，不再自纺、自染窄幅粗纱布。“文化大革命”时，青年男女皆喜穿军大衣、军服，挎军挎包。1981—1990年，随着市场经济的繁荣，成衣商店日益增多，街头缝纫店铺业务日渐减少，除极少数老年人仍穿右开襟长衫外，余者均穿新式服装。开始流行西装、夹克、风衣、休闲装、猎装等。男女青年先后时兴穿喇叭裤、牛仔裤、马裤，女性还喜穿旗袍、长裙、短裙等。布料则由细纹布向的确良、毛料、毛呢、棉纤或棉毛混纺过渡。1990年后，冬季多穿羽绒服御寒。

鞋袜 1950年以前，西沱境域男子一年四季多穿草鞋，冬天用棕包脚，缠裹腿（上缠至膝，下缠至踝），少数男子穿圆口布鞋和布袜。妇女穿襻襻鞋（鞋面绣花，鞋襻镶边）、绣花鞋，缠裹脚（上缠至膝，下缠至脚尖）。雨雪天男女都在鞋上捆草绳（俗称草脚马儿）防滑，或穿铁制脚马（俗称脚马子）。冬天穿棉鞋（习称温鞋）。1950—1980年，穿草鞋、缠裹腿者日渐减少，多穿布鞋、胶鞋、解放鞋、运动鞋、雨靴、塑料凉鞋、塑料底布鞋、皮鞋和棉纱袜、尼龙袜，布袜已少见。1980—2017年，鞋袜不再手工自制，均在商店购买，鞋袜式样、品种繁多。

冠带 土司时期，西沱境域男女多头缠白布或青布长帕（短则2米，长则4米，宽0.2米），冬天老人戴披披帽，小孩戴缀银饰的虎头帽、披披帽。改土归流至清末，冠戴基本沿袭旧时，部分男子戴顶子帽、瓜皮帽。民国时期，不再戴顶子帽，有豪绅戴绅士帽。1950—1980年，不再戴瓜皮帽，青少年及中年人戴遮阳帽、呢帽等，冬天戴毛军帽、棉帽，老年人仍以缠长布帕为主。1981—2000年，青少年戴帽者渐少，小孩冬天不再戴虎头帽、披披帽，而戴手工编织的毛线帽。老年人戴商店出售的布帽和棉帽，缠布帕者极少。2000—2017年，老年人戴手工编织的毛线帽者日渐增多，中青年除戴网球帽以外，余者不戴帽。

发型 土司时期，西沱境域男性留胡须，男女皆蓄长发，或披于后背，或以布条束拢垂于后背。改土归流后，男子剃前额之发，后脑蓄独辫，女子高髻螺鬟。民国时期，中老年男子多剃光头，青年男子多剃平头或留大分头、偏分头，小孩蓄桃形发或“一块瓦”（头前部留一块形似瓦片的短发）。1950—1980年，中老年人多剃光头，或留小平头，青少年多留大平头或分头，小孩留平头或“一块瓦”。中老年妇女挽髻或扎辫子，青少年女子不挽髻，扎辫子或留齐耳短发。1981—2018年，老年男子剃光头、留小平头，青年男子流行平头、寸头等时新发型，女子流行烫发、染发，自然披散，极少挽髻、扎辫子者。

饰品 1950年以前，西沱境域妇女戴耳环、手镯，别簪子以固髻鬟。小孩帽檐上饰“八仙”“十八罗汉”，部分小孩戴“长命富贵”锁项圈。1950年后，除少数老妇挽髻别簪子外，不再戴耳环、手镯，小孩亦不戴项圈。中青年女子别发夹。1980年后，妇女开始戴耳环、项链、手链、手镯、戒指等，别发卡者渐少。

饮食 1950年以前，以大米为主粮，辅以玉米、豆类、薯类、蔬菜，少吃面食。因贫雇农缺地少粮，多以粗细粮混杂饭、菜羹、稀饭、糠粑度日，少见油荤。1950—1980年，生活改善，始食馒头、包子、抄手、机制面条，但粮食不足，肉食亦少。酒以红苕酒、米糠酒为主，玉米酒、高粱酒较少。糖以蜂蜜、自己熬制的红苕糖、高粱梗糖为主，红糖、白糖属计划供应物品。1981—2017年，年年有余粮，蛋、肉等食品增多，

饭菜飘香（2015年） 谭红建 摄

以大米为主食，肉类、蛋类、豆类、马铃薯、蔬菜为辅食，玉米、红薯、高粱则用于酿酒或饲养家畜。家家炕腊肉、炕豆腐干、灌香肠、包皮蛋、泡盐蛋、打糍粑、炸麻花、做阴米、黏米花糖。不再熬红苕糖或高粱梗糖，不再酿红苕酒、米糠酒，以酿高粱酒、玉米酒为主，糯米酒为辅。镇域居民味喜酸辣，家家有品种多样的咸菜、豆豉、霉豆腐、豆瓣、泡菜等，且都做有鲊肉、鲊菜、鲊辣椒、鲊瓜片、鲊薯丝、鲊藠头等。待客时多泡米米儿茶、煮荷包蛋、摆干盘子、出九大碗。特色食品有都巴粉、斑鸠叶豆腐。

民居

镇域 民居多选在山湾处，依山面溪，院落周边植竹、果木、花木，也种黄桷树作为风水树。1980 年以前，镇域内民居为全木结构或土木结构，盖小青瓦。全木结构多为

西沱镇南坪村一角（2019 年） 谭红建 摄

土家吊脚楼，普遍为一楼一底，为长三间、长五间，或一正两厢布局。1981—2000 年，新修房屋普遍为砖（砂砖或页岩砖）木结构，长三间一楼一底通阶檐。2001 年后，新建房屋多为二楼（或三楼）一底，样式自行设计或由工匠设计。砖混结构，预制楼板，现浇平屋顶或盖陶瓷大瓦，铝合金窗，不锈钢工艺门或卷闸门，外墙装饰瓷砖，内墙刷涂料或贴瓷砖。2010 年，场镇建房开始出现框架现浇结构。2017 年，土木结构的房屋已全部拆除，均为砖混结构或框架现浇结构。

1985 年，场镇和农村人均住房面积分别为 9.22 平方米、36.51 平方米。2017 年，场镇和农村人均住房面积分别达到 30.61 平方米、51.26 平方米，分别比 1985 年增长 232% 和 40.4%，居住条件得到明显改善。

出行 西沱镇从方斗山顶向西延伸至长江岸边，山高岭峻，丘陵密布，道路崎岖。1949 年前，西沱境域无公路，只有人行道，贫民出行须步行，运输物资进山时，全靠人力肩挑背负。官绅出行骑马、坐滑竿，女性坐“兜兜轿”。1965 年后，西沱—石柱（途经鱼池、悦来、大沙、龙沙、大歇等场镇）的公路修通，从西沱到石柱及公路沿线可乘客车，货物可运输，但各村不通公路。1974 年 8 月修通西沱—王场公路，1994 年 2 月修通西沱—黎场公路，1995 年修通石柱—西沱公路后，出行条件改善。2017 年，村道公路通达全镇每一个村落，许多农户买有摩托车、机动三轮车、小轿车，无论是赶场，还是到其他村子串门，甚至是到公路边的田间地头劳作，均习惯驱车前往。运粮食、购化肥等均用机动车运输，彻底告别肩挑背扛。

用具

卧具 1949 年前，西沱境域富足人家的卧具有缎子被面、荷叶枕头、蚊帐、床单、青篾席等。贫穷人家四季用黄篾席、糠壳长枕头和烂棉絮、土布被面。1985 年后，镇域内毛毯、踏花被、羽绒被等高档卧具进入农家。

家电 1970 年后，镇境开始有收音机。1979 年后，开始有电视机、录音机。1990 年后，私人开始购买录像机、洗衣机、电冰箱。2000—2017 年，电视机、收录机、照相机、电风扇、电冰箱、洗衣机、电饭锅等已较为普及，部分家庭有电脑。

其他用具 1950 年前，富足人家室内摆设书案、木柜、花瓶、妆台等，个别的有热水瓶、自鸣钟。贫穷人家用的是草凳、木凳，餐具、茶具普遍为土陶，少有细瓷。20 世纪 70 年代始，西沱境域内流行搪瓷、陶瓷、塑料、铝制的餐具用具，热水瓶已遍及家家户户。1981 年后，镇境的农民开始大量购买缝纫机、手表等。1990 年后，木制家具式样不断翻新，已流行三开玻璃柜、高低柜、写字台、五斗橱和各种靠椅、沙发。1990 年，部分家庭使用电饭锅煮饭。1993 年，部分家庭使用液化气灶炒菜。2000—2017 年，普遍不再用老式家具，多在家具店购买新式家具或请木工到家按房屋空间制作附壁家具。打米机、粉碎机、脱粒机、耕田机等进入农村家庭后，传统的碾盘、碓窝等，已弃置不用。厨房的木案板（三脚木马上搁置的大木板，用以放置甑、盆、盖、箕等厨具）、木碗柜、土石灶台多数废置被毁，用预制构件外贴瓷砖的案板和碗柜，灶台用砖混砌筑，外贴瓷砖。大部分家庭有小轿车、农用三轮车，少部分家庭有小型客车、大型或中型货车。

长江特色商贸街

西沱镇的老街——云梯街，长仅 2.5 千米，宽仅 6 ~ 8 米，却因为街道垂直于长江的独特模式，以及前街后市、前店后坊、前店后堂的布局风格，有别于其他滨江城镇，独具特色，2008 年 7 月，以“西沱天街”之名入选巴渝新十二景。2015 年 12 月 15 日，西沱云梯街入选“新三峡 30 佳旅游新景观”。2020 年年末，西沱古镇云梯街被批准为国家 AAAA 级旅游景区。云梯街是一条较为纯粹的商业街，曾有人描写云梯街商贸繁荣的景象:“巴盐古道通川鄂，云梯水埠连峡江；千船万帆朝龙眼，三教九流汇乡场。会馆寺院戏楼闹，店铺客栈老板忙；火龙入江夜喧嚣，灯火云梯架天上。”

云梯古街

20 世纪 90 年代的西沱镇云梯街上段　　何智亚　摄

西界沱的云梯街是“川盐销楚”的巴盐古道起点，是因盐而兴的古街道，始建于晋代，成型于唐代。唐代的白居易，北宋的苏轼、黄庭坚等历史名人都曾到云梯街游览。清代两广总督陶澍游西沱云梯街后，在紫云宫写下《泊西界沱寄题秦太保良玉玉音楼》诗。在《蜀水经》《蜀水考》等文献中，都有历史记载。中华人民共和国成立以前，日有盐商、力夫千余人在此活动。街道上商铺、客栈、食店、烟馆林立，每逢二、五、八赶集日，头包白布帕、背着竹篓的土家人，从四面八方涌来做买卖，人流如潮，叫卖吆喝声不绝于耳。

云梯街得名　云梯街既是一条盐运大道，又是一条较为纯粹的商贸街。盐商从长江水道运盐到西界沱码头，交由背夫背着盐巴爬坡而上，翻越方斗山、七曜山到鄂西、湘西销售。盐商、船帮、店主等各路行商坐贾，为方便招揽往来背夫及客商，遂先从江边码头开始，沿着巴盐古道两边修房造屋，一家挨一家顺坡而上，直到坡顶独门嘴，形成一条垂直于长江的坡坡街，一反沿江岸等高线的街道布局模式，独树一帜，举世无双。

云梯街里的迎亲队伍（2019 年） 谭红建 摄

街道从海拔 145 米（三峡水库建成后为 175 米）的江边码头起，至山顶独门嘴止，全长 2.5 千米，有 112 个平台 1314 级石梯。石梯用青条石铺成，或就地依山凿石而成。从长江边向上仰望，街道似一挂入云之梯直插苍穹。从街顶俯瞰，特别是有云雾的时候，犹如置身在云端。因此，人们称其为“云梯街”，又叫“通天街”。

商贸繁荣 西沱古镇地处水陆交通要冲，是古代“巴盐销楚”的起点。在陆路运输全靠肩挑背驮的古代，不管是长江对岸的货物，还是上下游百十里的货物，大多会通过船运到西界沱，再由西界沱人力背运进山，直达鄂西。随着西界沱商贸的繁荣，湖广一带的客商也到此落户经商。古镇上的禹王宫、天上宫、武庙等十几处宫庙会馆，即为西界沱商贸繁荣的见证。北宋真宗咸平五年（1002），西界沱已是商贸繁盛之地，成为“川盐销楚”的重要起点（施州等地以粟易盐）。清乾隆年间编修的《石砫厅志》记载：“北抵江岸，忠（县）万（县）交邻为西界沱，水陆贸易，烟火繁盛，俨然一都邑也，置塘汛，且设巡检驻之。”是时，除川盐以外，四川的棉纱、蜀绣、茶叶，以及武陵山区的山货，都集中到西界沱交易。民国时期，西界沱以云梯街为主的市场上，交易的物资主要有盐、糖、布匹、棉纱、日杂百货和粮食、桐油、香烟、药材、木材、铁锅、铁铧。据记载，1949 年，西界沱场上有 222 户共 900 余人居住，有油盐商号 17 家、山货商号 4 家、木行 3 家、布匹丝绸店铺 10 家、丝烟铺 4 家、糖果斋铺 7 家、诊所药铺 6 家，有日杂百货、酒馆、饭馆、茶馆、客栈、缝纫、理发、修补等店铺 40 余家，还有锅铧厂 3 家、铁匠铺 6 家、银铜匠铺 3 家、织布坊 10 家、针织铺 2 家、皮革坊 2 家、染坊 1 家、酿酒坊 3 家、榨油坊 1 家、屠宰行 1 家、木器铺 1 家、竹器铺 6 家、雕刻店 2 家、鞭炮坊 3 家。遇上赶集天，还有流动摊贩 200 多个。

布局独特

苍龙下江 云梯街从长江边沿坡而上，直达坡顶独门嘴，垂直于长江流水方向，既像入云之梯，又似苍龙下江。在云梯街下段的左、右两侧，分别在山溪上修建一座单孔

行走在云梯街的巴盐汉子表演队伍（2017 年） 谭红建 摄

古镇新貌（2020 年） 谭红建 摄

石拱桥，宛若苍龙的双眼，人称龙眼桥。远远望去，街道若苍龙身躯，龙眼桥为苍龙双目，街房的屋瓦若苍龙的龙鳞，形成苍龙下江的风水格局，颇具诗情画意。

前店后坊 云梯街的临街房屋多为店铺，其中一些店铺的后面为铁匠铺、银铜匠铺、榨油坊、酿酒作坊、织布作坊、鞭炮作坊等。作坊负责制作铁器、铜器、银器、首饰等器具，以及榨油、酿酒、织布等，作坊前面的临街店铺负责产品销售。这种布局有利于自产、自销，形成产销结合的商贸模式。

前店后堂 云梯街两边的建筑，大多采用“前店后堂”的布局。将商铺置于建筑的前面（临街面），便于商贸经营，将堂屋以及仓储、食宿、休憩等区域置于建筑后部。虽房屋相连，为同一建筑，但功能却前后分开，互不影响，方便经商及起居。这种布局有利于商住一体，满足商业“运、储、收”的功能，是纯粹的商铺模式。沿着云梯街拾级而上，街道两旁分布着客栈、商铺、餐馆、茶楼、酒肆等，多采用“随台拖厢，顺坡拖檐，以溪为界，依道而居”的原则，尊重自然，顺势而为，疏密有致，动静有别。庭院与园林融合，达到“居、行、观、憩”的生活与精神享受。

前街后市 云梯街两旁的房屋多为店铺，而在这些临街建筑背后的空旷之地，设置米市、糠市、柴市、窑市、中药材市、竹木市、农贸市、畜市等，与临街的店铺相辅相成，形成商贸网。中华人民共和国成立前，在码头及主街背后还建有寺庙、宗祠、会馆、衙门、戏楼、烟馆、赌馆、妓院等，商铺、客栈等商贸机构占据整条街道主轴线，衙门、寺院等在主轴线以外零散分布，使西沱古镇呈现商贸繁荣的景象。

老街记忆

随着西界沱日益繁荣，外地客商、移民到此经商或定居，各种文化在此地撞击、交融，云梯街的建筑在风格上也相互融合借鉴：既有土木建筑，又有纯木建筑；既有江南徽派“青砖小瓦马头墙，回廊挂落花格窗”的人文气息，也有土家建筑“穿斗梁架牛角挑，吊脚丝檐转角楼”的质朴特征；既有江南徽派与土家吊脚楼相融合的“千柱落地”“歪朝门”“土楼”“碉楼（箭楼）”建筑，又有以“吊脚楼”为主的土家院落。

吊脚楼民居 系老云梯街142号民居，县级文物保护单位，位于云梯街750米处，为民国时期建筑，坐北朝南，由上下院两栋房屋组成，穿斗式梁架，悬山式屋顶，格子窗，夹壁墙，二楼一底，占地面积235.05平方米。上院为典型的土家吊脚楼建筑风格，天井式院落，前厅为店铺，后厅为居住场所，建筑二层左侧山墙与后檐有走廊相连，呈转角楼结构，面阔3间8.1米，进深3间14.1米；下院为店铺，建在整块斜岩石上，依山而建，呈不规则形，通长12.6米，宽8.57米，充分利用地形特点，因地制宜，灵活布局，形成错落有致、丰富多变的建筑景观，既具鲜明的土家族风格，又有云梯街上典型的“前店后堂”式传统商铺特色。

西沱镇云梯街吊脚楼（2020年） 谭红建 摄

“江风盐韵”四合院（2020年） 谭红建 摄

春林药铺 位于老云梯街98号，坐北朝南，为前店后堂的天井式院落，依山势而建，穿斗式梁架，悬山式屋顶，占地154.79平方米，建筑面积28.18平方米，前店面阔1间4.75米，进深3间10.95米。铺面后下8步石梯为后堂，面阔2间7.11米，进深3间11.45米。民居后有一土坝，原为花园，为民国药商王炳和修建，开设药铺。中华人民共和国成立后，并入西沱镇医院，2017年时为私人所有。

绸缎庄 位于老云梯街87号，地处云梯街中段，坐南朝北，为天井式院落，通长31.13米，通宽7.66米，占地面积238.46平方米，建筑面积581平方米，由前店和后堂组成，依山势而建。前店铺面房1间，为砖木土混结构，呈梯形布局，穿斗式梁架，悬山式屋顶，一楼一底。店铺呈不规则形，前宽5.1米，后宽4.1米，进深10.12米。店铺后为天井，条石铺成，长2.08米，宽2.95米。天井后接后院，为中西式建筑风格，砖木结构，呈长方形布局，四面坡屋顶，格子窗，木板楼，两楼一底，面阔2间7.66米，进深4间15.32米。房内中心为一小内庭；内庭一、二两层直通，室内空旷，两侧各砖柱上顶，为仿西式的泥塑花草柱头，第二层有三面环走廊，木板墙，格子窗。其后堂为民国中期西沱绸缎商王洪路所建，为当时西沱地区第一栋私人砖房，传统式“前店后堂”民居。

开两天 位于老云梯街165号，坐南朝北，砖木结构，悬山式屋顶，穿斗式梁架，两楼一底，面阔1间4.55米，进深2间7.3米，占地面积77.85平方米，建筑面积175.23平方米，其砖墙、夹壁墙和石单墙混用。木板门，格子窗。系民国期间黄和鸾建房开食店，因他人有店名“开一天”，而取名“开两天”，且食店果然在开张两天后歇业。

黄家馆 位于老云梯街171号和173号，为清时黄人银修建，系清代建筑，坐南朝北，悬山式屋顶，穿斗梁架，建筑占地面积184平方米，建筑面积225.64平方米。前院面阔2间7.6米，进深2间11.96米，有1条道通往后院，中间为一院坝，后院面阔1间4.5米，进深3间11.07平方米。均为木板门、木板墙、夹墙、格子窗。主人黄人银开屠场、食店和栈房，生意兴隆。后卖给熊姓人家。

兴顺祥 位于老云梯街96号，坐北朝南，穿斗式梁架，悬山式屋顶，夹壁墙和土墙混合，格子窗，青瓦盖顶，一楼一底，面阔2间7.85米，进深3间14.32米，占地面积112.31平方米，建筑面积145.45平方米。为前铺后宅格局，铺面2间，中间有一巷道隔开，并直通后面住宅。为民国时期胡姓人家修建，取名兴顺祥，开设斋铺。

熊福田故居（熊家大院） 位于西沱镇老云梯街129号，坐南朝北，“前店后堂”的天井式院落，穿斗式梁架，单檐悬山式屋顶，一楼一底，占地面积194.4平方米，建筑面积283.49平方米，由前店、右厢房、后堂和古水井组成。前店面阔3间，宽9.54米，进深1间8.81米，占地面积84.05平方米，建筑面积170.96平方米。木板墙、夹壁墙、火砖墙并用，木板门，格子窗，雕刻有花驼峰（驼峰系用在各梁架之间配合斗拱承托梁袱的构件，因其外形似骆驼之背，故名之。驼峰有全驼峰和半驼峰之分）、斗拱、斜格亮子等装饰。右厢房面阔1间4.95米，进深1间3米，占地面积14.85平方米。后堂面

熊家大院（2018年） 谭红建 摄

阔3间，宽9.54米，进深1间，长6.89米，建筑面积70.83平方米。屋后侧有一圆形古井，井口直径50厘米，井壁上刻有“第一孝泉”四字，落款不详。院后为熊福田夫妇墓。

永茂祥 位于西沱镇云梯居委老云梯街108号和110号，坐北朝南，为天井四合院布局，穿斗式梁架，悬山式屋顶，一楼一底，通长23.56米，宽8.1米，通高6.7米，占地面积190.84平方米，建筑总面积250.45平方米，由前店、左右厢房和后堂组成。前店面阔2间8.1米，进深2间9.1米。左右厢房对称，面阔1间，宽5.5米，进深1间2.4米。天井长2米，宽3.24米，后堂面阔3间，宽8.15米，进深2间8.74米。民居由夹壁墙、木板墙混合而成，花格窗，白灰抹面。为民国时期商人谭继寿所建，开设烟铺，取名永茂祥。中华人民共和国成立后，被国家没收，后归私人所有。

中药铺 位于老云梯街83号和85号，坐南朝北，为前铺后院的天井式院落，穿斗式梁架，悬山式屋顶，一楼一底。后院已毁，仅存前院，面阔1间，宽4.15米，进深3间18.93米，通高7.6米，占地面积78.65平方米，建筑面积157.12平方米。木板墙、砖墙和夹壁墙相结合，格子窗，木板门，青瓦盖顶。为清末民初药商罗有功修建，开设中药铺，直至20世纪50年代关闭，原为西沱镇第二大私人药铺。

熊家大药房 位于老云梯街166号，坐北向南，为天井四合院的铺面房，前后院有围墙连接，占地面积483.38平方米，建筑面积1265.86平方米。前院为1974年改建，砖木结构，三楼一底，木楼板，屋顶有望板，青砖灰瓦建筑，面阔5间，宽18.54米，进深3间，长14.3米，占地面积21.08平方米，建筑面积787.06平方米。天井为不规则形状，占地面积55平方米，后院为清代建筑，依山势而建，两楼一底，穿斗式梁架，悬山单檐式屋顶，木构件雕工精湛，驼峰、出挑雕刻花纹，门窗雕刻花草、动物、人物等纹饰，石柱礅雕有花草、瑞兽等，面阔5间，宽20.6米，进深3间，长10.5米，占地面积216.3平方米，建筑面积432.8平方米。为清末“湖广填四川”期间，江西熊姓药商修建，取名熊长兴药铺。中华人民共和国成立后，为西沱镇医院，后将前院拆除重建。原建筑雕刻精美，具有较高的建筑艺术价值。

下盐店 位于云梯街下段，今为胜利街5号，县级文物保护单位。据考证，下盐店为清代举人杨氏家族的住宅，原由街面进入。利用坡地高差，建多重院落，当地称为：重重过厅连着“一道天”（1个天井即为“一道天”，也称“一通天”）。今仅存建筑群的最后“一道天”及其周围部分地基，整体形态依稀可辨。建筑群坐东面西，西可眺望长江，东、北两面紧邻高3.5米的陡坎，南部较为开阔，为一坳地。建筑群通进深26.1米，

下盐店（2020 年）　　谭红建　摄

通面阔 20.75 米，建筑台基占地 564.5 平方米，总占地面积 1400 平方米。前厅建筑保存完整，单檐悬山顶。台明高 1.65 米，石阶梯九级。前厅五开间，明间面阔稍大，次间、梢间面阔近同。前厅构架全为 6 个穿斗排架，明间及次间四排架为五柱四瓜，设穿枋 6 道，加挑檐 11 檩。山面两个排架九柱无瓜柱，为“千柱落地”式。厢房后檐仅存下半部，为大青砖砌，青砖下条石墙体高 1.2 米，与前厅山墙相连通。正厅单檐悬山顶，面阔 5 间，进深 9 步架，通进深 9 米，前后出檐均为 1.2 米。台明高 1.1 米，中路石阶 7 级，两侧各 4 级。正厅四排架为穿斗，两山采用硬山搁檩，各面山墙均加有前后檐角柱 2 根。明间两品排架为六柱四瓜，次间排架为五柱十二檩，其前后檐高不等。前廊两步架，仅明间的前檐柱与其自身的排架对位，次间梢间前檐柱的位置为厢房山墙排架柱，梢间排架前檐柱与厢房排架柱对位，次间排间与厢房排架柱不对位。正厅各穿枋尺较前厅大，纵向联系构件大额枋，另有多道步枋连接。正厅装修精美、考究。正厅明间廊步跨空枋为三角形大雕花板，枋头两端刻有方格图案。挑檐枋及排架穿枋枋尾在此出头，雕长象头，与驼礅共同承担双步梁及其上面骑着的瓜柱。另檐柱与挑檐枋头之间的斜撑及明间挂落（南方又称花牙子）均为蔓草透空雕，做工十分精美、耐人寻味。正厅出檐部分做卷棚，廊间为轩顶廊，整个建筑群屋顶穿插连通。天井中前厅、厢房檐口同高，正厅则更高，加之精美的雕刻，显示出主人至尊的地位。山墙为大青砖砌成，山墙中心上部有方窗。正厅后墙下部为条石，上部为木板壁。下盐店作为渝东地区清代民居建筑的代表，具有较高的文物价值。2009 年三峡库区蓄水至 175 米水位后，下盐店被淹没，易地搬迁至云梯街上段复建。

和成、永成商号 位于西沱镇老云梯街下段入口处，系中共川东地下组织的联络站。1940 年冬，中共石砫县委书记廖方村（廖林生）和西沱镇共产党员谭卓安（街党支书记）、秦万鑫、崔英福、谭学德、彭家杰、彭普昭、彭普庆等人，执行上级指示，凑集 150 千克棉花的本钱，在西沱镇上成立“和成棉庄”。不久，西沱镇地下党组织又动员王家兹投资玉米 5 石，万县鲁季舟（万州武陵人，地下党员）投资 1000 块银圆，部分共产党员和群众投资 3000 余元，计 5000 元（法币），租用下盐店对面街房作铺房，于 1941 年 3 月成立“和成商号”，商号由经营粮食扩展到经营桐油、食盐、山货、药材、棉纱，以西沱为中心，逐步将生意拓展至万县和湖北利川、忠路、小河、恩施以及重庆、自贡等地，并在万县设分号（由彭家杰负责），店员由最初的 3 人增加到 11 人。1943 年春，“和成商号”迁至西沱豪绅、石砫县参议长谭栋安位于平街的门面。1944 年 2 月，在“和成商号”原址建成“永成商号”，与云梯街“和成商号”并存，由共产党员崔英福任经理。1944 年冬，中共地下党员秦禄廷、王家兹奉中共南方局指示，与西沱党组织取得联系。之后，西沱党组织在“和成商号”“永成商号”的基础上，又建立“翁成商号”，扩大经营。1947 年 10 月，中共石砫特支成立，12 月建西沱党支部。“和成”“永成”“翁成”3 个商号均由西沱党支部领导。经党组织做工作，“同济盐店”“义记商号”“熊长兴药店”等商号和万县商界人士常信芳等先后在经营和资金上给“和成商号”以支持。熊福田、谭栋安、潘俊民、杨麟甫、谭肖岩、杨达钦、龙瑞云、向大林

永成商号（2019 年） 谭红建 摄

等地方人士入股“和成商号”，掩护了“和成商号”中的党组织。金绍凤曾任忠县中兴乡乡长，入股“和成商号”后，不仅掩护了地下党员，还暗中借枪给游击队攻打黎王乡公所。黄水乡乡长向大林入股“和成商号”后，保护“和成商号”过往七曜山物资的安全。在熊福田的帮助下，地下党的3个商号与“同济商号”、南宾垦殖社实现联营，取名“同福商号”，熊福田任总经理，石砫县参议长谭栋安任理事长，杨麟甫、张礼源、熊智仁等任理事，谭肖岩任监事长，彭普昭等为监事，秦万鑫、谭学德、崔英福、谭以祥、彭家杰分别任油业部、米粮部、山货部、盐业部和万庄（驻万县分号）经理。1949年夏，中共石砫县特支奉上级指示，要求“和成”“永成”两个商号储备粮、油、食盐等物资，迎接解放。按党组织的指示，“和成”“永成”两商号立即购买和储藏大米100石（4万千克），食盐100多包（约1万千克）和木柴1万余千克。从1940年创办到1949年解放，“和成商号”“永成商号”为党组织筹集经费10万银圆，安置地下党员7人。1949年11月22日西沱解放后，“和成商号”完成历史使命。

正荣和 位于老云梯街中段57、59和61号，为民国时期所建。坐南朝北，天井式院落，依山势而建，穿斗式梁架，夹壁墙和木板墙混合墙体，悬山式屋顶，一楼一底，面阔2间，宽7.5米，进深5间，长22.73米，通高6.77米，占地面积170.48平方米，建筑面积349.59平方米，前店后堂布局。前店做生意，后堂为会客食宿场所，并有天井连接。为民国时期谭先浩修建，初为丝烟铺，取名正荣和，其子谭继统继承。中华人民共和国成立初期被国家没收，后归还。

德盛祥 位于老云梯街81号，天井式院落，坐南向北，穿斗式梁架，悬山式屋顶，木板墙，格子窗，一楼一底，通宽4.65米，通长47.74米，通高6.6米，占地面积221.99平方米，建筑面积436.28平方米。建筑为依山势而建的狭长形房屋，由前店、天井和后堂组成，前店面阔1间，宽4.65米，进深6间，长28.64米。中间为天井，长22米，宽1.75米。后接后堂，面阔一间，宽4.65米，进深3间，长16.9米。民居后原为后花园，已毁（现改为平房），并用围墙围起。为清末民初谭其义修建，取名“德盛祥”，初为丝烟店，后改为斋铺（也称糖果铺）。

生记客栈 位于云梯街2号，坐北朝南，前店后堂布局。土木结构，穿斗式梁架，悬山式屋顶，一楼一底，通长11.03米，通宽10.5米，占地面积115.82平方米，建筑面积388.98平方米。前店铺随地势而建，不规则布局，面阔一间，宽3.6米，进深长9.75米，店铺正立面为三门对开木板门，店铺正立面二层窗下木板上有隶书“生记客栈”4个字。

后堂面阔2间，宽10.5米，进深2间，长15.18米，为清末县外商人的茶馆店铺，后转卖谭梓芬，其子谭继勋（宜生）开“生记客栈”。中华人民共和国成立后为生产队伙食团，20世纪70年代，谭承朴购买。

泰和号 位于老云梯街174号，坐东朝西，砖木结构，悬山式屋顶，穿斗梁架，一楼一底，面阔4间，宽19.7米，进深3间，长10.38米，占地面积204.48平方米，建筑面积366.73平方米。为木板墙，格子窗，雕花驼峰，小青瓦屋顶面，并存有少量瓦当。建筑走廊两侧山墙处有条石大门。大门为石门框，木板门，正门外4级石梯，两边柱子为青砖，外抹白灰。原建筑右侧临云梯街有大门，建筑正立面前原有天井，已毁。1921年修建，为西沱小学第一任校长谭定清的旧居，取名为“泰和号”，原有厢房戏楼，被毁。中华人民共和国成立后，此处先后作为西沱镇政府、镇革委会、派出所和计生站办公地点。

汤家坝民居 又名谭家学民居，位于西沱镇西山村潘家组，坐东朝西，由清代木房和民国石楼组成，全长40.9米，宽12.49米，总占地面积510.84平方米，建筑面积992.97平方米。其中清代木房为上木结构，穿斗式梁架，悬山式屋顶，石栏杆，雕花门窗和驼峰，一楼一底，面阔5间，宽22.4米，进深2间，长12.49米。房前有六级梯道，素面台基，柱梁高大，驼峰上刻有对弈人物图，龙纹、万字格和卷草纹，明间大门为木板门，门框为鎏金镂空，刻有花瓶、缠枝、人物故事图等，上侧亮子为回字格纹饰圆形和吉祥符，雕花窗饰回字格、牡丹、象形寿字等纹饰，瓦当上刻有蝴蝶、花草、乳钉纹等。民国时建有石木结构的石雕楼，悬山式屋顶，仿西式建筑风格，两楼一底，面阔三间，宽12.69米，进深一间，长6.5米。石柱直上屋顶，门窗上方饰西兰花纹，雅楼正面两墙角各有一垛子（角堡）。其后侧有土墙偏房。石雕楼为民国时期谭家学修建，清代木房为祖辈留下。其清代建筑雕梁画栋，精美细致，民国石雕楼，高大雄伟，具有较高的建筑艺术价值。

盐铺 位于老云梯街32号，系民国时期的穿斗结构建筑，面阔3间，宽14.05米，进深4间，长20.3米，为典型的前店后堂格局。店铺前有6块条石砌成的柜台，柜台外侧临街的条形石板为柜台面板。室内一侧为木质柜台面板，盐柜长2米，宽1.2米，高1.35米。石柜位于盐铺店面左侧窗下，开店时将窗木板取去，即可买卖。柜台坚固、实用，是研究巴盐古道、古镇商贸的重要实物。

冉氏客栈 位于老云梯街21号，坐东朝西，穿斗式梁架，悬山式屋顶，一楼一底，占

俯瞰云梯街（2017 年）　　谭红建　摄

云梯街（2017 年）　　谭红建　摄

地面积 120.26 平方米。为三合院布局，现存正厅和右厢房，其中正厅面阔 3 间 13.03 平方米，进深 1 间 5.66 米，通高 6 米，夹壁墙，格子窗，青瓦盖顶。右厢房面阔 2 间 8.3 平方米，进深 1 间 3.6 米，院前有 1 株黄桷树。为民国时期冉姓人家修建，开设客栈，供过往商人、力夫食宿。

独门嘴　位于云梯街上段入口处，古时有街口栅门，中华人民共和国成立前有生记客栈、5 号欧式民居。入口处宽不到 3 米，进入街口内有石板铺成的面积约为 80 平方米的过街天井，向下则通向云梯街。民国时期，独门嘴为忠县（今重庆忠县）、石砫县（今重庆石柱县）、万县（今重庆万州区）三县交界地。因不能越县界抓壮丁，每逢石砫县抓壮丁时，人们就过县界进入忠县、万县地界躲避，万县、忠县抓壮丁时，人们就逃到石砫县地界躲避。

独门嘴的黄桷树　位于云梯街上段独门嘴。于 400 多年前植于此地，花期 5—8 月，果期 8—11 月。2017 年 12 月测量，树高 12 米，胸径 162 厘米，树枝覆盖 220 平方米，树龄 460 多年。民国时期，独门嘴为忠县、石砫、万县三县交界处，因黄桷树长有三

千脚泉（2018年） 谭红建 摄

根巨大的树枝，像手臂一样分别伸向忠县、石砫、万县3个方向，故有“一树遮三县”之说。

千脚泉 位于云梯街上段，开凿年代不详。井口呈方形，正面宽1.2米，进深0.7米，井深约0.65米。水井利用基岩缝隙的出水，用条石砌成，基岩外侧三面用厚0.2米条石砌成井口，井口外有宽0.2米的井栏石。传说水井正处于千步云梯，系由古时千个力夫，千声吆喝，千脚蹬踏，蹬出一眼清泉。后人因此事稀奇，便撰对联“千步攀登云梯街，脚踏口吼清泉来”，呼此泉为“千脚泉”。水井是过去云梯街上段居民、过往客商、力夫等的生活饮用水源。

袍哥堂口 民国时期，西界沱街上有袍哥礼字号堂口。袍哥堂口把持西界沱街上的烟馆、赌馆，以及码头货物搬运等。

保护开发

保护举措

保留古镇风貌、保留古建筑物，往往与居民的现代居住需求发生冲突。如何既能保护古镇风貌和古建筑物，又能满足居民的现代居住需求，西沱镇党委、政府共投资1.75亿元，采取如下举措。

维修街道 因年久失修，部分石阶损坏。截至2017年，共维修云梯街石阶梯近1000平方米。

回购古民居 中华人民共和国成立后，云梯街原先店铺大部分都分给居民，成为私有房产。随着居民生活水平提高，部分居民对房屋进行改造，破坏了云梯街的风貌。对此，镇政府对尚未改造的古民居实行回购，截至2017年年底，共回购106户、1.71万平方米。并对回购房屋按修旧如旧的原则进行修缮，以保护老街风貌。

风貌改造 对已改造的民居，镇政府与房主签订房屋风貌改造协议，要求通过内外装修，与其他街房的风貌保持一致。截至2017年年底，共签178户。

复建古建筑 西沱曾有南城寺、龙岗寺、庆忠堂、忠孝宫（紫云宫）、禹王宫、二圣宫、万天宫、关帝庙、桓侯宫（张爷庙）等古建筑，除张爷庙的外部结构保持较完整外，其余宫庙均因年久失修而坍毁，宫庙内的塑像在“文化大革命”中被毁坏殆尽，禹王宫基址被三峡水库淹没。镇政府启动复建工程，重建禹王宫、张爷庙、二圣宫等。基址未被淹没的在原址复建，基址已被淹没的，在原址附近复建。

旅游开发 “十三五”期间，围绕“康养、全域、四季游”的要求，千年古镇西沱迎来新的发展机遇。2016年，成立西沱古镇保护开发管理委员会和重庆西界沱古镇文化旅游开发有限公司，拟投资5亿元（一期投资2亿元），启动西沱古镇文物保护与旅游综合开发项目。致力于挖掘商业、文化底蕴，将文旅、商旅、农旅相结合，形成产业带

禹王宫（2021 年）　向绪祥　摄

庆忠堂（2021 年）　谭红建　摄

动脱贫发展机制，把西沱古镇打造成为功能配套、设施齐全、特色鲜明、带动地方经济的国家 AAAA 级旅游景区。

西沱古镇文物保护与旅游综合开发项目，包括西沱古镇云梯街保护修复工程、石柱西沱岸线环境综合整治工程、石柱县西沱镇移民安置小区帮扶工程等。聘请国内知名专家编制完善《西沱古镇保护及发展规划》和《西沱古镇云梯街保护修复方案》等系列高水平规划。招募古建筑专业团队修复保护古镇。通过多次举办招商洽谈会，开展业态招商工作，通过筛选后入驻，高标准培育商业业态。完善西沱历史文化展馆、熊家大药房布展工作，启动红色革命根据地——“永成商号”陈列布展，举办云梯街开街仪式，高标准打造文化旅游产品。编写的《千年古镇话西沱》已出版。

文旅融合　西沱古镇以文旅促发展的思路，深入挖掘“码头文化”“盐运文化”等传统文化，凸显古镇文化旅游品质内涵。依托云梯大舞台，组建背盐汉子、玩牛、玩水龙、玩花灯、打花棍、耍锣鼓、唱啰儿调等 10 多支民俗表演队伍，每年免费向游客表演 200 余场次，让游客近距离感受到巴盐古道背盐汉子、玩牛等非遗文化的魅力，体验别样的古镇文化。大力挖掘“红色大律师”熊福田等本地名人，通过对熊福田等名人的宣传和重点文物建筑的修缮保护，为游客展示历史人文景观，将文化与旅游深度融合发展。

非遗传承　玩牛，是西沱的又一民俗，起源于对耕牛的喜爱。耕牛一生助人耕耘，辛劳备至，每逢牛王节（农历四月十八日），农户不役牛干活，让其休息，喂上佳的饲料，并在田间平地玩牛，祭祀牛王，表达对耕牛辛勤劳作的感激之情。玩牛被列为国家级非物质文化遗产，江在顺为“玩牛传承人”。西沱镇沿江社区已成立玩牛表演队，每日表演，供游客欣赏。

盐运民俗。西沱因盐成埠，因盐而兴。西沱古镇的盐运有2000年历史，其形成与发展传承着古镇的文化精华。西沱镇组建了“背盐民俗”表演队，收集马灯、汗籏、旱烟斗等老物件，将历史上“背脚子”背着锅巴盐，从西沱古镇出发，一路哼着盐道号子在巴盐古道上艰难行走的场景，再次展现在人们眼前。表演队经常在云梯街义务表演，深受广大游客喜爱。2011年，西沱古镇的盐运民俗被列为市级非物质文化遗产，彭家胜为“盐运民俗传承人”。

西沱历史文化展馆 位于西沱古镇云梯街下段，以原西沱镇中心卫生院及熊家大院、熊家大药房三处县级文物建筑改造而成。于2015年年底建成并投入使用。展馆面积约1500平方米，主要由三部分内容组成，分别为：“西沱记忆——巴盐古道上的传奇烙印”“熊家大药房——繁华古道上的历史见证”“熊家大院——似水流年中的移民文化”。各篇章相互交融又自成体系：相互交融体现在建筑上彼此连接，在内容上彼此包含延续、相互佐证，在布展上风格统一。自成体系体现在建筑上分区清晰，内容独立，

玩牛民俗表演（2017年） 谭红建 摄

在展示上手段各异。展馆厅正中是徐悲鸿的油画《西沱风景》(仿品)。“苍茫历史”部分展示西沱自新石器时代至春秋战国时期先民的活动及最早的盐业与巴人的生存关系，简洁地勾勒出巴盐古道的厚重历史，也由此引出西沱古镇的盐道传奇；“背盐篓上岁月的印记”，述说古盐道上背盐佬沉重的故事；“同济盐店”里，盐工背着盐包忙碌着，商人忙着计算斤两，高高的盐柜台仿佛证明当年巴盐的珍贵；“熊家大药房”里，“问诊”“抓药”“晾晒”“熬制”等场景真实地呈现了中医药文化的博大精深。

背盐汉子吼山　　谭红建　摄

特色文化

西沱古镇民间文艺来源于历史、来源于民族，根植于人民，根植于古镇沃土。这里是武陵山民间文艺的窗口，也是巴渝民间文艺的荟萃之地。

土家文化

西沱古属巴国之地，巴文化在此积淀、传承。春秋战国时期，巴人与楚人长期征战，巴文化与楚文化碰撞交融。巴国灭亡后，秦、西晋、北宋、元末明初、明末清初5次大移民，以及各地商家到西沱经商定居，汉人大量迁入西沱，巴文化又与汉文化相融共生。西沱镇是长江码头，长期以来孕育了丰富的码头文化。洪武十四年（1381）撤南宾县，实施土司制度，西沱之地划归石砫宣抚司辖治，至清乾隆二十六年（1761）石砫宣慰司改土归流，长达381年的石砫土司统治，滋生出独特的土司文化。因此，石柱的土家文化以巴文化为基底，同时兼容楚文化、汉文化、土司文化、码头文化等多元文化，从而形成独具特色的土家文化。

土家啰儿调 西沱历来是石柱啰儿调的传唱之地。

商朝末期，巴人助周武王伐纣时，前歌后舞，振己方士气，慑敌方心胆，可见巴人历来是能歌善舞的族群。秦灭巴后，部分巴人避居深山，与当地居民及之后数次“湖广填四川”的移民融合，演变成如今的石柱土家族。土家人所居之地，多为深山大岭，出行不便，翻山越岭极耗体力，常以吼山、吆喝抒发胸中豪情，也以此打招呼、交流，表达感情。

啰儿调承袭于古代的“流徵之曲”，在唐代与流行于巴渝大地的竹枝词融汇，形成独具特色的地方民歌。在古代限于传播条件，一直是口头创作、口头演唱、口头传承，虽少有文字记载，但青年男女谈情说爱唱啰儿调，翻山越岭的行人、巴盐古道的背脚子、开山取石的石工们都唱啰儿调，玩笑逗趣，缓解疲劳，啰儿调已传唱上千年。啰儿调的曲调有数十种，不同的曲调有不同的衬词和复句。啰儿调的歌词既有传唱久远的固定歌词，也有临场发挥，现编歌词的。啰儿调多为吼山调，许多时候是以歌声互相调侃、开玩笑，有些歌词较为俚俗，但能登大雅之堂的也颇多。

1950年，曾在石砫县初级中学任音乐教师的蓝河（原名李大中），在重庆以一首石硂啰儿调为基调，修改了三个音符，使曲调结尾由下滑变为上扬，既保留了原曲的轻快与跳脱，又变得更加舒展优美、昂扬向上。并请重庆北碚一姓王的中学语文教师（笔名金鼓）修改部分歌词，删去俚俗调侃语，保留了原有的民族语言风格，创作出《太阳出来喜洋洋》。四川人民广播电台曾将其作为农村广播专题节目的序曲，每日播放，后来又被编入《中国民歌选》，上海音乐学院教授蔡绍序作为新中国的文化使者随团出访亚非各国演唱，把《太阳出来喜洋洋》唱出国门。2000 年后,《太阳出来喜洋洋》成为重庆电视台的台标歌曲，每天开播。2003 年 4 月 12—18 日，中央电视台录制的《太阳出来喜洋洋》在 12 频道《魅力 12》栏目滚动播出，充分展示了石柱土家族文化的魅力。2004 年 6 月，石柱县委、县政府决定，将《太阳出来喜洋洋》定为县歌。2006 年 5 月 20 日，石柱土家“啰儿调”经国务院批准列入第一批国家级非物质文化遗产名录，受到国家的重点保护。

歌唱爱情和风土人情的啰儿调：

青布扎鞋（啰儿）鞋口圆（啰儿啰），扎得不好（啷啷扯咣扯）郎莫嫌啰（二嫂呃）。

没得油灯（啰儿）打黑摸（啰儿啰），千针万线（啷啷扯咣扯）情绵绵啰（二嫂呃）。

这首名为《千针万线情绵绵》的啰儿调，描述了情妹做新鞋时恋情郎的心理，语言质朴而含蓄，形象鲜明而靓丽，表达了土家少女摸黑为情郎做鞋的深情。

啰儿调多采用赋比兴手法：

妹打猪草（啰儿）坡上行（啰儿啰），小心藿麻（啷啷扯咣扯）藿伤人（二嫂呃）。

若是藿麻（啰儿）刺破手（啰儿啰），妹痛皮来（啷啷扯咣扯）哥痛心（二嫂呃）。

这首《妹痛皮来哥痛心》的啰儿调采用赋比兴手法，前两句启承铺垫，现实描摹，生动活泼；后两句转合起兴，超脱渲染，境界大开。语言质朴，形象生动。

月亮出来（啰儿）亮堂堂（啰儿啰），妹在河边（啷啷扯咣扯）洗衣裳（二嫂呃）。

听到情郎（啰儿）山歌起（啰儿啰），棒棒捶在（啷啷扯咣扯）手背上（二嫂呃）。

这首《棒棒捶在手背上》的啰儿调语言浅近，简淡丰厚；音韵流畅，铿然有声。整首啰儿调以月织调，构思奇巧，以景驱情，以月含情，以水蕴情，令人生情。

妹到山腰采春茶，十指翻飞掐嫩芽。

哥去河边犁秧田呀，双脚趟行呃——依哟喂，

双脚趟行沾泥巴。啰喂！

春茶采了一大篓，秧田犁了一大坝。
妹到河边洗小手呀，哥到河边呃——依哟喂，
哥到河边洗脚丫。啰喂！

妹见小哥壮如山，哥见小妹美若花。
相喜不知怎开口呀，相悦不知呃——依哟喂，
相悦不知咋说话。啰喂！

小妹轻哼《绣香包》，小哥高唱《栀子花》。
女音婉转荡流水呀，男声高亢呃——依哟喂，
男声高亢震山崖。啰喂！

小妹脸红抿嘴笑，小哥心慌神情傻。
小妹小手划水旋呀，小哥脚丫呃——依哟喂，
小哥脚丫拍浪花。啰喂！

水花溅到妹身上，湿了罗裙和绣袜。
水花溅到哥身上呀，湿了衣衫呃——依哟喂，
湿了衣衫与头发。啰喂！

小妹娇嗔往后躲，地面湿滑摔地下。
小妹假装崴了脚呀，举步艰难呃——依哟喂，
举步艰难咋回家。啰喂！

小哥心疼皱眉头，左顾右盼想办法。
最后牵来犁田牛呀，示意小妹呃——依哟喂，
示意小妹骑上它。啰喂！

妹说胆子从来小，见了黄牛就害怕。

哥儿挠头苦无计呀，牵着黄牛呃——依哟喂，

牵着黄牛又背她。啰喂！

这首啰儿调既叙事，又写情，还勾勒出土家山水田园的景致轮廓。

近年来，也有人编唱脱贫啰儿调，抒发土家人脱贫奔小康的喜悦情怀。

太阳出来红满坡哟嗬嗬，（合）红满坡哟嗬嗬。

听我唱首噻脱贫歌，（合）听我唱首脱贫歌。

扶贫政策到山乡，党的光辉照山窝，先扶志气后扶智，要改穷村噻穷生哟活。

（合）呃——呃嘿依哟嗬嗬——呃哎嘿依哟嗬，要改穷村穷生活，穷生活。

太阳出来红满坡哟嗬嗬，（合）红满坡哟嗬嗬。

听我唱首噻脱贫歌，（合）听我唱首脱贫歌。

闹梅喜鹊唱枝头，扶贫干部进院落，促膝谈心拉家常，把那穷根噻细解哟剖。

（合）呃——呃嘿依哟嗬嗬——呃哎嘿依哟嗬，把那穷根细解剖，细解剖。

太阳出来红满坡哟嗬嗬，（合）红满坡哟嗬嗬。

听我唱首噻脱贫歌，（合）听我唱首脱贫歌。

厘清穷因想对策，因地制宜定方略，基础建设大发展，一改穷僻哟呈蓬勃。

（合）呃——呃嘿依哟嗬嗬——呃哎嘿依哟嗬，一改穷僻呈蓬勃，呈蓬勃。

太阳出来红满坡哟嗬嗬，（合）红满坡哟嗬嗬。

听我唱首噻脱贫歌，（合）听我唱首脱贫歌。

发展产业增收入，医疗扶贫减支出；电商扶贫信息通，农副产品哟销路多。

（合）呃——呃嘿依哟嗬嗬——呃哎嘿依哟嗬，农副产品销路多，销路多。

太阳出来红满坡哟嗬嗬，（合）红满坡哟嗬嗬。

听我唱首噻脱贫歌，（合）听我唱首脱贫歌。

项目启动缺资金，金融扶贫拨贷款，富余劳力不能闲，就业扶贫哟门路拓。

（合）呃——呃嘿依哟嗬嗬——呃哎嘿依哟嗬，就业扶贫门路拓，门路拓。

太阳出来红满坡哟嗬嗬,(合)红满坡哟嗬嗬。

听我唱首噻脱贫歌,(合)听我唱首脱贫歌。

林下经济发展快，生态扶贫美山河；偏僻险地居住户，易地迁到哟新院落。

(合)呃——呃嘿依哟嗬嗬——呃哎嘿依哟嗬，易地迁到新院落，新院落。

太阳出来红满坡哟嗬嗬,(合)红满坡哟嗬嗬。

听我唱首噻脱贫歌,(合)听我唱首脱贫歌。

科技扶贫增技能，教育扶贫无辍学；孤寡残疾无劳者，五保低保哟福利多。

(合)呃——呃嘿依哟嗬嗬——呃哎嘿依哟嗬，五保低保福利多，福利多。

太阳出来红满坡哟嗬嗬,(合)红满坡哟嗬嗬。

听我唱首噻脱贫歌,(合)听我唱首脱贫歌。

两不愁来三保障，越温脱贫奔小康；贫困一去不复返，幸福绵长哟乐呵呵。

(合)呃——呃嘿依哟嗬嗬——呃哎嘿依哟嗬，幸福绵长乐呵呵，乐呵呵。

石柱啰儿调的代表作——《太阳出来喜洋洋》作为石柱县县歌、重庆电视台台标歌曲，被列入第一批国家级非物质文化遗产名录，在西沱广泛传唱。其歌词为：

太阳出来（啰儿）喜洋洋（欧郎啰），挑起扁担（郎郎扯哐扯）上山岗（欧啰啰）。

手里拿把（啰儿）开山斧（欧郎啰），不怕虎豹（郎郎扯哐扯）和豺狼（欧啰啰）。

悬岩陡坎（啰儿）不稀罕（欧郎啰），唱起歌儿（郎郎扯哐扯）忙砍柴（欧啰啰）。

走了一山（啰儿）又一山（欧郎啰），这山去了（郎郎扯哐扯）那山来（欧啰啰）。

只要我们（啰儿）多勤快（欧郎啰），不愁吃来（郎郎扯哐扯）不愁穿（欧啰啰）。

土家哭嫁

土家哭嫁风俗流传久远。清代，关于土家族的哭嫁习俗已有明确的记载。1994 年出版的《石柱县志》也记载了石柱土家族的哭嫁习俗。哭嫁习俗曾在西沱境域内的土家族聚居区盛行，至今尚存哭嫁遗俗。哭嫁多因伤离别、思亲恩，换身份、忧前途，以及怨婚姻、怪媒人。西沱境域内土家族人把哭嫁当作对出嫁姑娘“才华”的一次全面“检阅”，甚至要通过“哭”来看这个姑娘是否贤德、知礼。

哭嫁歌似歌似诉，哭声、歌声和语声混杂在一起，边哭边唱边诉，其声凄切哀怨，催人泪下。土家哭嫁有单哭、对哭、多人哭三种哭唱形式，哭嫁歌的曲调六七种，歌词既有传唱久远的固定歌词，也有临场发挥现编的歌词，故歌词并不太精美，许多句子有哟、呀、啊、噻等衬词。

单哭　出嫁女子眼见婚期日近，心中彷徨、忧虑，时常哭唱，哭得早的距婚期 3 个月开始，迟的距婚期半个月开始，所哭歌名颇多。

《哭爹娘》

菜籽开花花儿黄，女儿开声哭爹娘。
热闹不过元宵节，伤心不过女离娘。
黄梅花儿黄又黄，女儿出嫁去他乡。
爹娘哥嫂都操心，惊动友邻来帮忙。
小女心里太难过，不知何时才填情（方言，还情、报答的意思）。
春天开的芝麻花，屋前喜鹊闹喳喳。
叫声爹来喊声妈，女儿明天要出嫁。
女儿心中有疙瘩，不知嫁的是哪家？
你的女婿我的他，是龙还是牛和马？
夏季开的石榴花，花开花落结红果。
问声爹来问声妈，女儿明天要出嫁。
婆家房屋立哪塌（方言，哪个地方的意思）？盖的是草还是瓦？
他是大来还是小？媒人从不说真话。
秋季开的丹桂花，丹桂花开朵朵香。
女儿明天离爹娘，心头总是难放下。
郎君是高还是矮，长相是不是冬瓜？
如果是足拜（方言，跛的意思）眼瞎，娘抽（方言，推的意思）女儿进火坑。
冬季开的蜡梅花，叫声爹娘喊声妈。
女儿明天出嫁了，陌生男女共一榻。
从未见面说过话，心跳咯咯我害怕。

《哭娘》

叫声妈来喊声娘，唢呐声催儿心慌。
您为女儿办嫁妆，一月就有九天忙，

鸡未开叫娘下床，身背土产去赶场，
卖钱给儿制衣裳，回来天黑月上岗。
儿走爷婆谁照应，烧茶煮饭哪个帮？

《哭母》

女儿要嫁山外头，再帮娘亲梳把头。
曾记鬓发野花艳，何时额起苦瓜皱？
摇篮还在耳边响，娘为女儿熬白头。
燕子齐毛离窝去，衔泥何时得回头？

在娘怀中三年滚，头发操白许多根。
青布裙来白围腰，背过几多山和坳。
布裙从长背到短，这山背到那山转。
又怕女儿吃不饱，又怕女儿受风寒。
为置嫁妆操碎心，只因女儿生错命。
哭声爹来刀割胆，哭声妈来箭穿心。
只道父母团圆坐，谁知今日要分身。

《哭父》

天上星多月不明，爹爹为我苦费心；
爹的恩情说不尽，提起话来说不尽。
一怕我们受饥饿，二怕我们生疾病；
三怕穿戴比人丑，披星戴月苦费心。
四怕女儿无文化，还送女儿学堂进；
如今女儿已成人，花钱费米大恩情。
一尺五寸把女盘，只差拿来口中含；
艰苦岁月费时日，挨冻受饿费心血！
女儿错为菜籽命，父亲枉自费苦心；
女今离别父亲去，内心难过泪淋淋！

养女不得孝双亲，难孝父母到终身；
水里点灯灯不明，空来世间枉为人！

《哭哥嫂》

穿上嫁衣别哥嫂，好比鲜花叶掉了，
好比风筝断了线，好比油灯去灯芯。
花儿红，叶儿青，只有哥嫂最操心。
哥妹今天各分手，堂前双亲你孝敬。

《哭姊妹》

同喝一口水井水，同踩岩板路一根；
同村同寨十八年，同玩同耍长成人。
日同板凳坐啊，夜同油灯过；
绩麻同麻篮啊，磨坊同扼磨……

对哭　对哭即双人哭，一人一番，也叫“答哭”。有母女对哭、姑嫂对哭、姊妹对哭。

母女对哭：

叫声爹来喊声妈，女儿明天要出嫁。
女儿心中有疙瘩，不知嫁的是哪家？
你的女婿我的他，是龙还是牛和马？
婆家房屋立哪呀？盖的是草还是瓦？
郎君是高还是矮，长相是不是冬瓜？
从未见面说过话，心跳咯咯我害怕。

好闺女呀好闺女，鸟大离窝凤飞翔。
儿虽娘的心头肉，女大终究要离娘。
不是为娘赶你走，不是为娘心太狠。
自古男大要娶媳，女大当然要嫁郎。
嫁个男人立个家，跟到丈夫传子孙。

出嫁多顺公婆意，要对男人温馨些。
不管做啥要勤快，公婆定会看得起。
好闺女呀好闺女，凤凰展翅今朝起。
谁家女儿不出嫁？当媳当婆古兴的。
为娘送儿一句话，勤奋过好小日子。

爹娘养育恩未报，唢呐声声催离门。
儿走爷婆谁照应，爹娘早晚谁关心？
烧茶煮饭哪个帮，洗衣砍柴谁承担？
年老体弱谁服侍，弟妹年幼谁带看？
叫儿为何不伤心，叫儿咋个放下心？
叫声妈来喊声娘，您为女儿办嫁妆。
十天之中赶三场，一月就有九天忙。
鸡未开叫娘下床，一人山路走忙忙。
身背土产去赶场，卖钱给儿制衣裳。
太阳西下月上岗，娘摸夜路进屋房。
不知妈娘为的啥，要给女儿办嫁妆。
叫声我的妈和娘，油菜开花遍地黄。
妈娘喂儿出嫁去，操劳辈子养女娃。
十月怀胎娘受苦，不吃不喝谁体谅？
鸡蛋挂面喂儿吃，残汤剩饭自己尝。
轻重活路一样做，朝出晚归同样忙。
丢了锄头提扫帚，进屋又跳锅边舞。
唯妈我娘苦苦苦！儿这一嫁谁帮手？
喊声妈来叫声娘，女儿不想离妈娘。
别人嫌女为人养，您们当我宝贝养。
女儿要报养育恩，辈子不愿离您们。
自从生下没嫌弃，一刻都未离娘身。
一岁将儿搂怀中，两岁教儿把话说。

三岁教儿拿筷子，四岁教儿学唱歌。
五岁教儿习写字，六岁教儿使针线。
七岁教儿烧茶饭，这些一时数不完。
白天都是娘搭伴，入夜妈讴儿睡觉。
妈娘恩德千万个，十天半月数不完。
妈娘恩情深似海，纵有长尺难量尽。

莫流泪啊莫寒心，女儿伤心痛双亲。
娘家不是久留地，迟早都是要出门。
天下做女都一样，世上不是你一人。
皇帝养女招驸马，官家小姐配成婚。
成家立业做世界，皇朝古礼这样兴。
为娘走了这条路，女儿要踩脚后跟。
有些没顺女儿心，宽宏大量要容情。
公婆面前行孝道，高声喊来低声应。
哥嫂姊妹要和顺，左邻右舍多亲近。
娘的话儿牢记住，千放心来万放心。

左教女来右教女，听妈唱首娘教女。
为妈教女理应该，只望女儿聪明乖。
女儿听话爹妈爱，望儿出嫁当好家。
当家才知盐米贵，要做好媳听妈教。
正月教女是新春，家家门前挂红灯。
十五晚上去观灯，衣服要穿一身新。
走路定要周周正，切莫斜眼偷看人。
见人不要嘴喳喳，女娃无礼逗人骂。
二月教女是春分，妈叫女儿听分明。
一年四季在于春，季节时光不等人。
小两口儿有商量，日出日夕抢时光。

春天播下一把种，秋天收获万担粮。
三月教女是清明，祖宗坟上去挂亲。
长辈坟前磕个头，烧钱化纸祭亡灵。
保佑女儿百事顺，生儿育女长成人。
四月教女正栽秧，一家都为插秧忙。
哥也忙来嫂也忙，儿系围腰下厨房。
切肉要切刀片样，莫要切成纸一张。
油煎豆腐二面黄，南星豆腐别参汤。
桌上菜要摆八样，乡邻才会不骂娘。
五月教女是端阳，河边去把龙船望。
只看闹热别胡想，观了划船来望娘。
带回女婿来过节，娘给草帽遮太阳。
夫妻双双返回去，勤把苦做不受穷。
六月里来三伏天，忙完夏锄该休闲。
休闲之中莫偷懒，提针引线绣和缝。
十绣技艺别忘掉，一代一代下传承。
七月教女七月半，祭祖别忘泼水饭。
孤魂野鬼莫乱窜，民间阳人才宁安。
有请祖宗来过节，新粮鲜菜首先尝。
八月里来是中秋，打个糍粑圆啾啾（方言，很圆的意思）。
全家团圆赏圆月，仰看天门大大开。
牛郎织女鹊桥会，要学他们终身伴。
九月教女是重阳，敬重老人是美德。
敬奉老人如供神，衣食住行细照应。
九九重阳老人节，传统美德要继承。
十月教女小阳春，娘接女儿回家门。
妈想叫儿耍几天，季节还是不等人。
八月种菜九月胡，十月下种不发绿。
冬日教女冬月冬，娘家活路已经松。

接回女儿耍半月，不知女婿舍得不?
要是亲家不同意，女儿你也别多心。
腊月教女大雪飞，儿去婆家一年余。
娘知你们恩恩爱，敬公孝婆邻和气。
娘教女儿十二月，月月诸事要记得。
女儿出嫁男人家，恩爱和谐过终身。
不忘娘对女儿教，家和才能万事顺。
养儿育女勤劳动，辈子都会不受穷。

姑嫂对哭：
《哭哥嫂》
一奶喂大好哥哥，心疼我的好嫂嫂。
常言都说哥如父，长嫂好似比如母。
样样都是哥哥管，事事全靠嫂子教。
妹是水上浮萍草，风吹水浪四面摇。
浮萍连根任水流，天明就要远走了。

我的哥呀我的嫂，你的妹妹命不好。
爹娘面前同长大，今天就要分别了。
堂上爹娘我丢开，千万重担你们挑。
妹妹成了远乡客，想得到来做不到。
爹娘若有病和痛，全靠哥嫂来照料。
早问安来夜问好，要替妹妹多代劳。
山上有柴替妹砍，水井有水替妹挑。
寒天洗衣替妹冷，热天泡茶替妹烧。
哥哥听到妹妹的哭声，叹息一声，倒也罢了。嫂嫂听到小姑的哭声，常会答哭。
《嫂哭妹》
嫂的妹呀嫂的妹，妹妹哭声嫂炸肺。
娘家不是长流水，婆家才能安妹身。

自古姻缘命中定，早迟都要男女配。

皇帝女儿招驸马，离爹离娘自古兴。

嫂的妹呀好妹妹，嫂与妹妹情意深。

虽然不是藤上瓜，同锅舀饭几年了。

早出晚归创家业，妹妹辛劳有一份。

哥伤心来嫂伤心，不想离妹也要分。

姐妹对哭：

《姐哭妹》

梭罗树上十二丫，我们同根又同丫；

今朝姊妹要分离，离开绣楼好孤单！

《妹哭姐》

梭罗树上十二丫，我们同父又同妈；

今朝姐妹要离开，难舍难分情难断！

梭罗树上台对台，姐姐心里难宽怀；

丢下妹妹婆家去，逢年过节又才来！

梭罗树上台对台，望姐心里多宽怀；

多承姐姐把妹待，姐的教诲记心怀！

哭十姊妹　夜迎晚上，近邻女子九人到新嫁娘的闺房内陪哭，一直哭到新娘出阁离开闺房，称为哭十姊妹。

《哭十姊妹》

一根板凳四条腿，十个姊妹来陪妹。

今晚陪客实在多，没得好吃和好喝。

一张桌子四角方，十个碗盘摆桌上。

十个小碗四周放，十只酒杯也摆上。

金竹筷子摆十双，十个姊妹陪我耍。

三盘水果四盘糖，我今吃了走远方。
难为姊妹来操心，哪个时候来填情？
一篼芝麻千万颗，单单择出我一个。
一人少我不要紧，丢开姊妹一满门。
前思后想不一路，左想右想都伤心。
想前想后是伤心，姊妹也会有这天。

哭骂媒婆　临近婚期，媒婆经常穿梭于男女两方，联络和协商有关婚娶事宜，新嫁娘见媒婆到了自己家，便开始哭骂媒人。媒婆本是促成婚姻的使者，大多数媒人都衡量男女双方各方面条件，觉得般配才去说媒。但有少数的媒人，昧着良心乱撮合，酿成悲剧。与西沱相邻的鱼池镇，曾有一汪姓男子，聪颖帅气，新婚之夜才发现新娘丑陋粗鄙，一气之下挥刀自宫，出家为僧，后成为川东名僧，一代大法师，传具足戒法脉，后为县境首庙银杏堂住持。

《骂媒人》

背时媒人像条狗，这边吃了那边走；
娘家来吹女婿好，婆家去夸媳不丑。
树上麻雀哄下来，岩上猴子骗跟前；
害了多少良家女，拆散几多美姻缘。

媒人婆呀媒人婆，骗人骗个没有完。
你到他家吃顿饭，就说他家钱万贯。
你到他家端个碗，就说他家要当官。
你到他家喝杯茶，就说他家正发达。
你到他家喝杯酒，就称他家样样有。
你到他家喝碗汤，就夸他家好田庄。
骗了吃来又骗喝，哄我爹娘心里乐。
口里念的歪歪经，逗我嫁去当老婆。
但愿雷公长有眼，劈死你这烂媒婆。

若女子对这门婚姻较为满意，习俗使然，骂到这里也就差不多了。有的时候，女子对婚姻极不满意，完全是被强迫的，这种时候骂得就更凶。

房上讨厌是麻雀，地上讨厌是媒婆。

媒婆是条油嘴狗，这家吃了那家走。

媒婆嘴巴真会说，哄了你的大姑婆。

媒婆嘴巴真会夸，哄了你的大姑妈。

你说他家是很好，你该嫁他做个小。

你说他的家业大，该把你妹嫁给他。

媒婆听到新嫁娘近乎尖刻、恶毒的咒骂，哭笑不得，只好回哭加以解释，并安慰新嫁娘。

《媒婆哭》

好闺女呀好闺女，千万不要骂媒人。

骂我恨我不要紧，有个道理给讲清。

天上无云哪有雨？人间无媒不成亲。

媒人吃的千家饭，尽做好事牵红线。

青布裤子白布腰，爹娘嫁你你心焦。

替你爹娘想一想，他们哪能养你老？

不是媒人来搭桥，你在娘家坐天牢。

不要哭来不要闹，快快打扮上花轿。

哭出阁 正酒（出阁日）的清晨，新娘开始穿戴打扮，做出阁的准备。一边做事一边哭唱，有哭出阁、哭穿露水衣（新娘穿“露水衣”“露水裙”“露水鞋”）、哭上头、哭戴花等，基本上哭声不断。

《哭穿露水衣》

这套苦衣长又长，您儿穿起离爹娘；

这套苦衣宽又大，您儿穿起便离家。

发亲之时，新娘即将离开亲人，心中恋恋不舍。新娘由媒人和送亲娘子扶出闺房，去到堂屋家神龛前拜别祖宗（有的地方还要拜别父母）后，然后上轿。新娘眼看就要离开生活了十数年的家，由大姑娘变成小媳妇，有欣喜，有忧虑，有憧憬，有失落，有向往，有不舍，有感恩，有怨愤，五味杂陈，百感交集，这期间唱《哭祖宗》《哭踩斗》《哭甩筷》《哭离家》《哭上轿》《哭起轿》等。

《哭离家》

堂屋门前挂绣球，女儿走了娘莫愁。

堂屋侧边挂算盘，莫算养女饭食钱。

《哭上轿》

花轿已经临门前，要想停留不得行。

轿夫大哥跑得快，谨防把你脚扭坏。

《哭起轿》

黄毛狗儿声声咬，咬得心肝都断了。

燕子飞过九重岩，今天去了哪天来？

土家摆手舞　西沱的传统舞蹈有摆手舞、划彩船、舞蚌壳等，以摆手舞最为著名。摆手舞即是祭祀舞蹈（娱神），也是娱乐舞蹈（娱人）。按其活动范围分“大摆手”“小摆手”两种，在西沱流行的主要是小摆手。按其舞蹈形式分为“单摆”“双摆”“回旋摆”等，按其举行的时间分为“正月堂”“二月堂”“三月堂”“五月堂”“六月堂”“九

土家摆手舞（2019 年）　　谭红建　摄

月堂”等。而今，但凡喜庆活动，均跳摆手舞，小学校将摆手舞作为课间操。小摆手以祭祀土王为主，伴奏乐器为土家锣鼓和唢呐。舞蹈动作与众不同之处就是躬腰屈膝、出同边手（即左手左脚并出，或右手右脚并出），以身体的扭动带动双手的摆动，步伐则既可边跳边走，又可原地踏跳。

摆手的内容十分丰富，有表现狩猎生活的“打猎舞”，有表现劳动生活的“生产舞”，有表现军事生活的“马前舞”，也有反映土司王生活的“饮宴舞”。主要动作有表现日常生活的“打蚊子”“抖狗蚤”“水牛打架”“拖野鸡尾巴”“跳蛤蟆”“木鹰闪翅”“犀牛望月”“砍火渣”“挖土”“烧灰积肥”“种苞谷”“薅草”“插秧”“割谷”“织布”等。

摆手舞为集体舞蹈，数十男女围成圆圈，锣鼓铿锵，唢呐嘹亮，罗裙飞摆，双臂摆动，场面颇为壮观。

土家说客

“说客”一词，常指“善于劝说的人”或“替别人做劝说工作的人”，是代名词。但在石柱土家族婚俗中，“说客”还有一重意思，俗称为“说礼性”，是一种行为，“说客”成了动名词。说客由男方的客头（县境七曜山一带称领宾先生、迎宾先生）和女方客头（县境七曜山一带称待宾先生、押礼先生）两人进行。说客的目的是男女双方就迎亲、送亲事宜彼此沟通，以便顺利完成各项流程，以免有些礼节做错而形成误会。比较特别的是他们不用简单的语言交流，而是像说顺口溜一样交流，以彰显其知礼性、懂礼节、有修养、有教化。石柱土家族人谈恋爱时的“对歌”、出阁前的“哭嫁”、迎亲时的“说客”，一唱一哭一说，自成一体，别具特色。新中国成立前，西沱境域的土家人婚娶中“说客”之风盛行。“说客”为石柱县独有，程序分为拦门、投书、交礼、迎风、夜宿投书、投催书、投交亲书、送亲客投书、送客等环节。20 世纪 50 年代仍保留着“说客”的习俗，之后“破旧立新”，“说客”之风渐衰。说客既有约定俗成的固定说法，也有现编现说的语句。

拦门说客 男方娶亲队伍到达女方家门口时，女方要举行拦门礼（土家族曾流行过抢婚习俗，拦门礼是为了问明青红皂白，以防被抢婚），在门口摆一张大方桌，挡住去路。拦门礼上，男方客头与女方客头第一次交锋，两人在众人的吆喝声中摇唇鼓舌，斗智、斗文才、斗口才。

女方客头：“喜盈盈来笑盈盈，拦门桌子摆朝门。燃香三炷烛九品，主东请我来拦门。我今拦门别无事，要请先生报个名。”

男方客头：“耳听贵府先生请，在下 × 某来报个名。望乞先生撇脱些（方言，简便些，不要太讲究的意思），尚请先生抬贵手。”

女方客头：“愚某久闻先生大名，是当地才子文人。学识广博名动四方，胸藏万卷可通古今。”

男方客头：“承蒙先生您赞誉，愚下是个山里人。出生家贫境寒微，少读诗书言辞钝。”

女方客头：“举目抬头来观看，先生领宾不一般。身穿袍服纱披肩，一身礼装威风扬。外有雅士之风度，内有锦绣之华章。小炮大炮震天地，花花宝轿在前方。旗号绕绕后面扬，轻吹细打好热闹。浩浩荡荡到寒门，不知阁下何贵干？”

男方客头：“先生待宾你在里面，且听愚下细禀一番：坐在山村家道贫寒，少读诗书才疏学浅；行色匆匆多有冒昧，礼貌不恭望请海涵。忆当年月老牵红线，×× 二姓喜定良缘；选年选月选日选时，选到今天这个良辰。愚下我奉请当领宾，带来一般人马轿夫。大旗绕绕炮火连天，吉日来到贵府门前；履行婚约两家联姻，迎接千金花好月圆。”

女方客头：“男男女女几十个，绳索棍棒几十根；先生随行多少马，先生带来多少人？从何而来，往何而行？过了多少潭和滩，过了多少岭和弯？”

男方客头：“家有白虎神，百事保安宁。新郎接新娘，一遍喜洋洋。带来马匹十二双，带来队伍七十人。先从水路来，只见波浪滚。后从旱路走，到处雾腾腾。过了九个滩，转了十道弯。”

女方客头：“我家也有白虎神，也保阖家事安宁。一路行程不再问，话要回头打转身。东家迎娶办喜事，派你来当领宾人。三茶六礼快呈上，缺少一宗莫进门。”

男方客头：“三茶六礼带在身，麻烦先生自己清。×× 二家办喜事，一家嫁女一家迎。两家开亲常来往，你我都是帮忙人。言语粗糙礼不周，赦在高坡免在坪。阳雀记得千年树，愚下记得万载情。外面天寒冷冻大，高抬贵手让进门。”

男方客头的客气话，使女方客头听了很受用，加之这“拦门礼”本身是一种礼数，并不是真的要拦着不让人进门。因此，女方客头见好就收，一改倨傲气势，换上笑脸。若男方客头是随意指定的人，自然不是女方客头的对手，言辞不当或哑口无言，则须从方桌下钻过去，这是很丢面子的。

女方客头：“听你一言我答允，棕树脚下不盘根，五湖四海皆兄弟，哪个男儿不出门。今天来到寒门外，遵照古礼未远迎，劳驾辛苦，请进！请进！”

投书说客 男方客头进了女家院中后，向女方客头递函件，函件叙明娶亲之事。

男方客头："来到堂前先拱手，今日来到贵府头。在下愚笨少讲究，简简单单把书投。"

女方客头："先生领宾来到此，满怀喜悦把书投。未曾早出来接待，人少事多缺安排。"

男方客头："久闻先生情义厚，仗义疏财传神州。我的兄弟站门外，还望招呼到屋头。"

女方客头："主人早已作安排，所有宾客我接待。请用清茶堂上坐，照顾不周休见怪。"

两位客头通过"说客"沟通了关系，说明了事理，互相拱手为礼，同说："撇脱些，撇脱些！"

交礼说客　男方客头将红纸包的《礼书》（即过礼的衣、帕、鞋、裤、手镯、腰方、美酒等清单）交给女方客头。此时，炮手放"过礼炮"三响，女方的司仪高呼："点礼！"男方的娶亲"娘子"与媒婆端上"抬盒"，把过门礼品拿出来放在桌上，照礼书清点，一件一件地交给"送亲娘子"。随后又开始说客。

男方客头："愚下手捧书柬，来到贵府堂前。今日交的礼品，只有几件布衫。一无珍珠玛瑙，二没金银钗环。三缺山珍海味，四少糖食果点。来得不齐不整，摆得不周不全。若有哪些差错，万望先生海涵。"

女方客头："先生很讲规矩，桌上摆得整齐。今陪先生点礼，实在过意不去。"

男方客头："早闻先生的大名，今日一见果不差。愚下冒昧闯府下，当众来把薄礼交。随来礼品太微薄，衣裤都是粗棉纱。头帕也非真丝帕，配有头绳与骨梳。棉袄一件红花艳，腰带一根并鞋袜。一一点交先生手，请速转交主人家。"

女方客头："劳驾先生双脚苦，跋山涉水汗嘀嗒。送来礼品很重要，衣帕鞋袜样样佳。首饰全是金银品，耳环发夹闪金光。先生要我来拣礼，愚下定交主人家。"

男方客头："先生出言尽是夸，嘴巴果然顶呱呱。礼品备得不像话，愚下脸上鸡虱爬。衣料没有绫罗缎，下的肘方也不大。先生虽未说这那，灯草浇烛总费蜡。"

女方客头："先生有谋又有勇，不款大话言语恭。金银绸缎样样有，戏水鸳鸯配绣球。龙凤丝带吊花裤，岂能有肉饭下瑜（方言，覆盖的意思）。三炷神香把祖敬，我陪先生把腰躬。"

两位客头同时向女方家神龛一拜后，女方客头即邀男方客头去书房喝茶休息。

迎风说客　迎亲交礼完毕后，稍事休息，女方即摆出"迎风宴"，请娶亲队伍赴宴，彼此交流仍以"说客"形式。

女方客头："赢亲（方言，男方为赢亲，女方为输亲）銮驾降临，输家未曾远迎。略备淡菜薄酒。来为贵宾洗尘。迎风不很周全，希望来宾海涵。”

男方客头：“主家礼规宴丰，愚代羸亲领情。贵府桌摆八大仙，鸡鸭鱼肉全是荤。×某代主来感谢，希望贵府礼简便。”

女方客头：“门前未铺毯，迎宾也怠慢。先敬一杯酒，大家把心宽。”

男方客头：“擅造贵府前，先茶又后宴。先生莫多敬，喝酒愚不行。你我来碰杯，情深一口干。”

女方客头：“来此是贵客，礼应长亭接。人少转不过，得罪要包涵。再敬您一杯，补救礼数缺。”

男方客头：“贵府太喜客，只好把酒接。先生也斟满，我俩慢慢饮。”

女方客头：“主家穷得很，酒是苞谷酿。酿酒还添水，再来饮一杯。”

男方客头：“酒香味道醇，三杯便醉人。在下很抱歉，量浅不再饮。”

女方客头：“这席迎风酒，自古已兴有。要学李太白，一人饮一斗。”

男方客头：“太白是墨客，斗酒诗百篇。愚人乃凡夫，何成与比得。”

女方客头：“先生来推诿，借龙挡千水。尊府贵客们，也要共同饮。”

男方客头：“不是愚挡驾，大家酒量微。多饮酒伤身，不是假推诿。”

女方客头：“非是我来劝，愚受主人命。都看主人面，大家领个情。”

男方客头：“大家听我说，亲戚讲撇脱。不是我推杯，怕钻桌子脚。干了这杯酒，先生别再说。羸家输亲家，亲翁结一家。儿女结鸾凤，两家笑哈哈。”

女方客头：“说起来闹热，吃起来淡白。贵府讲撇脱，愚代主致谢。诸位请慢用，饭后喝热茶。”

夜宿说客 若男方家距女方家较远，则男方于夜迎之日的傍晚到女方家，需住宿一晚。两位客头来到女方家堂屋中拜天地、家神，投递《夜宿书》。

男方客头：“谯楼未打三更鼓，常言未晚先投宿。旗乐琴瑟吹鼓手，迎亲人等五十五。包杆绳索请清点，花轿放在阶梯处。一一寄存在贵府，明日才不慌手足。”

女方客头：“先生办事很仔细，宿书投得很及时。一律东西当管好，来人不会凉办起。只要不嫌寒舍孬，贵宾晚歇没问题。虽说没有好床被，还可御寒避风雨。男客安在阁楼上，女客有别住内房。克服困难将就点，照顾不周大量些。”

投书完毕后，女方将娶亲客人安顿歇息。

发亲说客 正酒之时是清晨，发亲时刻到，女方客头与男方客头去到喜堂内，向家神叩拜，女方客头手捧用红纸写好的嫁妆礼单交给男方客头，谓之投《交亲书》。

女方客头："先生领宾到寒舍，接待不周多得罪。吃饭住宿都很孬，高言低语包涵些。人人都养儿和女，户户都有六亲人。小户家贫嫁妆少，脸面实在无光彩。只有木箱和衣柜，桌凳碗筷不值几。衣笼帐被没多的，样样都是棉织的。节衣缩食才备齐，值钱不多费心机。面交先生一一点，帮忙兄弟爱护些。损坏腿脚伤主心，你我良心过不去。"

男方客头："先生说话太客气，接待周到又仔细。热茶热饭暖人心，没有二话可说的。嫁妆样样都备齐，红漆家具光熠熠。桌椅几案雕花鸟，梳妆镜里美人笑。丝帐缎被绣鸳鸯，主家一见定满意。伙计路上懂得起，上坡下坎定注意。不损嫁妆一点皮，原样无损抬回去。"

女方客头："承蒙某东家，我有一句话；高门未得登，择到寒舍下；一无好资送，二无好陪嫁；两口木箱子，几件粗布衫；亲家莫嫌弃，望其来领拿。"

男方客头："贵府很殷实，喜结此佳缘；各样打发有，哪有不体面；蚊帐和花被，不缺哪一样；壶瓶同碗盏，样样都俱全；代主愧领了，慢慢来收捡。"

迎宾说客　送亲队伍到了男方家，送亲客人在女方客头的带领下，停留在男方家院外，直到三声礼炮响，新人拜堂入洞房后，男方的客头才来接待送亲客人，在院坝与女方的客头携手而行，边走边"说客"。

女方客头："愚下送亲不迟慢，不觉就踏贵府门。又与先生再见面，真正感到很有缘。堂前喜烛闪袅袅，喜酒办得很热闹。领来送亲一大路，来给贵府添麻烦。"

男方客头："哪里，哪里！应该，应该！愚下缺礼仪，文化知识浅。接待不周到，还望多海涵。"

两位客头进入周堂，向家神三拜之后，开始天南海北地"啄开"说客的对子，就像两只公鸡斗架一样，充分展示自己的思维和才学，互较高低。有比拼才激烈，才有气氛，这实际上是迎亲仪式结束后的娱乐活动。"说客"的内容大体包括：盘根、比古，此外还有啄对子（包含展言子、对对联、对白、对成语）、猜字谜等。具有较强的知识性和趣味性，把婚礼气氛推向高潮。这也是男女老少最喜欢的一段"说客"。两位客头流利的口才，有趣的内容，精彩的语言，展示出他们能言善辩的才智，有如现代说相声。男女老少你推我挤，围了一层又一层，但人人倾耳细听，场内鸦雀无声，听到精彩处报以热烈的掌声。

土家耍锣鼓

西沱境域的土家人历来有耍锣鼓的习俗。石柱土家族只有语言没有文字，因此，“耍锣鼓”的历史渊源没有文字记载，经过千百年的身传口授，世代相承，千锤百炼，不断创新，至今仍流行。耍锣鼓就是敲击小鼓、大锣、铜钹、马锣 4 种乐器，演奏曲牌（俗称引子）。耍锣鼓既娱已又娱人、娱神，逢年过节和红白期会，以及重大祭祀、庆典活动时，用锣鼓渲染气氛、烘托环境。

锣鼓器具 镇境的锣鼓器具主要为小鼓、大锣、铜钹、马锣（俗称喽喽）。有的配有二锣子，其大小介于大锣与马锣之间。

锣鼓引子 从古到今，历代耍锣鼓的人在传承引子的同时，也不断创作新引子，现今已有双龙出洞、扑灯蛾、禄门艳、水波浪、观音坐莲台、观音扫店、双状元红、单状元红、望天笑、铁绣球、红绣球、双抱鱼、狮子滚绣球等引子三百余首。耍锣鼓每一曲既有固定不变的段落，也有变动的段落。固定不变的段落是头子、尾子，变动的段落是中间的引子，每一曲都要先奏头子，再奏引子，后奏尾子结束。

锣鼓传承除口授外，也有曲谱，多用象声字和符号代替。鼓槌敲在鼓面上发出“咚”的声音；鼓槌敲在鼓面后不及时提起，而是划过鼓面，发出“布”的声音；大锣击打发出“当”的声音，用“⊙”符号代替；铜钹击打发出“切”的声音，用“×”符号代替；马锣击打发出“喽”的声音，用“o”符号代替；大锣与铜钹同时击打，发出“庄”的和声，用“⊕”符号代替。由此可写出锣鼓引子（曲谱）如下：

头子：

‖ 咚布咚布咚咚，｜ o × o o ｜ ⊕ × ⊙ × ｜ ⊕，⊕⊕ ｜ o ⊕⊕，｜ o ⊕⊕⊕ ｜ × ⊙ ⊙ × ｜ ⊕，o ⊕ ｜ ⊕⊕ × ⊙ ｜ ⊙ × ⊕ × ｜ o ⊕ o × ｜ ⊕⊕ o，｜ ⊕⊕⊕ ｜ ⊕，o × ｜ o × ⊕，｜ o × o × ｜ ⊕，o ⊕ ｜ o ⊕ o × ｜ ⊕，⊕⊕ ｜ × ⊕ o × ｜ ⊕，o × ｜ o，⊕ × ｜ o ⊕ o × ｜ ⊕，o × ｜ o × o × ｜ o – ‖

尾子：‖ ⊕ × o ⊕ ｜ o × ⊕⊕ ｜ o，⊕ × ｜ ⊕ ×，⊕⊕ ｜ ⊕ ×，⊕⊕ ｜ ⊕ ×，⊕⊕ ｜ ⊕⊕⊕⊕ ｜ ⊙ × ⊙ × ｜ ⊙ × ⊙ ×，｜ o ⊕ o × ｜ ⊕⊕ o，｜ ⊕⊕ × ⊕ ｜ o × ⊕，｜ o × o ⊕ ｜ × o ⊕ ‖

双状元红（引子）：‖ ⊕ ⊕ ｜ ⊕ × ⊙ × ｜ ⊕ ⊙ ⊙ ⊙，｜ ⊕⊕ ｜ ⊕ × ⊙ × ｜ × ⊙⊙⊙，｜ ⊕⊙⊙⊙ ｜ × ⊙⊙⊙ ｜ ⊕⊙ × ⊙ ｜ ⊙ × ⊕，｜ ⊕⊙⊙⊙ ｜ × ⊙⊙⊙ ｜ × ⊙ × ⊙ ｜ ⊙ × ⊕，｜ o × o × ｜ ⊕⊙⊙⊙，｜ o ×

o × ｜ × ⊙⊙⊙，｜⊕⊙⊙⊙｜ × ⊙⊙⊙｜⊕⊙ × ⊙｜⊙ × ⊕ ‖

红绣球（引子）：‖ ⊕⊕ o ⊕｜⊕，⊕｜ o × ⊕，｜⊕⊕ o ⊕｜⊕，⊕｜ o × ⊕，｜ o × o × ｜⊕ × ⊕，｜ × ⊙ × ⊙｜⊙ × ⊕，｜ o × o × ｜⊕ × ⊕，｜ × ⊙ × ⊙｜⊙ × ⊕ ‖

耍锣鼓也讲究演奏技巧，且需几人配合默契。有俗语云："聪明的鼓，伶俐的钹，小孩打喽喽，古董打大锣。"意思是：耍断头锣鼓时，打鼓的人应聪明机灵，灵活指挥，使曲牌千变万化而又稳妥衔接，一般由师傅打鼓。打铜钹的人需要手法伶俐，打出花钹，引子才活泼好听，如"｜ o × o × ｜ o × o｜"，若按部就班地打，听起来较死板，若打出花钹，则变成"｜ o ×× o ××× ｜ o ××× o｜"，也就是铜钹在这句引子中原本只击 3 次，而实际上铜钹最快可击打 8 次，节奏变得欢快活泼，耳感更好。马锣的声音比鼓、大锣、钹的声音小，若非耍断头锣鼓或专门的马锣引子，则多打少打对整个引子影响不大，只要按一定节奏敲击，曲牌中 80% 的"喽"音均能碰上（断头锣鼓及有些专门的马锣引子除外），因此，在配不齐人手时，可由小孩打马锣，勉强凑合。大锣的声音最大，在锣鼓引子中占主导地位，原则上不能像铜钹那样多打，更不能少打，必须像老古董那样按照引子一成不变地演奏。

耍锣鼓主要有以下四种耍法：一为套套引子。先演奏头子，接着演奏引子，后演奏尾子结束。继续耍的时候仍是先演奏头子，再奏引子，后奏尾子，按部就班，缺少变化。这种耍法对打鼓者和打马锣者要求不是太高，优势是可以在路途中边走边打。二为断头锣鼓（不演奏头子和尾子，故称"断头"），也称发点子打。有专门的断头引子、扯转子，再夹以普通引子。断头引子一般要奏完再转换，普通引子既可奏完再转换，也可中途即转换。转换时多数要奏扯转子，作为缓冲，给锣手（特别是大锣）反应的时间。曲牌转换全由打鼓者以各种动作或鼓声来指挥、安排，打大锣、铜钹、马锣者必须盯着打鼓者的动作，因此只能围坐一起打耍。这种打法对四个人的水平要求较高，而且四个人都必须精力集中。三为配合唢呐。有些引子中配有唢呐的曲子，也就是锣鼓与唢呐合奏。也有许多唢呐曲子需配锣鼓声，只不过要增加一个二锣，其声音介于大锣与马锣之间。四是配合玩狮、玩龙。其引子只有一句"‖ ⊕ × ⊙ × ｜⊕⊕｜ × ⊕ o × ｜⊕— ‖"，反复演奏。玩狮、玩龙喊彩时，所有锣鼓停奏，喊完第一句彩词时，锣鼓奏"｜⊕⊕⊕｜"，之后每喊完一句彩词，都奏"｜⊕⊕⊕｜"。喊彩完毕后，又开始玩狮或龙，锣鼓又配合演奏。当玩狮或玩龙完毕时，锣鼓则奏尾子，尾子奏完后结束。

斗锣 西沱镇境各村有多套锣鼓，遇白会时，加外来的锣鼓，有数十套。锣鼓手们同行相遇，总想切磋一番，展现自己队伍的演奏技艺，遂互相比斗。本就热闹的场面加入竞争元素后，更能渲染气氛，主人和客人皆喜闻乐见。有时候几支锣鼓队伍水平相当，互不服输，比斗到深更半夜仍不作罢，直至凌晨丧家出殡，一同送亡灵上山安葬后，才各自散去。节日斗锣又有不同，一般挑战方去到被挑战方院落附近的山头，开场演奏。被挑战方听到山岭传来锣鼓声，便知有人前来斗锣，立即组织人手与挑战者相斗。

薅草锣鼓 薅草锣鼓虽以锣鼓为乐器，但主体内容是唱，故土家人俗称“打闹”“打闹歌”，是土家族特有的一种伴随劳动生产与音乐相结合的民间艺术。历史上，土家族聚居区地广人稀，独门独户劳力不足，加上野兽出没，啃食庄稼，伤害人畜。在这种特定的自然条件和劳动环境中，土家人团结互助、结伴成群，协作生产，劳作时配以锣鼓敲击，既可传递信息，又可鼓舞劳动热情，同时还能用锣声惊吓驱赶野兽。久而久之，形成风格独具的薅草锣鼓。

薅草锣鼓一般有两位歌师傅领唱或对唱山歌，一人按节奏击鼓，一人配合敲锣，锣鼓间歇，歌声即起，轮流对唱，整日不歇。从锣鼓演奏形式上看，有“单锣鼓”（2 ~ 3人）和“夹锣鼓”（5 ~ 9人）之分，单锣鼓主要为大锣和小鼓，夹锣鼓则增加铜钹和小马锣等。

薅草锣鼓的唱词为五字句、七字句、十字句，歌词生动形象，通俗易懂，朗朗上口。一般是单句虚词拖腔，复句押韵，且一韵到底。鼓手领队，发歌指挥，既指挥唱歌，又指挥生产，号召力很强。

薅草锣鼓的演奏复杂多变，有快节奏和慢节奏之分。一天之内，形成三起三跌，称为“三潮”。特别是在收工之前，要赶劳动进度，锣鼓节奏越来越快，叫作“放擂”。放擂时的劳动场面，土家人用“饿马奔槽”一词加以形容。薅草锣鼓的引子有上百种，主要有号子和扬歌等类。号子又分请神号、出工号、下田号、清茶号、收工号、抒怀号等，其中以“穿号子”和“扬歌”为主，其他曲调只在一天中的一定时间内演唱，或在需要转调时演唱。

“穿号子”由两首内容相近的山歌组成，前一首称“梗子”，后一首称“叶子”。演唱时，将“梗子”与“叶子”的词句相互穿插起来，由鼓手和锣手互相唱和。“扬歌”包括九刹、九声、九扬三种，各有九个曲牌。一天中的三个不同时间段，都要唱一次

“扬歌”。请神锣鼓庄重神圣，节奏宽广，锣鼓齐鸣。如：

‖ ㊉— | ㊉— | ㊉— | ㊉— | ㊉㊉ | ㊉㊉㊉ | ㊉— ‖

扬歌锣鼓整齐有力，用于统一劳动节奏。如：

‖ 咚咚㊉ | 咚咚㊉， | 咚㊉咚㊉ | 咚咚㊉， | 咚咚㊉㊉ | 咚咚㊉， | 咚㊉咚㊉ | 咚咚㊉ ‖

歇气锣鼓节奏自由，可以是要锣鼓中的任意曲牌。如：

‖ 咚咚咚咚 | ㊉㊉， | 咚咚㊉ | 咚咚㊉， | 咚㊉咚㊉ | 咚咚㊉， | ㊉咚㊉咚 | ㊉咚㊉， | ㊉咚咚咚 | ㊉咚咚咚 | ㊉咚㊉咚 | ㊉㊉ ‖

放擂锣鼓节奏紧密，速度较快，用于催促劳动进度。如：

‖ ㊉咚咚㊉ | ㊉咚咚㊉， | ㊉咚咚㊉咚咚 | ㊉咚咚咚㊉， | 咚㊉咚咚咚㊉咚咚 | 咚咚咚咚㊉ | ㊉咚咚咚㊉咚咚咚 | 咚咚咚咚㊉ ‖

送神锣鼓舒缓自由，表达劳动结束后的放松和对神灵的敬仰和留念。如：

‖ ㊉㊉ | ㊉㊉咚咚 | ㊉㊉ | ㊉㊉咚咚 | ㊉咚㊉咚 | ㊉— | 咚㊉咚㊉ | 咚咚㊉ | ㊉咚㊉咚 | ㊉咚㊉咚 | ㊉咚咚 | ㊉— ‖

薅草锣鼓的唱词均属口头创作，见好夸好，以物及人。对偷奸耍滑的，出工不出力的，或调侃，或规劝，或打趣，或逗乐。除即兴之外，也有唱秦香莲的，骂陈世美的，说岳飞的，斥秦桧的，《山伯访友》《安安送米》等段子亦广为流传。还有唱生产生活、婚姻爱情的……内容广泛，生动活泼，地域特色突出，乡土气息浓郁。

随口编唱的五句歌如：

“唱歌不畏难，也不是挑花绣牡丹。
绣花要用针和线，唱歌只要舌头卷。
陪我歌师傅唱几天。”

“姐儿住在对门岩，看着看着长起来。
早上看到姐挑水，晚上看到姐抱柴。
恨不得一翅飞拢来。”

上午唱“四声子”：

“鼓槌拿一对，打进歌场内，麻布洗脸初相会。
早晨来得早，露水一条河，打湿丝鞋白裹脚。”

下午唱“扬歌子”：

“吃哒中饭下田来，锣靠鼓来鼓靠怀，拜上打鼓匠师傅把翼摆……”

二歇下田唱“四声子”：

“喝了一会茶，又把歌来发，南腔北调任我拿……”

收工唱“回声子”：

“日头下了岩，锣鼓幺了台。今天放工早，明天早点来。”

“歌头”通常无固定的形式，既可以循规蹈矩，也可以即时编唱。有的“引子”一开始就唱出了薅草时的热闹蓬勃景象。如：

“早早起，雾沉沉，层层浓雾不见人。

东方一朵红云起，西方一朵紫云腾。

红云起，紫云腾，满天白雾变红雾。

红云映红山和水，太阳照着唱歌人。

锣声惊得河水响，鼓声震得山谷鸣。

百鸟惊得满天飞，野兽惊得藏山林。

唱得天地多晴朗，唱得日月放光明。

土司不敢收歌税，三天不敢开衙门。

魔鬼听了打战战，谷神听了喜盈盈。

锣鼓打得响沉沉，听我字字唱分明。

庄稼切实保护好，定叫五谷得丰收。

一天田边走三道（次），三天土里走九巡。

不准老鸹啄种子，莫叫野猪拱苗根。

捉到青虫要捏死，抓住蝗虫要抽筋。

捉到老鸹砍翅膀，打倒野猪大家分。

薅草淋粪要攒劲（努力），三薅三淋要认真。

只要样样做到了，谷神爷爷有眼睛。

苞谷秆上打甩秋（方言，指荡秋千），高粱长像楠竹林。

苞谷个个像牛角，小谷坨坨像缆绳。

绿豆叶子包得盐，高粱秆秆把船撑。

谷神爷爷也高兴，保佑年年谷丰登。”

舞龙玩牛

西沱镇有舞彩龙、孝龙、水龙、板凳龙、玩牛的习俗，习称“玩龙灯”。以舞孝龙、玩牛最为特别，石柱全境流行，忠县、丰都仅有部分地区流行。

舞孝龙 土家人讲究丧事喜办，每逢白会，在锣鼓伴奏下玩孝龙。孝龙的龙头、龙尾用竹篾扎骨架，外糊白纸，下绑竹竿，供玩龙人握持。龙身以竹篾扎成九至十余节骨架，外裹白布，将每一节骨架联成整体，形成龙身，每一节骨架绑一竹竿，供玩龙人握持。另有一人玩龙宝，龙宝亦为竹篾扎成球形骨架，外糊白纸，下绑竹竿，供玩龙宝者把持。舞孝龙需十人至二十余人不等，依龙身长短而定（另配锣鼓手 4 人）。玩龙宝者在前，在锣鼓伴奏下，常做螺线舞动，龙头紧随龙宝舞动，龙身则从前到后梯次随龙头舞动，因时间差形成巨龙腾云翻滚的状貌。舞者人数较多，为统一行动、协调一致，常以玩龙宝者吹口哨为号。舞孝龙的过程中，间以“喊彩”。出殡时，孝龙到墓地舞动，之后就地烧掉。孝龙的玩法与彩龙玩法大同小异，但喊彩的彩词与红会大相径庭。孝龙必为死者之女、婿所邀。孝龙的制作方法大致与彩龙相同，不同之处在于骨架外覆白布，且因其为一次性用品（下葬后与花圈等一同焚化），做工粗糙、简单。

舞水龙 西界沱秋冬多雨少晴，春夏季则时有春干、伏旱。每逢春干、伏旱，为求风调雨顺，镇人舞水龙，从街上一直舞到南城寺的龙王殿，向龙王求雨。水龙以竹篾为

舞水龙（2019 年） 谭红建 摄

骨架，骨架上缠裹舒筋草或伸筋草。舞水龙时，必有人向水龙泼水或喷水，状若雨水飘洒，边泼边呼“雨哟！雨哟！”，以表达人们祈求下雨的愿望。2014 年，西沱镇组建了女子水龙队，免费为游客表演，每年表演数百场次。

玩牛 西沱历来有“玩牛”的习俗，2014 年 8 月，“玩牛”作为传统舞蹈被收录到第四批国家级非物质文化遗产代表性项目名录中。江在顺是西沱“玩牛”国家级“非遗”传承人。

所玩之牛，以竹篾制成牛头的骨架，外覆黑布或黄布，以布包棉花制成牛角。牛身则由彩布或黑布制成（水牛用黑布或蓝布，黄牛用黄布、棕色布），以麻线制成牛尾、牛毛等。玩牛需三人配合，一人扮演牵牛者，背着装有青草的背篓，地上摆放盛水的盆子。一人舞牛头，一人舞牛尾，另配锣鼓手 4 人。牵牛者为玩牛队伍的指挥者，引导“牛儿”起舞，两者动作协调，默契配合共同完成吃草、喝水、擦痒、滚水、跳坎、拗角、攻击牵牛者、犁田、摆尾和骑牛等“玩牛”舞蹈动作。牵牛者兼喊彩，有时锣鼓手或者观众也即兴喊彩。若有两起以上玩牛队伍同场表演，则还有斗牛的动作。2017 年，西沱镇组建了玩牛表演队，免费为游客表演，每年演出数百场次。

土家喊彩 西沱境域在舞狮（彩狮、孝狮）、舞龙（彩龙、孝龙）时，均间杂喊彩。随着社会发展，土家说客渐已淡出历史，力夫号子已不可闻，但喊彩在西沱至今仍盛行。喊彩的彩词有七字句、五字句、四字句，四句为一段。喊彩的声音高亢嘹亮，近乎呼号。下面以丧事喊彩为例，说明喊彩的内容、方法，及其与孝狮、孝龙的配合过程。

丧事喊彩的内容主要是吊唁死者、安慰孝子，或称赞死者功德、赞誉孝家贤德，劝勉孝子节哀顺变等。也有少数对孝子不满，喊出批评劝诫之词。彩词中大部分属临场发挥，少部分为固定词句。亲戚、族人、朋友等各方悼客，依据自己与死者的亲戚关系不同，喊法略有差异，喊彩一般要先利用彩词悼念死者、安慰孝家，然后说明自己是死者的什么人，报出悼客身份。

喊彩者（多是鼓师）手臂高举，长呼“呃——”，所有锣鼓立即停止，孝狮或孝龙亦在灵堂前作叩拜状。喊彩者接着喊：“狮子头上一点黄”，锣鼓间奏“哐哐哐”，孝狮或孝龙随锣鼓节奏叩首三下。接着喊第二句：“环顾四野雾茫茫”，锣鼓又奏“哐哐哐”，狮子龙灯又叩首三下。接着喊第三、四句：“三亲六戚来烧香（方言，吊唁的意思）”，“哐哐哐”，“灵前下礼泪汪汪”，“哐哐哐”。狮、龙舞动片刻后又喊彩，喊罢再舞，舞罢又喊。快结束时喊：“呃——，亡灵驾鹤腾空去，一路顺风到天阙。长女今宵送父（母）

去，来的是亡人女婿客。”最后喊：“呃——，风高月黑，来得淡白（方言，指祭礼不丰厚的谦辞）；孝家节哀，狮龙休歇。”

有时孝家总管也喊彩，言辞为感谢三亲六戚远道来烧香：“呃——无好主来有好客，舞狮舞龙好闹热；代主说声劳驾了，小小红包来谢客。”喊罢，将红包放在灵堂门口的板凳上，孝狮、孝龙拿到红包后即退下，另一亲戚的孝狮、孝龙又登场表演、喊彩。喊彩的彩词很多，且多系临场发挥，在此不录。

土家说吉利

西沱境域历来流行说吉利，俗称说“四言八句”。说吉利音调平和，讲究抑扬顿挫，近乎吟诵。

嫁娶吉利 新中国成立前，缝纫机极少，成衣商店、家具店几乎没有，新郎新娘的新衣物、蚊帐、家具等，全靠手工制作，需专门请裁缝、木工师傅到家里定制。师傅们开工时得说一段“吉利”，向主人家讨个红包（俗称“利是钱”）。

裁缝师傅开剪时说吉利：

“说起良辰缝衣裳，感谢先师轩辕皇。发明衣巾先师想，而今世人学方良。

主人喜期把布量，请我弟子缝衣裳。先师神位我拜上，良辰下剪大吉昌。”

木工师傅开锯时说吉利：

“鲁班弟子某某某，主人请我做新床。开斧开锯拜师傅，做床做床大吉昌。

有请保佑吾弟子，不遭斧锯之血光。做架新床睡龙凤，龙凤结缘天地张。

早生贵子后生女，龙凤个个状元郎。”

木工师傅在组装新床时，又说吉利讨利是钱：

“说投床来就投床，我把投床说一场。

一投一方好，夫妻同到老。

二投二方佳，儿女一扒拉（方言，一大群的意思）。

三投三吉祥，夫妻寿缘长。

四投四方喜，夫妻百年聚。”

嫁娶红会时，男方和女方均大宴宾客，整个会期需要人主持和指挥，这个人就是总管。总管是当地德高望重、人缘极好，且有领导能力和口才的人。如今，总管人选多为当地村组干部。

男方相帮酒宴开始时，总管说吉利：

“蒙主人信任，聘无才总管。实难当重托，手长袖子短。

略备淡酒菜，欢迎众相帮。若有得罪处，尚请多包涵。

莫放我脚筋（方言，有“看冷”或“折台”的意思），致礼谢大家！”

掌勺厨师（俗称厨官师傅）亲自打盘，上倒数第二盘荤菜，主人给红包，厨师说吉利：

“送礼亲友莫多心，菜饭本来原是生。炒的炒来蒸的蒸，味道难合众口味。

菜肴不好莫多意，情深义重才是真。有请贵宾提意见，来日改进做好些。

我敬大家一杯酒，祝愿大家喝高兴。”

在迎风酒宴上，女方总管说吉利：

“来者是客，未曾远接。亲朋赐步，真正难得。

无礼不兴，有礼不缺。喝上几杯，手脚都热。”

女方总管给男方轿夫敬酒时说吉利：

“你们是抬亲，抬起莫乱走。天下子女同，诸门子女有。

敬你四杯酒，言语要谨口。略备有薄礼，各自来领收。”

男方领头轿夫或滑竿脚夫回应：

“尽是好脚色，个个都抬得。先生你放心，莫再之乎也。”

女方总管给男方举高灯者敬酒，说吉利：

“你们人年轻，好打高把灯。高高来撑起，显主有功名。

各敬两杯酒，你们饮不饮。”

男方打高把灯者回应：

“高灯是木把，拿起好打架。若有人抢亲，打一灯笼把。

倒是喝两杯，我也才胆大。”

最后，女方总管给女方客头敬酒：

“先生是待宾，待客事繁忙。来者是夫客，礼数当周详。

先生去押礼，重任担肩上。去时押嫁妆，回时带相帮。

人多要管好，靠兄嘴一张。拜托你老兄，水酒敬一觥。”

女方客头回应：

“承得主人，一番盛情。交办愚人，陪候众亲。

待宾押礼，不才应承。大呼小叫，莫放脚筋。”

整理新娘嫁妆，给新娘叠被捆扎时，叠被者说吉言：

“喜叠新被陪嫁女，口唱喜歌进香堂。新弹棉絮红缎面，龙翔凤舞显被上。

叠起新被第一床，糯米香粽被里放。洞房之夜吃一个，满嘴甜来满口香。”

“又叠新被第二床，今年谷穗长得长。颗颗糯谷金光闪，篇成糯米喷喷香。

送到婆家做谷种，早发蔸来早注浆。满田谷子青油油，八月秋收谷满仓。”

……

新郎新娘拜堂时，男方总管说吉利：

“阳春三月春意浓，鼓乐齐奏在喜堂。

两朵祥云共结彩，云中飘出美人来。

娶亲娘娘扶出轿，喜迎新娘到周堂。

堂前香烛光辉闪，龙凤双双来拜堂。

才子官人配凤凰，夫妻恩爱百年长。”

建房吉利　修建吊脚楼时，需请石工、木工、瓦工。石工开山取石时，说吉利：

“吉日吉时来开山，先敬山神保平安。大锤锲子震山岩，万年顽石也裂开。

錾子手锤叮当响，凿出条石四面光。这山石头硬又绵，砌成屋基管万年。”

木工在立树时，说吉利：

“太阳出来喜洋洋，主家今天立华堂。立树须靠众人力，亲戚邻里来帮忙。

撑杆早已准备好，麻绳也已系柱上。随着号子齐用劲，莫偷懒来莫洋幌（方言，精力不集中的意思）。”

木工在上中梁时，说吉利：

“原是山中九丈木，今为华宇栋梁材。鲁班先师点化尔，护佑主家得安泰。

装好中梁祥瑞降，紫气萦绕从东来。梁正屋稳千年固，主家栖居红运开。”

土家吊脚楼

吊脚楼是西沱现存最多的传统建筑，也是最具土家特色的建筑。

吊脚楼的特色　西沱境内的土家人，除在云梯街顺坡建房外，农村自然院落多在台、坪、塆、坝、梁聚族而居，依山取势，修建吊脚楼，既可避潮湿，又宜养畜禽。吊脚楼为典型的“干栏式”建筑，其院落形状常有“撮箕口式”“转角楼式”“亭阁式”。以条石砌基础，屋顶盖小青瓦，一楼的墙壁多为木板壁，二楼以上的墙壁则多为竹篾篱涂泥粉刷。檐下挑枋向上弯曲，致屋檐呈燕尾式略为上翘，造型别致。檐下是吊楼，吊楼下是通阶沿。正屋和厢房多为长三间或长五间，通阶沿。厢房的地平面低于正屋地平面 0.6 ～ 1.5 米不等，由厢房到正房需上石阶梯。院坝又低于厢房 0.3 米，利于自然排水。厢房远离正屋的一端，一般都建成低脚吊楼（低脚吊楼的底楼地平面比厢房地平面低 2 ～ 2.5 米，其二楼与厢房的底楼平齐）。低脚吊楼的底楼多作厕所或畜禽圈舍，二楼为彩楼。无论正屋和厢房，均在正中一间的底楼设堂屋，堂屋后壁处设神龛，供天地君亲师牌位及祖宗牌位。除堂屋为通间外，余者均以板壁分为前后两小间或数间。堂屋左侧的房间设厨房、火塘（地面挖坑，条石镶边，坑中烧火取暖，火塘上方挂有吊钩，俗称冲塘钩，吊鼎罐煮食物或吊水壶烧水），各占一小间。右侧房间设加工房（放置籦子、石磨、石碓等用具，用来砻谷、磨面、磨浆、舂米等）、储物间，亦各占一小间。若因房屋不多，需在底楼设卧室，一般要在距地面 0.2 米处架木檩，其上铺木楼板以隔潮（俗称地镇屋）。二楼设卧房、粮仓等。楼外（通阶沿上面）为楼廊，俗称吊楼，供人们闲耍，或者晾晒衣服、豆谷。姑娘们常在吊楼上绣花，故而吊楼也被称为“耍楼”“彩楼”。彩楼边缘每 4 米（与榀对应）立 1.2 米高的短柱（穿斗在吊楼楣枋上，柱顶有瑞兽或花蕾木雕，柱底多为吊瓜木雕），短柱之间装柱形栏杆（俗称杉栏子）或装木板。柱形栏杆的小木柱为造型美观的柱形木雕件，装木板则由木板和小隔枋以公母榫镶接，板、枋上均浮雕瑞兽及花草虫鱼等。吊脚楼外围的后、左、右地面皆有沟（不加盖者称阳沟，加盖成涵洞者称阴沟），且互相连通，排放雨水和生活用水。阳沟的沟底铺装片石（俗称滴水石或檐水石），以接屋檐水。

吊脚楼的建造　吊脚木楼的房架，是柱与穿枋、穿斗连成榀，榀与榀之间以梁、檩等构件相连，形成整体骨架。另在檐柱上穿斗挑枋挑起瓜柱，瓜柱之间穿斗吊楼看枋（吊楼的矩形楣枋），形成吊脚楼房架。也有在吊脚楼下添加脚柱，以增加支撑吊脚楼的力量。

古时修建土家吊脚楼不用钉子，全部用穿斗、铆榫结构（以小木条为铆子），后在钉椽子（俗称桷子）时用铁钉。建吊脚楼不用图纸，掌墨木工在明确房主的修建要求之后，形成腹稿，各柱、枋、梁、檩的尺寸已全部装在脑中。之后伐木、备料、划墨线、凿眼、锯榫，雕刻瓜柱、斜衬枋、檐板等，将柱、穿枋、穿斗组合成榀（一间房需两榀，两间房需三榀，三间房需四榀，以此类推）。一切准备工作就绪后，即由房主请乡邻亲朋帮忙立房（泡断水酒宴客）。以粗麻绳拴住榀上部，在掌墨木工的指挥下，众人口喊号子，用力拉绳，全凭人力立起榀。用撑杆临时稳固住已立起的榀后，再立第二榀。第二榀立起并稳固住后，即开始穿斗楼檩、榫接屋檩，最后安装中梁。两架榀经檩、梁连接，形成一间房屋的骨架，稳固不倒，遂取掉撑杆等临时稳固物，再立第三榀。所有榀立好并用檩、梁固定后，立即钉椽子、盖瓦，俗称“断水”（隔断雨水淋浸）。在中梁安装完毕后，来道贺的至亲将预先备好的泡粑、糖点等送上房顶，掌墨木工说吉祥话，边说边将泡粑、糖点抛下，在场之人纷纷抢接，沾喜庆之气，俗称“抛梁粑”。

盐运文化

“盐者，国之大宝”（《魏书·食货》）。人人食盐，但不能人人制盐。唐、宋时期，鄂西及湘西的盐卤开采将罄，而巴蜀之地盐产量大，遂有巴盐销楚。特别是唐、宋、元、明时期的战乱年代，长江中游下游的水运阻断，两淮和广东运销三楚之地的通道被截断，湘、鄂两地食盐告急，盐价飞涨至其他地区的几十倍、上百倍，盐价最高时，

巴盐古道上的盐运队伍（2015 年）　谭红建　摄

1千克盐巴可调换27千克大米。在这样的历史背景下，选择便捷通道将巴蜀之盐运往楚地成为必然选择。地处长江岸边的西界沱，是由川入鄂的最近口岸，且在商末周初（巴方扩张疆域建立巴国之时）已开辟有湘、鄂入川的古道，故西界沱至湘、鄂等地的古道成为巴盐销楚和川盐济楚的便捷通道，西界沱成为盐运大道的起点。

1851年，洪秀全发动太平天国起义，清廷无奈之下调集川盐济楚（因忠县锅巴盐产量有限，遂调运四川自贡的井盐），加大盐引（1840年后改称盐票）发放数量，并规定盐运背夫可免兵役。自此，“巴盐销楚”改称“川盐济楚”，盐运背夫逐年增多。1937年，国民政府迁都重庆，宜昌以下地区被日寇占据，为解决战时资金短缺及弥补鄂、湘两地短缺淮盐之苦，发起第二次“川盐济楚”。据有关统计，1944年，川东食盐产销的管理机构就有数十个，四川盐税收入占四川国税收入的60%，约占全国国税收入的25%。四川省自贡的井盐和忠县的锅巴盐纷纷运抵西界沱（最高峰时每日有数十运盐船）。

西界沱得天独厚的地理位置，使其成为巴盐销楚和川盐济楚的起点站，因此，西沱因商成埠、因盐兴镇。背夫号子、盐道号子、船夫号子等，在西沱诞生、传承，盐运文化酝酿而生。

盐店与旅店 西界沱古代的盐店乏考。近代，西界沱的官方盐店为同济盐店，私营盐店有下盐店等。一些走私盐的交易之地秘而不宣，无文字记载。鄂西、湘西等地都设有盐店，接收西界沱运去的盐巴，再转卖当地民众。供盐运脚夫食宿的旅店（俗称“幺店子”，是价格最低廉的旅店）则沿途皆有。幺店子的形成，是店主根据背夫一日负重前行的里程，结合周边人居情况及地形，选址建造的，为行人及背夫提供食宿。在巴盐古道上，几乎每隔15千米就有集镇，集镇自然会有客栈，但背夫是出苦力的，为省钱不住客栈，只住条件极差但价格低廉的幺店子，每个集镇上都设有数家幺店子。在没有集镇的野外，有时也设幺店子。县境内有坡脚老店子、石家池谷冲、谢家店子、穿心店、爬岩店、巴巴店等十余家。这些店子一年四季灶里不熄火，门前不断人。幺店子一楼设有一排高脚长木凳（俗称“禅凳”），专供背脚子放置扁背及货物。背夫们贫困，住店力求价廉，只要能栖身蔽风雨即可，通常是在楼板上铺稻草打通铺，一人挨一人卧在稻草上，一间4米宽、9米长的房间，可以挤下20余人。冬天有几床烂被子御寒则算条件好的，有时为求价廉，和身钻入猪圈、牛栏楼上的苞谷壳堆中睡觉，谓之“冲壳子”。不饮茶只喝水，食农家便饭，多为粗粮、细粮混煮，不求吃好只求吃饱。店中亦备有酒肉，偶有舍得花钱的背夫喝酒聊天。西界沱的盐运史，实际上是西沱及石柱贫民用汗与泪书写而成的苦难史。

盐运队伍 在古代和民国时期，明文规定背盐的背夫可免其他徭役，加之山民贫穷，无地可种者多，故背运盐巴者颇众，每日均有近百人乃至数百人，高峰时近千人。方斗山和七曜山重峦叠嶂，峰高壑深，偶有剪径小贼或土匪（俗称棒客、棒老二，冷兵器时代，贼人持棒、刀拦路抢劫）。运盐的背夫一般十数人或数十人组成一支队伍，由带捎领队，下端带铁钉的背杵也可作武器，不惧小贼抢劫。带捎由熟悉路径、沿途人脉交往广泛，且深谙食盐交售和山货购买者担任。大带捎自己不背盐，专事沿途食宿打理，到地点后联系食盐交易和山货购买事宜，其报酬由所领队伍按人头分担。小带捎自己也背盐，同行者还要抽点小利给他。在冷兵器时代，若闻有成群土匪出没，则聘请有武功的乡人或袍哥会保镖。

盐运行程

中华人民共和国成立以前，西界沱至鄂西、湘西无公路，仅有宽约一米的巴盐古道。为背运省力和行走安全，人们在湿滑路段铺石板，在陡峭山坡凿石为梯，改造川鄂古道，之后遂改称巴盐古道。背夫们背负着沉重的盐袋，挥洒着汗水，把对家中妻小的思念，深深压在心底，从远古的巴国一直走到近代，用一副钢铁脊梁担起盐道的传奇和盐运的历史。沉浸了先辈太多故事和传说的古道虽已荒凉，但其文化因子却深深融入土家人的血脉当中，流淌在人们的灵魂深处。

以西界沱为起点的巴盐古道主要有两条：

西界沱至鄂西利川 西沱码头→云梯街→大树岭→朱家槽→楠木垭（出西沱境）→王家坝→九岭子→石家坝→三块石→川主堂→黄水坝→万胜坝→摩天坡→菜籽坝→白羊塘（出县境）→（翻）七曜山→汪营→凉雾→利川，全程约180千米，一个来回需12天。若再从利川到恩施，则全程约300千米，来回约20天。

西界沱至湘西龙山 西沱码头→云梯街→大树岭→朱家槽→楠木垭（出西沱境）→王家坝→九岭子→石家坝→三块石→川主堂→黄水坝→万胜坝→摩天坡→菜籽坝→太平槽→（翻）七曜山（出县境）→黑洞子→杉木根→龙塘铺→高脚排→太阳星→忠路→黄泥坝→石牌→张家梁子→花屋院子→大村（过七十二道回水湾）→小村→清水塘→二台坪→狗崽坡→三条岭→咸丰→来凤→龙山，全程约500千米，一个来回需32天以上。大村与小村之间为一道大峡谷，谷地狭窄，两边皆悬崖峭壁，中间有一条河，要反复蹚过七十二次才算走出峡谷，往往一次蹚水，脚还没干，就要蹚第二次，故有“七十二道脚不干，人在水下钻”之说。入谷处设有客栈——大二村，出谷处亦设有客栈——小二村。

背夫装束 背运盐巴的背夫（俗称背脚子）头缠白布帕，身穿蓝布短衫和宽腰大裤，脚穿草鞋。腹部扎布带，以箍腹肌壮腰力，小腿绑裹脚布，以箍腿肌壮脚力，肩上有垫肩，以防背系勒肩。有吸烟嗜好的背夫，烟斗别在腰带上或挂在背架上，装叶子烟和火镰、火石（燧石）的小布袋则系在烟杆上。

背盐工具

扁背儿 盐运道路多系陡峭山路，不适宜挑运，以背运为主。背运盐巴不用背篼、背篓，而是用土家人以油桐木制成的扁背儿。选取油桐木镂制扁背儿主体，是因油桐木比重小，制成的扁背较轻。其木壳硬且韧，而木心松软，既利于承重，又利于镂空。扁背儿主体的外形为上、下两端削平，靠背的侧面平直，其余侧面则为双曲线，近似于“X”形。扁背主体的内部掏空，并在前腹部位置开有小门。掏空内部既利于减轻重量，又利于在内腔中存放细软、干粮。扁背主体的下端凿十字槽，使之突出部分为四只背脚，可以稳稳地放置在平地上。扁背的上端搁置 67 厘米长、33 厘米宽的杉木薄板，以承托盐袋。木板前方凿有两个缺口，嵌入 2 根稍粗稍长（粗约 4 厘米，长约 100 厘米）的竹竿。竹竿中部嵌入木板上的缺口中，底部用棕、麻绳套牢在扁背儿的后背脚，上部

扁背儿（2017 年） 谭红建 摄

背杵（2017 年） 谭红建 摄

横绑一根竹竿。木板后方亦有两个缺口，嵌入 2 根稍短的竹竿（约 30 厘米）。竹竿上部嵌入木板上的缺口中（高出木板 5 ~ 10 厘米），底部插入长竹竿上预先凿出的孔中，再用棕绳或麻绳将前后长短竹竿以及杉木板绑扎起来，形成货架。在扁背主体的上部穿孔、凿槽，系上竹、麻、棕等材料编制的背带（俗称背系），背系下端套牢在背脚上。

背杵 背杵既是背夫歇气时支撑扁背的支撑物，又是背夫的手杖，行进在湿滑路段时，可当第三只脚用。上坡下坡时，可以杵撑地，手脚同时用力。路遇蛇、狗、猛兽、棒客时，背杵又可作武器。其形若“T”字，多取横生树枝和一小段主干制成，或用杂木榫斗而成，均在底端箍铁箍、钉铁钉，以保证杵地时不打滑。盐运队伍走过石板路时，很远都能听到背杵铁钉敲击石板的叮当声。

其他必备品 斗笠：所背运的盐巴虽有油纸包裹，但仍怕雨淋，背夫须备斗笠，只遮盐而不遮人。衣服淋湿了，到店中以火烤干再穿。油灯：因运盐途中时有荒僻之地，有时数十里内无人烟，又或因躲雨等原因，时常无法在天黑前赶到预计住宿的店家，需夜行，故备油灯照明。古代用亮壶，燃料为桐油，近代用马灯，燃料为煤油。均挂在靠前的扁背竹竿上。水筒：水筒用来装水，功用与水壶相同。水筒用直径约 10 厘米、长约 30 厘米的一段毛竹（俗称楠竹）竹节制成，以竹节的自然节隔为上下底，在上底钻一小孔，用来注水和喝水，小孔以苞谷心塞之。水筒系小麻索，挂在背架上。汗刮：背盐脚夫贫穷，布匹特缺，无布帕、手巾擦汗，遂以一根竹篾片卷成一直径 10 厘米的圆圈，以小麻索系吊在扁背的竹竿上，用以刮汗，既轻便又不怕雨淋。货绳：用麻、棕搓扭而成，绑扎盐袋使之稳固在扁背货架上。竹篓：背盐至利川来回需 10 天以上，至龙山来回需 30 多天，需带少量衣物或干粮。衣物或干粮放在小竹篓里，挂在扁背的竹竿上。

盐货交易 忠县涂井、涂井等汲卤制盐场所产锅巴盐，以及四川自贡所产井盐，由官府的盐业管理机构清点数量后，制发盐引（又称盐票，既是食盐准运证件，又是交纳盐税的发票），盐商先交税后领取盐引，然后交款提盐。盐巴用油纸包裹成坨（每坨重 25 千克或 50 千克），外罩竹篾筐（或麻袋）。运盐时，引随盐走，以备官府税卡检查。盐商将盐运抵西界沱后卸船入库，然后联系带捎，将盐和盐引点交给带捎，互办交接手续。带捎组建背夫队伍，根据各背夫的力气，或 50 千克，或 75 千克，分给各背夫，背负盐袋翻越方斗、七曜、五陵等山，进入鄂西、湘西等地，交给当地的盐店。当地盐店接收盐引，对照盐引清点盐量后，开具银票交给带捎。背夫返程时，顺路将鄂西、湘西的桐油、药材、茶叶、烟叶、兽皮、灯草等土特产运回西界沱，卖给西界沱的商贩，再由商贩经长江水路销往长江上游和下游各地。带捎将从湘、鄂盐店收取的银票交给西沱盐店，盐店将运盐的报酬交给带捎，带捎再分发给各背夫。从西沱背盐 50 千克到鄂西利川，来回需 10 日左右，所得报酬为 6 升米。若背运 50 千克至湘西龙山，来回需月余，其所得报酬为两斗米。回程时背负山货的报酬则全部归背夫所有。

有关盐运的歌曲　背夫们无田无地（或田地极少）无职业，为求生存无奈去下苦力，心内凄苦，行程艰辛。若有女友或妻子相送，更是难分难舍，五味杂陈，其歌甚悲，闻之催人泪下。

正月过了年，家计无着落，劝郎去背盐。

父老母身衰，养儿要报恩，百善孝为先。

背盐虽辛苦，但可挣粮钱，勉强糊口活一年。

八月是中秋，劝郎把亲收，哪怕我是你的人，露水夫妻不长久。

冬月落大雪，赌场去不得，劝郎慢慢想一想，几个赌钱好下场？

输掉田地再卖房，拖家带口去逃荒，沟死沟里埋，路死路边葬。

出门上山坡，路边野花多，劝哥莫要去乱采，采了麻烦跑不脱。

男唱：

清晨太阳红满坡，古镇汉子去背脚。

那头送往湘鄂州，这边转回西界沱。

一个来回千余里，跋山涉水好坎坷。

古镇西沱一条坡，东汉在此建村落。

一条苍龙饮长江，龙背脊椎有千多。

一千一百多脊椎，全被背夫脚板磨。

古镇汉子求生活，水里山里苦奔波。

成群结帮离乡土，去背伤心的力脚。

女唱：

你要走哟我要来，双手逮住捎货带。

心想跟你同出门，就怕哥哥不肯带。

男唱：

好幺妹哟莫难过，你在家头等着我。

等我送盐回西沱，给你扯布买绫罗。

女唱：

听着哥哥这样讲，幺妹心里暗思量。

若是老汉准我去，定要陪你到楚地。

男唱：

幺妹你莫恁个说，巴盐道上坎坷多。

苦累更要忧家事，家中事儿把你托。

女唱：

这山没有那山高，山上有颗老花椒。

背力如偿花椒籽，麻味麻味啷开交。

合唱：

这山没有那山高，这山有颗老花椒。

我想尝片花椒叶，麻味麻味啷开交。

男唱：

爬过西沱坡坡街，又翻陡峭方斗山。

楠木垭口吼声山，幺店子中住一晚。

二天又走王家坝，到了石家吃晚饭。

清晨赶往黄水坝，走到万胜天已晚。

冷水过去白羊塘，天黑不再往前赶。

五天去翻七曜山，山峰高耸接天汉。

到了汪营再住店，把鄂西妹子悄悄看。

六天清晨又启程，过了凉雾是利川。

女唱：

哥去背盐好辛苦，妹在家中把日子数。

数着数着眼泪流，爬上山梁望远处。

盘算哥已到哪里，三餐可曾吃饱肚。

同伴是否在一起，独行容易走错路。

汗出莫要喝凉水，紧防发痧病在途。

碰到生人少说话，外地风俗你不熟。

遇到女子莫招惹，家中还有傻媳妇。
一路顺风早还家，合家团聚才是福。

我是码头背二哥，打一杵来唱首歌。
太阳送我上高山，月亮接我下大河。
天晴落雨照样走，歌声汗水洒一坡。
红伞阿妹擦身过，勾腰驼背心里乐。

我是山寨背二哥，打一杵来唱首歌。
昨天还在方斗山，今天翻过石家河。
树上鸟儿双双飞，一对男女嘴巴合。
背盐背到湘鄂地，乖妹烧水我洗脚。

说起要背脚，一夜睡不着。来到下盐店，捆上盐坨坨。
这山刚走完，又来一面坡。只要背有货，全家都不饿。

前面有道坡，爬上去松活。抬头一望，搭脚就上。
大山陡又陡，越走越难走。双脚打闪闪，钉杵要经磨。
走路得赶早，不然卖不脱。
歇哟——杵起——

呜嗬——杵起哟——
对面那个二嫂噻，啷个往旁躲哦。
沟边那个幺妹噻，过来一起乐哟。
前面那个婆娘噻，屁股大如箩哦。
坡上那个右客噻，做事好啰唆哟。

上坡脚又软，下坡脚打闪。
三天不吃盐，走路打穿穿。

前面是条坡，大嫂门前过。

背哥心里渴，讨口凉水喝。

文化交流 背盐脚夫从西界沱出发，翻山越岭数百千米，前往鄂西、湘西等地销售，返程时又将鄂西、湘西的桐油、药材、茶叶、烟叶、兽皮、灯草等土特产运回西界沱销售，在此期间的沿途食宿，以及销售、购货等，与各地的苗、土家、汉等民族彼此交往，自然促进了民风、民俗、语言、民间故事、山歌等的互相传播、交流、融合。在交流过程中男女相悦，演绎的爱情故事也不少，有背夫入赘凉雾、利川、忠路、来凤、龙山等地者，亦有鄂西、湘西两地女子嫁给背夫，到西界沱及县境各地成家者。

文化传承 西沱的盐运史长达 2000 余年，积淀了丰厚的盐运文化。为保护和传承盐运文化，西沱守望团队在县文管所、镇政府的大力支持下，搜集整理大量盐运资料，并于 2007 年组建盐运民俗表演队，一为传承盐运文化，二为游客义务表演，以实景再现盐运历史。2011 年 4 月，西沱的“盐运民俗”被确定为重庆市第三批非物质文化遗产。2012 年 12 月 27 日，盐运民俗表演队的队长彭家胜（1959 年 3 月 28 日生于西界沱云梯街，祖、父皆为背盐汉子）被确认为盐运民俗市级传承人。彭家胜挨家挨户收集以前背二哥穿过的衣物和使用过的物件，用以装备盐运民俗表演队，他们头缠白布帕，身穿蓝布短衫超腰大裤，扎着绑腿，足蹬草鞋，手执背杵，用扁背儿背着盐袋，行走在云梯街上，哼着盐道号子，唱着盐运歌曲。表演很逼真，连镇上见过真正背二哥的老人，看了都说很像。现在，从云梯街走过的盐运民俗表演，每年表演数百场次，已成了西沱古镇一道靓丽的风景。

码头文化

码头文化的表象是舟楫往来，力夫云集，商贸繁荣，日见千人拱手，夜有万家灯明，其内核是划地盘、结帮派、共谋利。长江沿线码头，以货运为中心的中下层群体，长期在码头活动，彼此交流往来频繁。为在严苛环境下更好地生存，共谋利益，相互以义气为纽带，抱团结盟，对抗其他势力。久而久之，这些结盟势力发展成为帮会组织，以强凌弱，独霸码头。码头的繁荣，留给人们深刻的记忆，其积淀的文化，也影响着人们的观念意识。

舟楫往来 在陆路交通不发达的古代，长江上游虽然水流较急，但仍不失为黄金水道，江面上百舸争流、樯桅毗连，西界沱是一个回水沱，适宜停泊，过往船只时常停靠西界沱过夜，到云梯街补充给养，或寻美食以饱口福，或寻烟馆以过烟瘾。运盐的船只，每天都有数艘或数十、上百艘停靠西界沱卸货。而五陵山区的山货则在西界沱装船，运往上游或下游。白日里，舟来船往，川流不息。黑夜间，等着装货的船只、等着卸货的船只，以及停航过夜的船只，密密麻麻地停泊在港口，灯火照亮江面，恰似繁星坠地。“夜有万家灯明”之说，既指镇上人家的灯火，也指港口船只的灯火。

力夫云集

搬运力夫 长江黄金水道以货运为主，客运为辅，至今仍是如此。货运必然牵涉装货、卸货，因此码头上最多的人群无疑是力夫。他们衣衫褴褛，甚至赤着上身，古铜色的肩膀扛着沉重的货物，穿行在跳板之上，奔忙于船只与码头仓库之间。他们吼着号子，迈着沉重的步伐，挥汗如雨，为生计奔忙。也有部分力夫等着接活，闲坐在码头的石梯上聊天。那些穿着长衫马褂、手摇折扇的商人也奔进奔出，忙于交接货物。若彼此相熟，见面拱手为礼，故有“日见千人拱手”之说。

船夫 西沱作为长江上游的深水良港，向来商贾云集、过客接踵，大大小小的盐贩私船、官船自自贡而下，浩浩荡荡，楫桨塞江，至西沱入夜，便撑马灯挂船头，留少数水手守船，余皆成群结队，大声说笑，登上云梯街，在两旁酒肆一坐，划拳痛饮。翌日，霞光微露，旭日未启，却听见一连串呵呵之声，各船俱拔篙启程，过万州、历夔门、至秭归……生活在长江边的西界沱人，男子多在少年时即习得一身好水性，大部分人能横渡长江。因此跑船的人也不少。船夫们在大江上求生活，与恶浪、风雨拼搏，艰辛备至。船只夜泊西界沱时，船夫们在上岸补充给养后，回到船上点亮灯火，吃火锅、喝烧酒，摆龙门阵，深夜方寝。

纤夫　古时，西界沱的船都是木船，没有动力机械，顺水行船时，全靠水力、风力驱动，配以人力撑、划。逆水行船时，水力往往大于风力，必须人力拉纤（俗称下河），船才可行，否则不进则退。根据船体大小、货的运量以及水势的急缓，需数人或十数人组成拉纤队伍。纤夫们衣不蔽体（大部分赤身裸体），肩勒纤绳，在陡峭崎岖的岸边山岩上爬行，或在岸边浅水中蹚行，他们是最为贫穷的人，干的也是常人不愿干的苦力，

纤夫（20 世纪 80 年代）　　谭红建　摄

忧虑与凄怆同在，不屈与抗争共存。西界沱流传着“一下河，二摇金，三背盐巴才伤心”的俗语，意指纤夫是所有力夫行业最苦最累的，其次是摇沙金的（终日泡在水中淘金，特别是春冬季节，水冷刺骨），再其次才是背运盐巴的（背负 50 ~ 75 千克的盐巴，翻山越岭，行程千里）。“一根纤绳九丈三，父子代代肩上栓。踏穿岩石无人问，谁知纤夫心里寒。”这首纤夫歌既是纤夫艰苦劳作的真实写照，也是纤夫的心声，令闻者动容。中华人民共和国成立后，多在木船上装柴油机作动力，再无人下河拉纤。

码头帮会

帮会组织 西界沱地处长江之滨，唐宋时期即有码头，且是巴盐销楚的起点，历来商贸繁荣，三教九流杂处其间。历史上是否有船帮、漕帮进驻西界沱，尚乏文字记载。民国时期，袍哥会进驻西界沱，设立礼字号堂口（是否有仁、义、智、信堂口，现已乏

西界沱码头（2020 年） 谭红建 摄

考），操控烟馆、赌场、货运码头，走私盐巴。民国时期，西沱境域的党、政、军、工、农、商各界人士加入者颇众，境内保长、甲长，以及码头的商家及搬运工几乎全是袍哥会成员，非袍哥会者不能进入码头做苦力，更不能进驻码头经商。西界沱街上的黄和鸾是礼字号大爷。中华人民共和国成立之初，国民党特务在县境大河、桥头、马武、沙子等乡镇组织反革命武装暴乱，当地许多袍哥大爷、管事成为暴乱的骨干，引起县委、县政府的高度重视，开始排查会道门组织。1952年，全面清理、取缔会道门组织，西沱境域的袍哥组织全面瓦解。

帮会收入 袍哥组织的主要经济来源有几种：嗨（袍哥黑话，加入的意思）袍哥时缴的基金、有钱袍哥的赞助、拜码头者的捐赠、过档收入（俗称码头买路钱）、开茶馆收入、开赌场收入、经营大烟收入、走私盐巴收入、保镖收入、收取各路坐商行商的保护费。

语言遗存 袍哥组织虽早已瓦解，但作为码头文化却有部分遗存下来，至今影响着人们的观念意识。袍哥的耿直、豪气、讲义气、守诚信、重承诺，是传统美德；但江湖习气浓厚，意气用事，不讲原则、不遵纪守法，则是现代社会不允许的。袍哥之间的交往，有黑话、暗语、切口、摆茶阵等，暗语和切口已湮没于历史长河中，一些黑话却遗存下来，演变成方言。如：

拿言语——过去指向兄弟们通知注意事项，现在指说好话、说软话，避免误会。

袍哥人家绝不拉稀摆带——指袍哥会的人做事耿直，讲义气，绝对不会拖泥带水。现在人们仍然说这句话，意思相同，只是去掉了“袍哥人家”几个字。

认黄——原指袍哥守信用、讲规矩。现用以指承认、认账。

落教——原指按袍哥规矩办事，办事得体。现用以泛指懂事了、办事稳妥了。

矮起——原指袍哥说一不二，有错就要认。现用以泛指当众认错，放下架子赔罪，也称“下矮桩”。

扎起——原指袍哥兄弟之间的互相包涵、支撑、支持、援助的意思。现在仍用这句话，意思相同。

打平伙——原指袍哥共同分摊伙食钱，相当于现在的“AA”制。现在仍用这句话，意思未变。

搁平——原指袍哥讲义气为帮内的兄弟出头，不计手段把事情摆平。现泛指通过拿言语，找关系斡旋，把某些纠葛解决掉。

卖码头——指袍哥成员变节投敌出卖团体。现泛指在本地失去信誉，不能立足的意思。

拜码头——是袍哥的礼节，袍哥去到外地，要按照袍哥的规矩和程序拜会当地的袍哥大爷，表示遵守对方规矩，不惹事闹事。现泛指拜见同行中的尊长。

艄公多了打烂船——比喻主事的人多了会坏事。

打水不深——意指要求不高、易于满足。

不会划船怪河弯——比喻不具备某种专业素质的人从事某项活动遭受失败、挫折或者损失，找客观原因来推脱责任。

落马——指犯错误被停职处理。

点水——故意泄露机密。

结梁子——结下仇怨。

方起——拒绝别人请求，使人尴尬。

涮坛子——开玩笑，说假话。

说聊斋——找人扯皮。

划盘子——毁人容貌。

臊皮——使人丢面子。

天棒——无法无天的人。

吃得通——行得通。

抽底火——揭露底细。

关火——起决定作用。

三只手——小偷。

力夫号子

轿夫号子 俗称抬花轿的人为“轿夫”，轿夫在起轿前，先唱一首轿夫歌。

《轿夫歌》：

“唢呐声声催人行，鞭炮阵阵谢众亲；

花轿迎得淑女坐，了却爹娘一片心；

（合）成全男女终身事，轿夫帮忙格外亲。

前面迎来一面坡，抬起花轿往上拖；

前面矮来后面高，生怕摇昏女娇娇；

（合）轿中新人要坐稳，莫在轿中打梭梭。

前面又是一条河，众位兄弟把鞋脱；

草鞋别在腰杆上，弯起腿腿挽裤脚；

（合）轿中新人听我说，谨防河水打湿脚。

河水淹过连二杆（指小腿），提起精神壮起胆；

众位兄弟莫偷懒，踩着石头往前辗（走）；

（合）湿了花鞋你莫喊，打湿裤脚你莫挽。

河水淹过腿胯胯（指大腿），花轿如船水中划；

我当艄公又把舵，摇来摇去好快活。

（合）我们都来当艄公，摇来摇去好快活。”

在行进途中，轿夫唱报路歌，俗称轿夫号子。《石柱县志》（1994 年版，第 573 页）载：“抬轿的前呼，后应。”记载的就是抬轿时前者报路，后者应答的场景。

前呼：“抬头望！”后应：“搂起上！”

前呼：“阳阳坡！”后应：“慢慢梭！”

前呼："桥梁虚空！"后应："稳在当中！"

若碰到路上有石头包包，坎坷不平，领轿者并不直接报唱有石头，而是借天上的星星报唱："满天星！"后面知道路上不平，应唱："踩坪坪！"

遇到路上有潦水，领轿者含蓄地报唱："天上明晃晃！"后应："地下水凼凼！"

遇到险处，前呼："左边有岩！"后应："我不跟到来！"

在拐弯处，前呼："之字拐！"后应："前摆后不摆！"

前呼："幺二拐！"后应："两边摆！"

若碰见行人，在路窄不易避让时，

前呼："天上许多云！"后应："地下闹沉沉！"

前呼："两边有！"后应："中间走！"

前呼："左边有！"后应："右边走！"

若碰到官员的轿子或滑竿，前呼："包公到也！"后应："清官懂得！"官员听到夸他是清官，会按规矩让路（官轿让花轿）。

若突然碰到行军的队伍，因军队的人来自五湖四海，不敬本地礼俗，前呼："撞到硬火！"后应："闪避靠你我！"

若遇豺狼、虎豹、野猪等野兽，前呼："前有大张口！"后应："停下不要走！"

路上若遇牛、马等牲畜，前呼："对牛弹琴呀！"后应："赶紧停一停嘛！"前呼："牛马不说话！"后应："赶紧让一下！"

路上若有狗屎、牛粪等，因"屎"与"死"字同音，抬着花轿忌讳说"屎"，前呼："地上开朵花！"后面唱："紧防踩到它。"或者开玩笑地报唱："点心一盘供！"后面应唱："你吃我做东！"

有时路途遥远，途中新娘要小便，送亲人向轿夫提出歇歇气，给轿夫包个"红包"并装烟，领轿心中明白，立即报唱："小歇行！"后应："要进林！"

若遇天象变化黑云起，要下"偏统雨"，前呼："雷公要唱歌！"后应："前面窝里躲！"意思找个屋子躲一躲。

若突然下雨，前呼："天女在撒花！"后应："紧防地面滑！"

前呼："滑得很！"后应："要踩稳！"

路面有积水，前呼："点子花！"后应："莫踩它！"

若雨过天晴有彩虹，前呼："头顶一根杠（即彩虹）！"后应："天晴不再慌！"

当进入平路，路好走了，为赶时间，前头呼："平阳大路！"后应："甩开大步！"

中华人民共和国成立前，媒婆以及身份尊贵的送亲或娶亲女眷也有坐滑竿的，称之为"随轿滑竿"。另外，娶妾或二婚嫁娘也只能坐滑竿而不能坐花轿。抬滑竿的脚夫也唱报路歌，与轿夫号子大同小异。

盐道号子 在渝鄂交界的崇山峻岭中，有一条由西界沱入鄂的古道，称为川鄂古道，也称巴盐古道。西沱是古道的起点。巴盐古道上的背夫们，背着百余斤的盐巴，跋涉在不足三尺宽的石板道上，翻越方斗山、七曜山，最后到达鄂西。背二哥为缓解疲劳和苦寂，常唱起盐道号子，豪放粗野，歌词多为现编，随机应变。

上坡（喂）脚又（喔）软（啰），下坡（喂）脚打（也）颤（呢）。

平路（哟）都还（哟）好（喔），坝脚（哟）那个（哟）快快（喔）赶，哟嘿！

我娘生我一尺五（呵），稍长上学把书（哎）读（呃），

先生说要打屁股（呵），我丢下书本（哎）跑江湖（哎）。

说江湖来讲江湖（哎），你哪州（哎）哪县我不熟（哦），

好耍不过是重庆府（哎），你买不（哎）出的是卖得出（哦）。

梁山出的是柚子多（哎），苏杭（哎）二州出美姑（哎），

忠州（哎）出名的霉豆腐（哎），高家镇出名的酱钵肉（哦），

那万县搭船（那）下夔府（哎），（那）脚下摆的是八阵（唻）图（哎）。

（那）情妹挑水（也）扁担长（呃），双手扒在井筒（哦）梁（嗬）。

屋里还有半缸水（也），借故挑水去望郎（呃），哟嘿！

我和（哟）情妹（啰）门对（哟）门（啰），看到情妹长成人（啰），

锣鼓喧天接起走（喂），看她怄人不怄人，哟嘿！

船夫号子 中华人民共和国成立前，从万县出发，溯长江而上，要经过狐滩等48道溪口，以及叉鱼子、牦肚碛等险滩，历时10来天，方能抵达西界沱。船夫在闯滩斗浪时，既需有无畏死亡的气概，也需众船夫各司其职，全力配合，因此，他们时常吼起船夫号子，以期伙计们心往一处想、劲往一处使。家住西沱镇竹景村的刘君权曾当过船夫舵手，会唱川江号子。川江号子包括上水号子和下水号子，各自又有数十种类别和上千首曲目，唱词多为现编现唱，将木船所过之地的水势、险滩、风土人情悉数纳入歌词中。

中华人民共和国成立后，整治长江航道，炸掉暗礁，疏浚险滩。船家亦陆续在船上装柴油机等动力设备，江中行船不再像过去那么凶险，船夫号子亦渐不可闻。21世纪初，三峡大坝建成后，高峡出平湖，船在江中走，如同湖上行，再也无人吼船夫号子了。

出江号子：

（领）“重庆开头哦两条的江哦！”

（合）“哦嚯嚯！”

（领）“要往哦，西界沱哦！”

（合）“嘿嚯嘿嚯！”

（领）“兄弟们哦，船要开哦！”

（合）“嘿嚯嘿嚯！”

（领）“嘿呀呀嘿嘿！”

（合）“嘿嘿！”

（领）“清风吹来凉悠悠！”

（合）“嘿嘿！”

（领）“连手推船下万州！”

（合）“嘿嘿！”

（领）“有钱人在家中坐！”

（合）“嘿嘿！”

（领）“哪知道穷人的忧和愁！”

（合）“嘿嘿！”

（领）“推船人本是苦中苦！”

（合）“嘿嘿！”

（领）“风里雨里走码头！”

（合）“嘿嘿！”

顺水号子：

“吆莫啊！嗨！

吆莫嗨么哦！嗨！

吆哦吆哦也阿！嗨！

也哪也莫吆也么哦！嗨！

吆也么哦吆也么哦！嗨！”

搬峡号子：

“啊啰啰啊哨！啊啰啰啊咐！

又来呀——划哟啊咐！

嗬哈嗬儿嘿！

嘿扎！嘿扎！”

纤夫号子 纤夫衣不蔽体（大部分赤身裸体），肩勒纤绳，在陡峭崎岖的岸边山岩上爬行，或在岸边浅水中蹚行。为缓解疲劳，也为招呼众人一齐使劲，纤夫们时常吼纤夫号子。

西界沱的纤夫号子与轿夫号子相似，头纤喊上句，后纤喊下句。

遇岩弯反背，为防止纤藤勒人，头纤喊：“王三怀！”后纤应：“反起来！”

头纤喊：“王三反！”后纤应：“勒腰杆！”

头纤喊：“土地会！”后纤应：“大家贴！”

头纤喊：“大白天遭勒！”后纤应：“勒倒要出血！”

遇岩弯飞挽，防止纤索弹人下岩，头纤喊：“前面懒弯弯！”后纤应：“后防梭滩滩！”

头纤喊：“前松后紧！”后纤应：“腰头盘紧！”

头纤喊：“一步一个，两个一双！”后纤应：“双双对对，对对双双！”

遇陡坡直岸，头纤喊：“龙抬头！”后纤应：“往上升！”

头纤喊：“西界沱赶场！”后纤应：“对直往上爬！”

头纤喊：“陡上又加陡！”后纤应：“上去就好走！”

遇下坡跳坎，头纤喊：“新媳妇拜堂！”后纤应：“头要啄啄起！”

头纤喊：“前头栽栽起！”后纤应：“后头啄啄起！”

遇绊脚石或刺脚物，头纤喊：“前面一枝花！”后纤应：“两眼盯倒它！”

头纤喊：“脚下有毛！”后纤应：“谁踩谁遭！”

头纤喊：“天钉对地钉！”后纤应：“各自长眼睛！”

遇潮泥，头纤喊：“天上点点滴滴！”后纤应：“地下滑溜兮兮！”

头纤喊：“稀泥烂窖！”后纤应：“乱扯乱跳！”

头纤喊：“卵石带滑！”后纤应：“两脚横搭！”

头纤喊：“鱼鳅背，滑得很！”后纤应：“心莫慌，踩得稳！”

遇烈日下走沙滩，河沙烫脚，头纤喊：“太阳红似火！”后纤应：“地下炒泡果！”

头纤喊：“太阳热似针！”后纤应：“地下炒花生！”

头纤喊：“太阳正当顶！”后纤应：“沙坝烫得很！”

遇树枝碍身，头纤喊：“前面有树丫！”后纤应：“紧防挑牙巴！”

头纤喊：“树枝挂围（腰）！”后纤应：“挂烂不赔！”

遇危岩，头纤喊：“天上一只鸽！”后纤应：“谨防撞脑壳！”

头纤喊：“照上不照下！”后纤应：“谨防挨一下！”

遇夹石，头纤喊：“两边高！”后纤应：“走槽槽！”

遇高石，头纤喊：“六月的丝瓜！”后纤应：“马上要上架！”

遇大石，头纤喊：“大石当中有！”后纤应：“两边分开走！”

遇宽水沟，头纤喊：“横沟三尺八！”后纤应：“两步当成一步跨！”

遇河沟或需踩水过，头纤喊：“不知深浅！”后纤应：“淹过腰杆！”

遇独木桥，头纤喊：“单桥一根线！”后纤应：“跑得马来射得箭！”

遇堡坎，头纤喊：“黄梁子，枸檫子！”后纤应：“爬不上去打沟子（方言，屁股的意思）！”

遇平水时，头纤喊：“活摇活！”后纤应：“各照各！”

头纤喊：“脚紧肩松！”后纤应：“谨防倒栽葱！”

头纤喊：“手要提紧！”后纤应：“脚要跳勤！”

石工号子 开山的石工，先在山岩上用錾子凿一排锲孔，然后将铁锲子插入锲孔中，用大锤击打铁锲，使岩石开裂。大锤重 20 ~ 40 千克不等，甩大锤者极耗体力，每甩一锤，间隔约 1 分钟，在间隔期间，不能傻愣愣地站着，必须喊号子以直抒胸臆。石工号子极少有固定的词句，多系随机应变，临时现编。

三峡移民

举世瞩目的三峡水利工程开工建设，西沱位于三峡库区腹心地带，江岸及入江溪河两岸属淹没区。淹没区的居民，响应移民号召，后靠安置，政府给予移民补偿。工矿企业、水运码头等后靠重建。

前期工作

西沱镇部分地区处于三峡库区淹没区，全镇10个村有7个村（新建、水磨、太平、红丰、黄龙、工农、南洋）属于淹没区，仅石坪、金华、新生3个村不属于淹没区。1998年3月，西沱镇设立移民办公室，配备专、兼职领导和工作人员，负责执行石柱县移民局的指令和镇境具体的移民工作。

淹没区调查

1992年3月，四川省政府和水利部长江水利委员会（简称“长江委”）共同部署开展三峡库区175米移民淹没实物调查工作。5月，石柱县政府成立“三峡工程石柱库区淹没调查领导小组”，从相关部门抽调人员配合长江委调查组工作。调查组分两路，于5月4日开始，对淹没涉及区的乡镇、村、组、户、人口、房屋、土地、工矿企业、专业设施等实物逐一调查，详细登记，作为移民安置、补偿规划任务的原始依据，历时21天结束野外工作。

农村淹没区 涉及水磨、新建、工农、红丰、黄龙、南洋、太平7个村27个村民小组，移民迁移线下人口571户2165人（其中农业人口2153人，非农业人口12人）。淹没各类房屋82556.90平方米，其中正房63319.80平方米（砖混结构9174.20平方米、砖木结构10605.20平方米、木结构10022.50平方米、土木结构33517.90平方米），偏房10226.50平方米（砖木3310.20平方米、土木6916.30平方米），附属房9010.60平方米。淹没的附属物有：砖石围墙1403.50平方米、水泥晒场19369平方米、水井100口、水池155口、地窖361口、沼气池22口、粪池578处、散畜圈965处。淹没耕地126.77公顷（旱地32.12公顷、水田86.92公顷、商品菜地7.73公顷），园地49.27公顷（果园13.27公顷、桑园31公顷、其他园地5公顷），林地15.67公顷（经济林12.74公顷、用材林2.93公顷），柴草山10.87公顷，鱼塘4.79公顷，河滩地9.8公顷。淹没5个村24

处村组副业设施，原投资11.65万元，淹没房屋面积702平方米（砖混结构31平方米、砖木结构220平方米、土木结构451平方米）。

集镇淹没区 涉及1个居委会的3个居民小组，移民迁移线下74户232人（非农业人口225人，农业人口7人）。淹没各类房屋11491平方米，其中正房10199.90平方米（砖混5559.10平方米、砖木3112.10平方米、土木1528.70平方米），偏房984.10平方米（砖木683.70平方米、土木300.40平方米），附属房307平方米。淹没附属物有围墙140.30平方米、水泥晒场549.10平方米。

单位淹没区 涉及40个单位（镇辖33个，非镇辖7个）、2142人（非农业人口2010人，农业人口132人；镇内2110人，镇外32人），淹没各类房屋63381.30平方米（框架结构2822.20平方米、砖混结构25354.10平方米、砖木结构34138.20平方米、土木结构1066.80平方米）。淹没房屋按用途分类，住宅19119.90平方米、商业服务12433.60平方米、医疗教育科研385平方米、文化体育娱乐443平方米、办公6409.80平方米、仓库19475.40平方米，其他5114.60平方米。

企业淹没区 受淹企业9家，房屋受淹面积18645平方米（生产用房9573平方米、生活用房9072平方米）。生产用房中：框架结构1523平方米、砖混结构4263平方米、砖木结构3787平方米。生活用房中：砖混结构7816平方米、砖木结构980平方米、土木结构276平方米。

淹没专业项目 三级公路1.95千米，四级公路5.27千米，38米中桥1座；码头14座、泊位20个；10千伏配电变压器8台，容量600千伏安，10千伏输电线路2条5.2千米，35千伏输电线路0.7千米；40千瓦抽水站一座；邮电支局的数字程控交换机500门，三路、十二路载波机及特高频等设备20余台，水泥杆线21.2杆千米、85对千米，电缆1.7皮长千米；广播电视设施涉及7个村45个组，线路17.65杆千米，有线电视主干线1.02杆千米，支干线1.3杆千米，涉及用户121户。

移民开发试点

1985—1992年，国务院三峡地区经济开发办公室采取拨付、煤代油贷款、以工代赈等方式，给石柱县拨付移民开发试点资金1172.99万元，其中农村移民安置728万元、集镇迁建180万元、专业设施复建150万元，勘测设计费3万元，规划费17.90万元，培训费4.50万元，行管费89.59万元。石柱县8年移民试点累计完成投资1062.69万元，其中农村移民安置975.41万元、集镇迁建72.03万元、工矿企业迁建（工程立项和前期费）1.10 万元、勘测设计 9.52 万元、移民职业培训 4.63 万元。

工业开发试点 新建一批工业企业，安置移民就业。

蚕桑生物制品厂：位于西沱镇陶家坝。系县移民局与重庆大学合作开发库区桑蚕资源的移民安置企业。以蚕蛹为原料，设计年加工干蚕蛹 400 吨，总投资（调项）594.50 万元。1993 年 3 月动工，1995 年 10 月竣工。有职工 60 人，其中移民 48 人。1996 年 4 月正式投产，是年生产蛋白粉 130 吨、蚕蛹油 10 吨，销售收入 198.70 万元，后因原料、销售等受阻，1997 年停产。

西沱生化厂：位于西沱镇陶家坝。设计年产胱氨酸 500 吨，总投资 325 万元，1994 年 1 月动工，10 月竣工。有职工 64 人，其中移民 46 人。1995 年 6 月试产成功，是年生产胱氨酸 28 吨。1996 年，因原材料价格居高不下停产。

西沱金属制品厂：系西沱区工业办公室与重庆钢铁厂联办企业。分别由县移民局投入移民资金 10 万元、重庆钢铁厂投入 10 万元（原投资设备折款）、区工业办投入 6 万元，计 26 万元，建成年生产 1500 吨冷拉丝生产线。投产两个月后，因缺乏原料停产。

农业开发试点 县移民局与村民委员会签订合同，付给村组集体土地补偿金（资金来源为国家拨给移民试点资金），群众投劳开发果园。或群众以承包土地入股新建果园。果园建成后由移民户承包经营，移民局负责技术指导。在挂果前，移民局供给农药、农械、肥料等。投产后按不同时期实行对半、四六或三七分成，以此安置移民。

移民规划

规划报告 1993 年 8 月，三峡库区西沱淹没区移民安置工作按长江委编制的《长江三峡工程水库淹没处理及移民安置规划大纲》（简称《规划大纲》），确定移民安置规划。1994 年 7 月，县政府委托长江委勘测规划设计院等单位编制《石柱县淹没处理及移民安置规划汇总报告》《淹没实物调查报告》《农村移民安置规划报告》《集镇迁建规划报告》《工矿企业淹没处理及补偿投资报告》《环境保护规划报告》等。1997 年 8 月，编制完成《长江三峡工程石柱库区淹没处理及移民安置规划报告》《长江三峡石柱库区淹没及移民安置规划报告》，报重庆市政府审批。10 月 8 日，获市政府批准实施。

集镇规划 1992 年，长江委派人与县移民局对受淹集镇原初步选址开展复核工作。1994 年 4 月，确定西沱镇就近后靠。用地范围东西长 4.50 千米，南北长 2.50 千米，新址属弱震区，场地稳定，不存在重大环境地质问题。新址区Ⅰ至Ⅲ类场地 4.08 平方千米，其中Ⅰ至Ⅱ类场地 3.06 平方千米。规划分为两个小区，其中衙门小区为中心区，布置公共建筑、住宅；陶家坝小区为工业区，布置工厂和少量住宅及其他建筑。1992 年启动，2009 年迁建完毕。城镇人口自然增长率 12‰。集镇规模人口 4340 人（由直接淹没人口、常住无户籍人口、机械增长人口、新址占地人口等五种人口组成）。西沱镇属 1 类镇，按 66.00 平方米／人计算，规划总占地 430.09 亩，总投资 4439.97 万元。

专项规划 西沱镇对外交通水路依靠长江西沱港口，陆路依靠西沱至石柱县城、西沱至王场公路。集镇道路、广场用地面积控制在 8 平方米／人。根据地形条件，依山就势布置道路，最大纵坡控制在 8% 以内。集镇用地均为丘陵地带，起伏较大，竖向规模采用小台地法，避免大填大挖，尽量填挖平衡。西沱镇修建一座自来水厂，从长江取水，满足区域内用水。排水采用雨水污水合流制，生活污水经消毒处理后汇入合流管道排出。工业污水由各单位自行处理后，就近排入附近水体。在建筑场地周围设截留沟（渠）以防山洪，修建排水沟（渠）尽可能就地取材，降低费用。集镇内电力按 10 千伏以下低压配电系统规划，设 10 千伏变压器一台，容量为 500 千伏安。邮电支局（所）和广播、电视设施复建，按照“三原”（即原标准、原规模、原功能）办法，加速发展程控电话。采用沿街植树，步行梯道绿化，建筑物后山坡绿化，住宅小片区绿化，形成点、线、面结合的集镇绿化体系。

农村移民安置规划 农村移民安置规划坚持“开发性移民”方针，依据淹没实物调查指标，农村移民搬迁人口包括淹房人口和淹地不淹房人口，以村民小组为单位计算确定。经计算，规划西沱镇总搬迁人口 2634 人，均在西沱镇内各村安置。

农村移民补偿规划 主要是被淹没土地的补偿、被淹没的房屋及附属物补偿。土地补偿：按所在地典型调查 1990—1992 年三年常产，以 1993 年 5 月份的平均价格，逐年增长 1% 计算土地补偿倍数，耕地取 8 倍，非耕地取 6 倍。其补偿标准为：水田每亩 6376 元，旱地每亩 4832 元，菜地每亩 13000 元，河滩地每亩 2704 元，柑橘地每亩 12336 元，茶园每亩 6168 元，鱼塘每亩 7347 元，经济林每亩 2130 元，用材林每亩 1830 元，柴草山每亩 930 元。

房屋及附属物补偿：农村房屋及附属物补偿标准为：砖混结构正房按每平方米 185 元补偿，砖木结构按 134 元／平方米补偿，木结构按 130 元／平方米补偿，土木结构按 100 元／平方米补偿；偏房按砖木结构 101 元／平方米补偿，土木结构按 70 元／平方米补偿；附属房按 50 元／平方米补偿，砖石围墙按 25 元／平方米补偿；粪池按 110 元／处补偿，水池按 45 元／处补偿，节能灶按 160 元／户补偿，水井按 50 元／处补偿，水泥晒场按

25 元／平方米补偿，地窖按 40 元／处补偿，散畜圈按 40 元／处补偿，沼气池按 480 元／处补偿。

工矿企业规划　迁建规划：兰香园食品厂西沱分厂、西沱酒厂、土产棉麻公司、蔬菜加工厂、西沱农具厂、船舶修造厂、西沱粮油综合加工厂、西沱纸板厂就地后靠重建。金利印务有限公司兼并西沱砂砖厂，转为生产印务包装项目。资产评估及补偿：1996 年 11 月，石柱县向长江委提交《三峡库区石柱县工矿企业受淹迁建补偿投资评估报告》，对西沱镇 175 米淹没线以下的 9 户企业固定资产原值（房屋、设施、设备）、重置全价、停产损失、流动资产搬迁费等进行了评估认定。长江委设计院按照原规模、原标准、原功能的“三原”补偿办法，确定对受淹工矿企业补偿投资统一核算（核算中不包括勘测设计费和耕地占用税）、补偿。

专业项目复建改建规划　港口、码头复建：西沱港口、码头沿岸线分布于马尿溪与万州区交界的石槽溪一带，陆域高程 109 ～ 144 米。港区占用岸线长 2.40 千米，有车场 401 平方米，客运站房屋 3387 平方米。码头 14 处（其中长航码头 3 处、地方交通部门码头 6 处、非交通部门码头 5 处），停靠点 7 处。1995 年 4 月，县政府委托四川省交通厅内河勘测规划设计院承担港口、码头复建规划。规划西沱港码头前沿高程 176.45 米，布置在王家冲、大冲、家槽、打鱼湾、崔家岩、石槽溪等 6 个作业港区，占用岸线长 3260 米，复建码头 13 处（其中长航码头 3 处、地方交通部门码头 5 处、非交通部门码头 5 处），年货物吞吐量 149 万吨，年客运量 126 万人次。计划投资 2077.46 万元。电力设施复建：1995 年 5 月，规划受淹补偿投资，用于建设石柱县城通往西沱的 110 千伏变电站工程，容量为 1×16000 千伏安，复建 10 千伏配电变压器 17 台，容量为 1170 千伏安；输电线路 15 条、30 千米；抽水站 1 处，装机 1 台，容量 125 千瓦，复建随移民点的迁移而就近恢复。补偿总金额 153.69 万元。邮电通信设施复建：1995 年，将受淹邮电支局的设备及农话中继线和农村用户的复建，纳入石柱县邮电通信复建规划；上海—武汉—成都一级通信线路，长航专用线和四川省长途网淹没复建，统一纳入移民规划；集镇内的邮电通信淹没复建，纳入集镇市政工程复建规划；受淹企业专用通信线路，纳入企业补偿投资；受淹邮电支局的房屋及附属设施补偿投入，纳入所在集镇规划费。邮电规划复建农话中继线 1 条（县城—西沱）、30 杆千米，线路 180 对千米；农村用户线 2 条（西沱—坡口，西沱—沿溪）、43 杆千米，线路 86 对千米。广播电视设施复建：1995 年，县广播电视局编制《石柱县广播电视复建规划报告》，提出受淹广播电视设备及有线网络的复建，纳入县广播复建规划；有线电视网络纳入所在集镇规划；受淹房屋及附属设施补偿投资，纳入所在集镇规划。规划复建2座广播电视站和1座地面卫星电视接收站，复建县城（南宾镇）至西沱广播干线1条、13杆路千米，线路为13线千米；场镇至村广播干线22条、65杆路千米，线路为65线千米；复建有线电视线路2.33杆千米。

环境保护规划 1993年3月，四川省环境工程评估中心从安置区水土保持、水质保护、大气环境保护、固体废物处理、珍稀濒绝植物（古、大珍稀树种保护）、农村居民点和道路绿化、野生动物保护、生态农业试点、森林植被保护、企业“三废”（废气、废水、废渣）达标排放、人群健康保护、生态与环境监测管理12个方面，编成《石柱移民安置环境保护规划报告》。

库底清理规划 1996年3月，四川省移民办公室和石柱县委托四川省环境评估中心和长江勘测规划设计研究院编制《长江三峡工程石柱库区清理规划报告》，规划清理范围为海拔177米高程以下的陆地面积，其中林木清理范围为175米高程以下。调查认定应清理厕所776处、3565平方米，畜圈及粪坑2531个、2.86万平方米，垃圾堆847处、6403平方米，屠宰场2个、88平方米，医院和兽医站3所、914平方米，有毒物放置场地5处、450平方米，工矿企业16户，坟墓557座。规划库底清理投资99.14万元，其中卫生防疫清理62.13万元、林木清理16.16万元、建筑物清理20.85万元。

移民安置

镇域三峡库区移民安置工作贯彻中共中央、国务院“开发性移民”方针和对移民“搬迁后生产、生活水平不能低于搬迁前水平，生产、生活发展水平不能低于非搬迁农民、居民平均发展水平”的基本要求，坚持“前期补偿，后期扶持”“移得出、安得稳、有技术、能致富”，以及“移民任务和补偿经费双包干”“国家扶持、政策优惠、各方支援、自力更生”的原则。

安置概况 1998—2008年，生产安置农村移民7个村（新建、水磨、太平、红丰、黄龙、工农、南洋）28个组、571户2165人（其中农业人口2153人，非农业人口12人），生活安置农村移民2643人。搬迁集镇人口3061人（非农业人口2922人，农业人口139人），其中1个居委会232人（非农业人口225人，农业人口7人）、40个单位（镇辖33个，非镇辖7个）2142人（非农业人口2010人，农业人口132人；镇内2110人，镇外32人）、13个企业687人。

农村移民安置

生产安置 对淹没承包林、地的农民实施生产安置。采取本地安置与异地安置、集中安置与分散安置、政府组织与移民自找门路安置相结合的办法。为保障生产安置的土地来源，1999年，结合全县开展土地第二轮承包，西沱镇调整土地98公顷。为改善安置移民的出行条件，新建农村公路29.6千米。1997—2008年，国家投入西沱镇移民生产安置资金3739.82万元，全镇生产安置3466人。其中：县内安置3431人（八年试点至三期移民期间安置2122人，四期移民安置1309人），自主分散县外安置35人；农业安置2428人（人均土地400平方米），投亲靠友144人，自谋职业894人。

生活安置 对淹没房屋的农民以搬迁方式实施生活安置，1997—2008年，国家投入西沱镇移民生活安置资金2916.74万元，累计生活安置2634人，其中县内生活安置2599人，县外安置35人，共建房9.68万平方米。其中：以满足生产安置需要为前提，选择地质稳定、坡度较小、有利生产、方便生活、易于供水供电供天然气场所、交通便利、少占耕地或不占耕地的陶家坝、云南路、月儿山、沙堆、欧家等地带，建成移民点房屋3.68万平方米，入住736人，人均50平方米；分散或后靠安置1346人，建房4.27万平方米，人均31.72平方米；迁南宾镇安置11人，建房0.03万平方米，人均27.27平方米；迁西沱集镇安置506人，建房1.70万平方米，人均33.60平方米。

社区迁建 西沱镇建成区高程140～330米，属部分受淹建制集镇，社区迁建用地规模28.6公顷。1998—2002年，国家投入西沱镇就地后靠建设补偿资金4439.87万元（不包括镇外单位补偿资金104.66万元），搬迁单位33个（货币安置22个，迁建安置9个，货币、迁建并联安置2个），安置人口2053人，拆迁面积64706.9平方米，还建面积64706.9平方米；搬迁集镇居民62户178人，拆迁房屋面积9178.9平方米，还建房屋面积8734.22平方米，新建房屋面积19918.24平方米。2003—2018年，搬迁单位7个，居民 12 户 54 人。

企业安置　1998—2008 年，兼并重组、改建的有 3 家企业，关闭 6 家企业，破产 1 家企业，共安置职工 1702 人，其中货币安置的有 1313 人，按政策补偿 1251.82 万元后遣散的农民临时工 232 人。搬迁二线水位以上的企业有 3 家，安置职工 36 人，补偿 21.06 万元。太升轮船公司、茶园能源建材公司等纳入企业补偿 1885.73 万元（含破产企业国家补助款 1442.40 万元、县内承担 360.60 万元在内）。

专业项目复建

1998—2008 年，国家投入西沱专业项目复建动态资金 3397.61 万元（静态资金 2489.12 万元）。2003 年年末，公路及桥梁、港口码头、输变电、邮电通信、广播电视等专业项目复建竣工。

公路桥梁　复建公路 11.80 千米，其中三级公路 8.80 千米、四级公路 3 千米；桥梁 7 座、380 米；沿溪大桥长 251 米，2000 年 11 月 27 日动工，2003 年 1 月竣工通车。

港口码头　淹没的 14 个码头，复建和补偿销号为：3 个淹没的长航码头，捆绑复建西沱长航码头，年客运 30 万人次、货运 1.50 万吨；6 个淹没的地方和高家镇码头（境外码头）、长江轮船公司（前身为太升轮船公司）码头，捆绑复建西沱地方货运码头，年货运量 67 万吨；县农资公司、县石油公司、县煤炭 108 公司 3 个码头直接补偿销号。

输变电工程　投资 110.36 万元架设 110 千伏输变电线路 27 千米，安装变压器 6 台（610 千伏安）。投资 22 万元，架通 10 千伏的月儿山、陶家坝、工农等线路。

邮电通信工程　西沱邮电支局复建竣工，架设中继线、用户线（光缆）141 千米。复建石柱至西沱中继线 75 千米，西沱至坡口、万朝、沿溪光缆 60 千米，王场镇至黎场乡光缆 56 千米。

广播电视工程　1999 年，建成方斗山多路微波电视站、调频广播节目播送站各 1 个。

库底清理

卫生清理 由石柱县卫生局牵头、县疾控中心具体组织实施、西沱镇配合。县卫生局成立库底卫生清理工作技术指导小组，对参加卫生清理的人员进行技术培训。清理工作从2002年6月3日开始，9月15日结束，共清理一般污染源畜厩430处、1.29万平方米，粪池255口、2040平方米，沼气池9处、180立方米，公厕9处、180立方米，普通坟墓306处（其中15年以上的31处）。清理传染性污染源、医疗机构片区1处、1389平方米，屠宰场1处、90平方米，兽医站工作片区1处、744平方米。

固体废物清理 由县环保局牵头、县建委配合，西沱镇具体组织实施。截至2002年，共清理生活垃圾1.24万吨。一般工业固体废物由于均为煤渣，采取就地摊平、压实、自然堆放和防漂浮物处理等措施，处理2.70万吨。

建筑物及构筑物拆除清理 由县移民局牵头、西沱镇政府具体组织实施，采取任务包干、经费包干的办法，实行专业队伍拆除与产权所有者自行拆除相结合。截至2002年8月，共拆除房屋8万平方米，其中农村4个村、15个组、217户，共3.32万平方米；集镇居民71户、单位22个，共2.93万平方米；工矿企业10户、1.75万平方米。拆除其他构筑物5645立方米。

林木清理 由县移民局牵头、林业局指导，被淹没乡镇的人民政府具体组织实施。实行乡镇政府领导包村、一般干部包组、村组党员干部包户的办法，采用人工砍伐和人工清运方式，截至2002年年末，4个村、15个组共清理成片林木526亩，活立木蓄积量1482立方米；零星林木8952株；清理漂浮物1831立方米。

工程验收

自查验收 2002年10月15日—11月5日，2006年4月11日—5月10日，2008年6月18—21日，石柱县三峡移民工程验收委员会组织分类（专业）验收小组、相关部门领导和专业技术人员，先后对县境库区二期、三期、四期移民工程，按农村移民安置、集镇迁建、工矿企业迁建、专业设施复建、库底清理、移民档案，分组检查，自查率100%。对照验收标准量化，均在90分以上，自查验收总体合格：二期、三期、四期水位以下淹没区人口和需要搬迁的实物，分别在二期、三期、四期水位蓄水前，全部迁（搬）出，库底清理按规定完成，移民安置区生产、生活条件基本具备，整个移民搬迁安置和库底清理能分别满足三峡工程二期、三期、四期蓄水的需要。

初查验收 2002年12月3—8日，2006年6月23—25日，2008年7月7日，重庆市移民工程验收委员会委派验收组，分别对石柱县库区二期、三期、四期移民工程在自查验收合格的基础上，按规定比例随机抽查，进行市级初查验收。初查结果显示，石柱县全面完成二期、三期、四期农村移民安置、集镇迁建、工矿企业迁建、专业设施复建任务，库底清理按技术规范全面完成，档案收集齐全、保存完整，二期、三期、四期移民工程进度和质量，能分别满足135米、156米、175米蓄水要求，二期、三期、四期移民工程初验合格。

国家验收 2003年3月21—23日，国务院三峡移民验收组重庆市二组到石柱县，代表国家对石柱县二期移民工程进行验收。按《验收大纲》抽查比例及要求，分专业组现场抽查，通过“听、看、查、访、问”开展验收。重庆市验收二组组长李德纲宣布“石柱县二期移民工程，国家终验合格”。2006年8月8日，国务院三期移民工程终验专家二组到石柱县，对石柱县三期移民工程进行国家验收。县长陈航向专家组汇报石柱县三期移民工程情况后，专家组分6个验收小组，采取“一听、二看、三查”等方式，按

《验收大纲》的规范和要求，对石柱县三期移民涉及的农村移民安置、集镇迁建、工矿企业迁建、专业设施复建、移民档案、库底清理进行检查。通过检查，专家组认为：石柱县坚持移民为先为重，切实加强对移民工作的领导和管理，移民任务和移民资金“双包干”政策执行情况较好，保持了库区移民安置整体稳定。石柱县全面完成三期农村移民安置、集镇迁建、工矿企业迁建等搬迁安置任务和专业设施复建任务，基础设施、专业设施功能配套，能满足移民生产、生活需要；库区清理任务按技术规范全面完成；档案收集齐全、保存完整；三期移民工程进度和质量能满足三峡工程2006年汛后蓄水至156米的需要，石柱县三期移民工程经国家终验合格。2008年7月30日—8月2日，国务院四期移民工程验收组根据石柱县四期移民工程情况汇报和有关资料，按《验收大纲》的要求和标准，对石柱县四期移民工程资料进行检查，认为石柱县全面完成四期农村移民安置、集镇和工矿企业迁建等搬迁任务和专业设施复建任务，基础设施、专业设施基本满足移民生产、生活需要，库区清理任务按技术规范完成，档案收集齐全，保存完整，四期移民工程进度和质量能满足175米蓄水位的需要，石柱县四期移民工程经国家终验合格。

云梯街（2021） 谭红建 摄

文物　古迹

历史的传说，历史的沧桑，历史的见证，我们让文物说话。秦砖汉瓦，记录西沱古镇的岁月，青石板上的杵印，谱写古镇人的长江精神。

西沱镇有市级文物保护单位云梯街居民建筑群（二圣宫、关帝庙、永成商号、下盐店、禹王宫、南龙眼桥、北龙眼桥），有县级文物保护单位云梯街街道和重要文物、和成商号遗址、熊家药房、张爷庙、吊脚楼、西沱名人熊福田故居及墓葬、德盛祥、绸缎庄、陶斯忠中西建筑、生记客栈、独门嘴黄桷树、一里半石桥、千脚泉、盐铺等，以及巴盐古道和沿街分布的明清商铺、宗教建筑、会馆驿站等40余处。

古道路

巴盐古道 《利川市志》载："土司时期，境内山道崎岖，交通闭塞，辟有县际古道8条，西至石门坎，途经羊子岭，凉雾山、汪家营、清水塘，全长150里，通石砫厅；东南通喜生坡，途经李子、毛坝，长120里，与咸丰县道相接。"《忠县志》载："民国29年淮盐沦陷日本，涂井盐虽然年产15000担，还是大闹盐荒。当时的盐贵达27斤大米换1斤盐巴。甘井、涂二溪盐交盐务处入库征税，运往西沱、万县、梁平等地，而实际大量的盐仍然被走私到西沱，然后再运往湖北。"《石柱县志》载："盐运大道（巴盐古道）从北宋开始，逐步建成起于西界沱的'川盐销楚'的盐运大道。主道由西界沱翻楠木垭（或刺竹垭）经过青龙场（或鱼池坝）、石家坝、黄水坝、万胜坝（或双河）到白羊塘，翻七曜山至湖北利川汪营，再到利川、恩施和咸丰等地。全程300多千米。"

曾经是背盐汉子的老人回忆：盐运大道有两条，一条由西沱镇码头→朱家槽→翻方斗山→楠木桠→石家坝→三块石→黄水坝→万胜坝→冷水花籽坝→湖北白羊塘→翻七曜

巴盐古道（2015 年） 谭红建 摄

山→汪营→凉雾→利川→恩施，另一条是从冷水花籽坝分路，冷水→太平槽→翻七曜山→杉木根→中路→咸丰→来凤→龙山。古道宽 1 ~ 1.5 米不等，全长约 180 千米。古道的湿滑路段由青石板铺成，陡峭之处直接在岩体上凿石成梯，沿线分布着运盐集镇、老街、村落、歇脚店子、驿站等。随着现代化进程的加快、渝东盐业的衰落，部分巴盐古道被毁或废弃。又因集镇建设，一些老街衰落、拆毁。盐运古街尚存的有西沱古镇、鱼池老街、石家老街；行人食宿歇脚点尚存的有坡脚老店子、石家池谷冲、黄水谢家店子；巴盐古道尚存的有云梯街、青草坡、楠木椏、黄水坡脚、冷水铁厂垭口、石门坎等；修路功德碑尚存的有楠木垭修路碑、背拐拐功德碑。

其他古道 西沱至万州区长坪乡，古道长仅数千米。西沱至黎场，古道长 18 千米。西沱至王场，古道长 10 千米。西沱至罗家槽，古道长 16 千米。

古桥梁

益寿桥 又称过江龙桥、过家炉桥，位于西沱镇里上坝，跨跳脚石河。清同治六年（1867），由乡民153人捐钱修建，翌年夏竣工。桥长39.4米，宽8.2米，高14.3米，跨径18.2米。桥的两端分别有石梯25级和32级，左右两边有石栏杆，桥拱中央悬挂两把“降龙剑”。

太平桥 又名万寿桥，位于西沱镇熊家嘴。清乾隆丁酉年（1777）由贡生林向震募建。桥长4.5米，高2.5米，宽2米。1975年修建西沱至王场公路时改为公路桥，并更名为团结桥。

一里半石桥 位于西沱镇沿江居委会云梯街张爷庙前，为单孔平桥，条石砌成，南北走向横跨于小溪上，全长7.6米，宽1.52米，高2.8米，单孔桥洞最大跨度2.2米，高1.73米。桥面为青石铺成，桥面北端由长3.8米、宽0.48米、厚0.3米的4块条石并列而成，条石下即为桥孔；桥面西侧一条石被民房墙基占据，无栏杆。桥面南端由规格不一的小青石铺成：桥面东侧有四柱三栏板组成的毛条石栏杆，栏杆东端栏板石已

五一渡槽（1966年） 谭红建 提供

残，栏板石由 2 块青石板并列组成。东端第二栏杆柱刻有“一里半”字样。该桥因桥面四柱三栏板，但桥孔只有东端一孔，西端为桥基，故称“半边桥”；又因该桥位于原云梯街中段，从码头至此处里程为 1 里半，故也称此桥“一里半”。该桥因地制宜、以街为桥。

黄龙桥 位于西沱镇玉石村黄龙桥组，为南北走向的石平桥，条石砌成，全长 30.4 米，宽 2.39 米，高 2.3 米，其中桥面宽 1.55 米，总占地面积 168.21 平方米。平桥共有桥洞 7 孔，整石为桥礅，礅高 1.66 米，厚 1.34 米，两桥礅跨度 3.1 米。桥面由 2 条石横铺为托梁，7 条石纵铺为桥面，铺石长 3.6 米，宽 0.75 米，厚 0.54 米，桥北有石梯上下，桥南有一平台，平台长约 13.65 米，宽 7 米。今仍有行人过往。黄龙桥原有一碑，上记“黄龙桥建于清雍正十年”，今碑已无存。桥风格简朴，为该镇境现存较少的古桥。

马龙桥 位于西沱镇西山村建兴组哈家坝，初建年代不详，重修于明弘治七年（1494），哈姓人主修。呈南北走向，单孔石桥，通长 10.57 米，宽 2.6 米，通高 4.55 米，孔高 3.3 米，桥跨度 6.32 米，南北两边各有石梯 7 步，东西两边各有石栏杆，由两个石柱和条石组成，中间为榫卯结构。桥北面一石头上刻有“大明弘治七年岁次甲寅年七□□忠南哈氏重修□□□石□龙桥古踪记”。今桥基本保存原貌，仍在使用。2011 年 12 月 31 日，马龙桥列入石柱县第四批文物保护单位。

西沱镇南龙眼桥（20 世纪 80 年代） 谭红建 提供

龙眼桥 西沱云梯街龙眼桥，分为南、北龙眼桥。云梯街宛若下江巨龙，从独门嘴蜿蜒曲折向下直入长江，形成“苍龙下江”的奇特景观。清代在云梯街下段南、北两侧各建单拱石桥一座，恰似“巨龙”的双眼，故名“龙眼桥”。1984 年，石柱县人民政府公布为县级文物保护单位。三峡库区蓄水后，南、北龙眼桥均被淹没于水下。

南龙眼桥面积 25 平方米，占地面积 160 平方米，桥长 7 米、宽 3 米、跨度 5 米、高 3 米；券石 25 块；桥西 7 步台阶，桥东 6 步台阶，无石栏。北龙眼桥面积 22 平方米，占地面积 140 平方米，桥长 7.8 米、宽 2.5 米、跨度 3.12 米、拱高 2 米；券石 19 块；桥栏已毁。两桥旁侧均为民居，桥下溪水汇入长江。北龙眼桥海拔高程落差大，每当雨季暴雨，小溪山洪猛涨，形成瀑布，甚为壮观。

庙宇会馆

西沱镇境曾有紫云宫、南城寺、龙岗寺、水月寺、永兴寺、庆中庵、普贤庵、莲花庵、庆中堂、土地庙、财神庙、禹王宫、关帝庙、张爷庙等古庙宇及会馆。

道教宫庙

紫云宫（忠孝宫） 位于西沱镇（今西沱中学址），以地处江滨，常为江雾笼罩，且四周多桃树，桃花盛开时，红花与薄雾互映，凝为紫云，云开现宫阁而得名（兴建时间失考）。明末，秦良玉曾设行辕于紫云宫，宫楼壁上刻有崇祯皇帝召见秦良玉所赐的四首诗。清嘉庆十五年（1810），文生王应根、武生王成久（二人是胞兄弟，曾在山东蓬莱、湖北施南等地为官）增修紫云宫，集各地建筑艺术之精华，与古刹建筑艺术之传统相融合，精心设计，巧工建造，竣工后更名为忠孝宫，但在右山门仍挂“紫云宫”牌匾。忠孝宫依山势由低而高分 7 个台阶，占地 1600 平方米。中轴线上建有大宫门、戏楼、魁星阁、后殿（供关羽像）及 6 块石坝，对称于中轴线建有花园、花坛、厢房、亭阁、走廊（廊上有楼）等，全为石木建筑。大宫门前有口衔圆珠的石狮 2 尊，高 2 米。大宫门为三层楼阁式建筑，楼上为戏楼，屋檐上浮雕“八仙过海”，戏台的台缘上浮雕

紫云宫（1996 年） 谭红建 摄

“王祥卧冰”“百里负米”“孟宗哭竹”等二十四孝图（更名忠孝宫之因）。所有亭阁、回廊皆雕梁画栋，壁、柱、枋、檐皆精雕细镂，阶、礅、座皆镌花刻图，工艺精湛，美轮美奂。凡亭阁、殿堂翘角处，均挂宫灯，至夜灯火辉煌，远观之，雾霭袅绕中隐现玉宇星光，重楼复殿，鳞次栉比，红墙碧瓦，翘角飞檐，初见者疑为海市蜃楼。

紫云宫初为道宫，后历经4次道、佛之争，更名为忠孝宫后由和尚长期住持。清末，忠孝宫有庙产100余石，民国时期被忠县政府（原属忠县管辖，1953年划归石砫）征用办学，住持僧侣弃观外出谋生，王氏亦家道中落，会首无力管理宫宇，蚁蛀雨蚀，日久倾塌。民国末年，仅存后殿，余者皆残垣碎瓦，荒草丛生。中华人民共和国成立后，后殿改建成学校，神像及殿内陈设毁弃殆尽。

禹王宫 位于西沱镇胜利街20-1号。1984年石柱县人民政府公布为县级文物保护单位，后为市级文物保护单位。禹王宫始建于明末，“湖广填四川”的李、杨、范、魏、黄等姓移民捐资修建，清光绪二十六年（1900）重建后，在其内设湖广会馆。清道光《补辑石砫厅志》西界沱舆图中亦有禹王宫、三楚堂。《石柱县志》载：“禹王宫，属湖北、湖南籍三楚会馆，西沱镇有禹王宫、三楚堂各一座。”禹王宫的建筑布局为渝东地区祠庙建筑的典型形式。其建筑为四合院，坐东面西，台院式。入口在台下部，两侧厢房与戏台同为二层，正殿五开间，两梢间与厢房山墙相接。每座建筑均对内院开敞，总平面为“口”字形，外围砖墙，硬山小青瓦屋顶，形成对外封闭、对内开散的布局。戏台为 4 米宽的平台，平台上可眺望长江。左侧正殿处开有侧门，门前青石板铺道，长约 8 米，通往云梯街。其余两侧均为土家吊脚楼民房。今仅存正殿，两侧厢楼、前部戏台均改建为灰砖楼，但原建筑规模、格局依稀可辨。建筑群现占地面积 570 平方米，正殿建筑面积 164 平方米。正殿单檐硬山顶，面阔 5 间，通间阔 19.24 米；进深 3 间，通进深 8.35 米，其中廊深 1.93 米，台明高 1.75 米，殿前仅左侧次间有石阶梯 10 级，建筑通高 6.65 米。明间、次间共 4 榀屋架，为穿斗与抬梁结合的形式，11 步梁 12 檩，正脊上记载了重修年代。两山采用硬山搁檩的做法，明间廊柱下半部为石制，柱石基础还在，各部分装饰均毁，改建宿舍时加建多处隔墙。禹王宫最大特色在其文字砖墙，墙砖为特别烧制，每块上均有“禹王宫”三字。2020 年在西沱码头重建禹王宫。

二圣宫 位于云梯街上场口（俗呼场脑壳）独门嘴，市级文物保护单位。始建于明代（原址在沿溪镇滨江居委），由山门、左右厢房、正殿组成，占地 900 多平方米，古建筑面积 320 平方米。山门为阁楼建筑，下层为山门，上层为戏楼。左右厢房亦为两层，有走楼与戏楼连通。正殿 5 开间，供奉文圣孔夫子和武圣关羽。2020 年重修。

关帝庙 位于西沱镇月台居委会月台路东约 30 米处，建于清代，原为道庙，清同治十一年（1872）由山西客商整修后，成为山西会馆。坐东向西，砖木结构，抬梁与穿

关帝庙（山西会馆） 谭红建 摄

斗混合式架梁，硬山式屋顶，封火墙，白灰抹面，青瓦盖顶。原为四合院形式，现仅存前殿。阔 3 间宽 12.8 米，进深 3 间长 9.8 米，前石梯下至院坝，坝长 12.8 米，宽 3 米，占地面积 164.04 平方米，建筑面积 125.64 平方米。大门为石门框，木板门，木柱高大，为荷叶形，上刻花草动物纹，檐板彩绘花草，明间梁架上有“监修熊长兴熊恒泰大清同治十一年壬申岁小阳月立”等字样。清道光二十二年（1842）版《补辑石砫厅志》舆图西界沱篇绘有武庙。民国期间，曾为忠石万三县联防办公室所在地。中华人民共和国成立后，20 世纪 60 年代为东方红中学校址，之后为西沱第一职业中学校址。

张爷庙 位于西沱镇沿江居委会老云梯街 14 号。清代始建（具体年代不详），据清道光二十二年版《补辑石砫厅志》舆图西界沱篇绘有桓侯宫（张爷庙）。前殿正梁题“大运丁卯年季春月十九日吉立”，1914 年由四川及本地客商重修后殿，并在庙内设四川会馆。之后为保安队居住场所。中华人民共和国成立后，设照相馆，后卖给私人。2019 年重修。

张爷庙坐东向西，为天井四合院，依山而建，穿斗和抬梁混合式梁架，硬山式屋顶，封火墙，格子窗，一楼一底，占地面积 270.61 平方米，建筑面积 513.93 平方米，由前殿、左右厢房和后殿组成。前殿为抬梁式结构，为一通间，面阔 3 间，宽 15.28 米，进深长 6.32 米。天井由条石铺成，长 5.49 米，宽 4.97 米。左右厢房面阔 1 间，宽 4.97 米，进深 1 间，长 4.79 米。后殿面阔 3 间，宽 15.28 米，进深 2 间，长 6.3 米。

土地庙 位于西沱镇沿江居委会老云梯街 195 号，建于民国初年，原为商铺，后改为供奉土地神。坐北朝南，穿斗梁架，夹泥石灰山墙，悬山式屋顶，木板门，格子窗，青瓦屋面，一楼一底。底层由半边门面与土家传统的马口阶沿组成，门面宽 2.3 米，马口阶沿宽 1.7 米。二层宽 4 米，进深 2 间，长 10.63 米，占地 43.11 平方米。

财神庙 位于西沱镇月台居委会老云梯街 99 号，永茂祥斜对面，为清代建筑。坐南朝北，砖木结构，穿斗式梁架，悬山式屋顶，木板门，青瓦盖顶，一楼一底，面阔 1 间，宽 4.42 米，进深 2 间，长 10.29 米，通高 6.41 米，占地面积 60.71 平方米，总建筑面积 90.96 平方米。房左侧有一巷道，宽 1.48 米。清时曾为财神庙，现为居民住房。

佛教寺堂

南城寺 位于西沱镇南洋村庙梁组，与忠县石宝寨隔江相望。明弘治十四年（1501）谭京礼捐资修建，初为宝胜寺，后更名为南城寺。明末，秦良玉整修大雄殿，改塑韦陀站像为坐像。清光绪十八年（1892），谭姓众乐善整修天王殿、文昌殿、大雄殿等，增修侧院（土地庙、关圣殿、龙王殿、中山门等）。南城寺建筑分正院、侧院，均为抬梁式木架结构。正院有大山门，侧院有中山门，正、侧两院间每殿皆有门户相通。

正院：大山门上方悬“南城寺”横匾。进山门后依次为接引殿（塑接引佛和哼哈二将）、弥勒殿（塑弥勒佛像）、天王殿（供玉皇大帝、四大天王像）、大雄殿（供释迦牟尼佛祖、韦陀和十八罗汉）、文昌殿（供文昌帝君）、藏经楼。天王殿右侧是观音殿（供观音菩萨像），左侧是牛王殿（供牛王像）。大雄殿左侧为送子娘娘殿，供送子娘娘像。文昌殿右侧为厨房，左侧为方丈。殿与殿之间有石坝，石坝两侧有僧舍、仓库、柴房、帷院、客房等，藏经楼下有斋堂。侧院：进中山门后，依次为土地殿（供土地公公、土地婆婆）、关圣殿（供关羽像，左右塑周仓、关平像）和龙王殿（龙王像）。

清末，寺庙占地3000平方米，庙产200余石，僧侣50余人，一年四季香火鼎盛。民国期间，庙产屡被征提，亦被土豪劣绅蚕食侵夺，僧侣多逃亡，香火日衰。抗日战争时期发生火灾，烧毁僧房若干，韦陀坐像及藏经楼10多万册历代佛经被烧毁。1946年，仅余寺僧2人，亩产28石。1949年年初，僧侣逃匿，后有尼姑2人（悟增、恒增）暂栖庙中，庙宇破败失修，不能蔽风雨。中华人民共和国成立后，南城寺庙产充公，庙房分给农民。1952年，庙宇已荒废，凡坍塌房屋的柱、梁、板等木材拆去建粮仓。1958年大炼钢铁时，原正殿的3座铁铸佛像和飞来钟被砸碎，运往西沱锅铧社化成铁水，制造农具。20世纪70年代，未坍塌的房屋，改建成南城寺小学，房屋内的泥塑神像被砸毁，作为小学操场的填方。1984年12月，南城寺被确定为县级文物保护单位。残余的建筑保留至今。

龙岗寺 位于今西沱镇境，初名华藏庵，建于明初，规模宏大，佛像众多，堪称一时之盛。明天启年间（1621—1627）荒废，庙宇倾塌，佛像之旁荆棘丛生。清乾隆二十一年（1756），信士谭有健邀约谭春等众善士捐资重建，乾隆二十三年竣工，更名龙岗寺。民国时期，庙产被征用，庙宇失修。民国末年，有僧宗洪住持。土地改革时佛像被捣毁，“文化大革命”时庙宇被拆毁。

庆忠堂 原名庆中庵，位于西沱镇西山村半坡组，建于清同治九年（1870）。1949年后，改建为庆中小学校舍，现为县级文物保护单位。2020年在西沱码头重建庆忠堂。

庆忠堂主体建筑为四合院结构。坐东向西，砖木结构。一楼一底，总占地面积1192.29平方米，建筑面积为7993平方米。其建筑架构为穿斗与抬梁混合式梁架，硬山式屋顶，徽派建筑式风火墙。庆忠堂由前厅、正殿和左右厢房组成。其中前厅为砖木结构，一楼一底，青砖墙体，青砖上烧造有阳刻“庆忠堂”字样。正殿面阔5间，宽20.82米，进深2间，长9.25米，通高7.81米，为砖木结构，穿斗与抬梁式混合梁架，硬山式屋顶，两侧山墙有彩绘风火墙，青石素面台基，方形石柱础刻动物花草纹，檐廊梁间以卷云式驼峰承接，明间为4柱11架梁，两侧风火墙彩塑花草。正殿两侧各有一天井将左右厢房连接。厢房为一楼一底，面阔6间，宽28.73米，进深1间，长7.85米；左右厢房对称，均为穿斗式梁架，悬山式屋顶，夹壁墙和木板墙混合，格子窗。

会馆　唐、宋以来，西沱镇即为商贸重镇，到此做生意的外地客商分别设立两湖会馆（三楚堂）、江西会馆（万天宫）、陕西会馆（三元庙）、广东会馆（南华宫）、福建会馆（天上宫）。清光绪二十六年（1900）重建禹王宫后，在其内设湖广会馆。清同治十一年（1872），山西客商整修关帝庙后，在其内设山西会馆。1914年，四川及本地客商重修张爷庙后殿，在庙内设四川会馆。

古遗址

独门嘴树化石群　位于西沱镇云梯居委会独门嘴的山顶上，多为碎块，散落在北至独门嘴，南至哈家坝一带的耕地、树林、民宅和公路边等地方，甚至当地居民将其砌成地坎、水渠和道路阶梯等，总占地面积约1万平方米。化石群呈东南向西北走向，部分埋于地下，呈灰或黄褐色，质地坚硬，纹理细致缜密，断面木质纹清晰，并有树干自然断裂痕，露出地表的长4.35米，最大直径0.78米。

沙湾遗址　位于西沱镇双桥社区沙湾组，坐落于长江南岸的沿江台地上，与观音寺遗址隔溪相望。遗址所处台地东、西两侧有切割较深的冲沟，对台地冲蚀破坏较大；同时遗址北部近代曾建砖瓦窑，故遗址地貌变化较大，经探勘、发掘、清理，发现遗址现存面积3000平方米，文化堆积物厚约1.5米，年代为新石器、汉、唐、宋、清时期。

2001 年 4 月 29 日至 9 月 5 日，由河南省文物考古研究所进行田野作业，考古发掘面积 1000 平方米，考古勘探面积 3000 平方米，布设 5 米 ×5 米探方 40 个，发掘平均深度 1.5 米，出土石斧、陶钵、陶盏、陶碗、钱币等文物 17 件。遗址已淹没于三峡水库内。

过蛟龙摩崖造像 位于西沱镇玉石村大桥组过蛟龙大桥南桥头约 25 米，坐南向北，凿于高 3 米、宽 4 米的岩石上，为单龛造像，龛口为方形弧形顶，高 1.52 米，宽 1.53 米，深 0.96 米。龛内造像 4 尊。其中主像为观音像，高 0.92 米，肩宽 0.28 米，头部风化模糊，身穿袈裟，双手作禅定印，跏趺坐于莲台上。其余造像凿弧形龛壁上，造像作不同姿势，形象生动，头部均被毁，其周围浮雕有猴子、南瓜、茄子、葡萄、菊花、缠枝花草纹等，涂红色颜料。龛前仅有可容约 3 人的空间，无铭文落款。造像具有清代造型风格。

观音寺遗址 位于西沱镇竹景山村的沿江台地上，与沙湾遗址隔溪相望。据 1985 年三峡工程库区淹没文物调查发现，遗址面积 3 万平方米，遗址地势平坦，其上曾建庙宇，现为民居和农田，上可见红烧土堆积、陶器和石器等遗物遗迹。2001 年 4 月 29 日至 9 月 5 日，由河南省文物考古研究所进行抢救发掘，第一期考古发掘面积 2500 平方米，考古物探面积 2.5 万平方米，布设 5 米 ×5 米探方 100 个，发掘平均深度 1.5 米，出土石器、陶器、瓷器和铁器等文物 265 件（含文物残片）。2002 年 7 月 22 日至 9 月 2 日，第二期考古发掘面积 1100 平方米，布设 5 米 ×5 米探方 4 个，发掘平均深度 1.45 米，出土陶器、瓷器等文物 81 件（修复完整 37 件）。现存三峡库区水下有 2.64 万平方米未进行考古发掘。遗址文化层堆积丰富，出土唐、宋文物较多，尚有少量商、周遗存。据专家分析，遗址有可能在秦、汉以前是西沱镇的主要码头。

水文遗址 位于西沱镇竹景山村陈家河长江边石崖上，系清代民间记录长江水位的石刻题记。石刻内容为“庚午年大水至此”7 字；对面石崖上刻有“大清同治九年庚午年大河水掌（涨）”13 字。今清晰可见。

古墓群

汉墓群 西沱镇汉墓群位于西沱镇云梯街下端东侧，占地约2.30万平方米。1976年3月和1977年10月，西沱中药材公司和西沱镇酒厂建房挖地基时，先后发现东汉墓葬5处，共17座坟墓。出土文物有瓷玉器皿、花纹砖、文字砖、五铢钱等，其中花纹砖、文字砖数以千计。砖体长40厘米、宽17厘米、厚12厘米。1984年，石柱县文化局收集到花纹、文字汉砖3块，东汉古钱币（五铢钱）3枚，藏于县文化馆。1984年12月，列为县级文物保护单位。

毛家湾崖墓 位于西沱镇玉石村大桥组毛家湾，分布在长约15米、高约7米、离地高3.43米的崖壁上，坐西向东，共2穴，从左至右编号为M1、M2，均为单室单甬道石室墓。其中M1平面呈凸字形，墓壁刻纹饰，穹隆顶，双层门楣，墓室面阔2.97米，进深2.36米，高1.5米，甬道长0.47米，墓口宽1.04米，高1.5米；M2平面呈长方形，穹隆顶，单层门楣，墓室面阔2.99米，进深2.73米，通高1.2米，墓口宽2.03米，高1.29米。

陶家坝汉墓群 位于西沱镇沿江居委会陶家坝组陶家坝，坐落在长江与溪沟交汇台地上，为汉至六朝时期的墓群，分布面积约1万平方米，遗址上可见汉砖、陶片等遗迹遗物。2008年，因当地修建私人码头扩建道路而发现1座汉墓。是年6月，重庆市考古所、石柱县文管所进行抢救性考古发掘，发掘面积495平方米，共发掘汉代砖室墓3座。出土陶俑、罐等文物40余件。遗址处于三峡库区消落区，受自然和人为破坏严重。

风土民情

十里不同风，百里不同俗。西沱古镇虽地处长江，但深受巴盐古道背二哥从古道沿路地区浸染的民俗影响，打上了大山土家族民俗的深深烙印。

美食小吃

西沱的美食，有“张飞牛肉长江鱼，西沱小曲万人迷”之说。西沱古镇的特色美食大致可以分为：名饮、美食和民间小吃三大类。

名饮

阴米茶 将糯米清洗后，以开水浸泡至略软，捞出入罾蒸至九分熟，出罾倒入簸箕内，用筷子搅动使其不结团。稍干且冷却后，若发现仍有结成小团者，则以手掌搓散，必须致其一粒粒不相结，之后在阴凉处风干即为“阴米”。有客来时，取适量阴米入油锅中稍炒，加水煮2 ~ 3分钟，加入少量食盐或者白砂糖，出锅端给客人品尝，俗称“阴米茶”。

泡米米儿茶 将阴米放入高温油砂（筛选直径0.5 ~ 1毫米的粗砂，经桐油烧炼而成）中快速翻炒，阴米全部膨胀后，迅速用撮箕捞起并筛去油砂，阴米变成了“泡米米儿”，装入坛中密闭保存。有客来时，抓一把泡米米儿放进碗中，加少许白砂糖，掺入开水即成泡米米儿茶，是快速提供给客人的一种茶水。

醪糟红糖水 在天气炎热的夏季，云梯街满街到处都是售卖醪糟红糖水的凉水摊。醪糟红糖水是将山泉和井水烧开冷却后，放入醪糟红糖调制而成。游人攀登云梯街疲累口渴时，喝一碗凉凉的醪糟红糖水，倍感舒爽。

美食

西沱古镇的美食，最著名的有长江跳水鱼、羊肉扣碗、谭家荷叶霸王鸡、熊家当归茴香汤、熊家八宝养生汤等。

杨家长江跳水鱼 以长江鱼为原料，用上等的长江鱼，加小米辣、鲜花椒、姜、葱、蒜、油、盐、味精、胡椒粉、芡粉等作料烧制而成。第一步是将鱼洗干净，在鱼身

长江鱼（2016 年）　谭红建　摄

羊肉扣碗（2016 年）　谭红建　摄

上打十字刀花，将鱼进行腌制（注意保持均匀）；第二步是将小米辣切成小段，同时把水烧开，放入姜、蒜，待水再次烧开后，把鱼头先放入锅中煮 1 分钟，然后慢慢把整条鱼放入锅中，在煮的过程中慢慢翻动（注意保持鱼的完整性），待鱼煮熟捞起放入盘中；第三步是锅内放油，爆炒姜葱，炒香后放入小米辣翻炒，随后倒入鱼汤进行调汁，加入食盐、味精、胡椒粉等调味品，然后进行勾芡，再加入少许酱油、香油；最后，把调制好的汁淋在鱼身上即成。

羊肉扣碗　羊肉扣碗主要食材为方斗山散养羊的精肉，先将新鲜羊肉用水反复洗净，切成羊肉片，然后以生姜、辣椒、豆瓣、花椒、食盐、米面等多种作料搅拌均匀，放入蒸笼，用大火蒸熟，即成清香可口的羊肉扣碗。

谭家荷叶霸王鸡　谭家荷叶霸王鸡是西沱古镇谭氏的招牌菜，其特点是鲜嫩肥美，爽脆麻辣，集色香味于一体。食材主要有三黄鸡、红椒、黄瓜、白萝卜、小麻花等，再加上芝麻酱、花生酱、红油、盐、糖、鸡粉、芝麻、姜片、花椒、辣椒酱、醋、炸花生碎等佐料。将三黄鸡去杂洗净，放入锅内注水烧至 90℃，倒入可以保持恒温的容器里，放盐、姜片和整只鸡，浸泡 15 ~ 20 分钟，取出晾凉用刀切片。将调料兑在一起，调匀成汁，用洗净的荷叶铺在盘子上，依次摆放红椒、鸡肉片、黄瓜条、白萝卜条、麻花等，再浇上调料汁即成。

熊家当归茴香汤　当归具有补血活血、调经止痛、润肠通便的功效，常用于治疗血虚萎黄、眩晕心悸、月经不调、经闭经痛、虚寒腹痛、风湿痹痛等症。小茴香具有祛寒止痛的功效，对寒湿、气滞引起的子宫虚寒、腰背冷痛、肚腹胀满、大便溏稀及疝气等有很好的疗效，且能理气和胃。因此，当归茴香汤是人们养生的佳液，深受食者喜欢。

熊家八宝养生汤 八宝养生汤以胡萝卜、莲藕、甜玉米、花生、绿豆、眉豆、薏米、蜜枣加食盐和水，用文火慢炖而成。其中的薏米有健脾利湿的作用；花生含有大量的蛋白质和不饱和脂肪酸，能降低胆固醇；绿豆清热解毒；眉豆含有维生素 E，可以促进女性的雌性激素分泌，还能提高免疫力，增强记忆力，对肾虚和糖尿病有很好的食疗作用；胡萝卜是让皮肤润滑的功臣；甜玉米给这道汤带来一丝甘甜。因此，八宝养生汤不但好喝，而且营养丰富，适宜于各类人群食用。

民间小吃

油炸饺饺 西沱的土家人，临近春节的腊月二十六、二十七，几乎家家户户都忙于炸饺饺。一般做法：将面粉与红糖一起加水揉成面团后，发酵 2 ~ 3 小时。之后将面团分成若干小团，逐团碾压成 2 ~ 4 毫米厚的面块，按各自的喜好，用手指捏成交叉形、梅花形等各式各样形状，下油锅炸至红褐色捞出即成又酥又香的饺饺，既是待客的小食品，又是回馈拜年亲友的好礼品。

油炸米花 又名“团撒”。一般是做阴米的时候，将蒸熟的糯米饭均匀放入事前做好的 3 ~ 5 厘米直径的篾圈内，再用手按平整后取下篾圈，让其自然阴干后贮存，过年时用油炸酥脆，待客下酒或馈赠亲友。

米米儿糖 西沱境内土家族人过年几乎家家做米米儿糖（有的也叫米花糖）。在铁锅中加入适量饴糖（古时以高粱梗糖、红薯糖代替），小火至微温使糖完全融化后，将炒好的泡米米儿、花生米、芝麻、核桃仁等混合后倒入锅中搅拌，使其完全与糖相黏，然后捞出置于案板上，用长 60 厘米、宽 6 厘米、厚 1 厘米的小木板 2 块，双手执板，

油炸饺饺（2016 年） 谭红建 摄

趁热快速挤压成厚薄均匀的长方形或正方形。稍凉后，糖因凝固变硬，用菜刀切成长约10厘米、宽约5厘米、厚0.5～0.6厘米的小片，10小片或20小片为一封，放入有泡米米儿的坛中密闭保存。既可作零食，也可馈赠亲友。

冲冲糕 将泡米米儿磨成细粉，加适量的水和白砂糖搅匀成糊，舀入蒸笼中的小铁盅之中蒸约一分钟即可，其糊迅速膨胀成糕。因其成糕速度极快，俗称“冲冲糕”，食之松软爽口。

油饼 将面粉、黄豆（浸泡过的）、萝卜丝，加清水揉成圆饼，入油锅炸至两面呈金黄色，即成又香又脆的油饼。

猪儿粑 将苞谷、糯米（少量）分别用清水浸泡（苞谷吸水较慢，应先浸泡）至手捏已感觉软时，用石磨磨成很浓稠的苞谷浆，加料搅拌均匀后，用小瓢舀入手掌窝，捏成筒状，用桐子叶包成猪儿形，入笼（粑折）蒸熟即成香糯可口的猪儿粑。

油炸糍粑块 油炸的糍粑比一般煎着吃的糍粑略厚（3～6厘米），炸时先将糍粑切成1厘米厚的长方形块，之后油锅炸至金黄色，即成外酥里糯、又香又有嚼劲的油炸糍粑块。既可就着豆浆当早点吃，也可拿着边走边吃，当休闲食品。

油炸萝卜丝（马铃薯丝） 将萝卜或马铃薯洗净切成丝，加糖或少量盐拌匀。之后另用一盆淀粉调成糊状，在锅中加油烧至七成熟时，将萝卜丝或马铃薯丝放入漏勺做成半圆形，放入淀粉浸透后，再放进油锅炸至金黄，即成一道美味小吃。

土特名产

都粑粉 都粑的原料是蕨根粉，顾名思义，是从蕨的根茎中提取的淀粉。每到立冬至春分之间，也就是农历十月至次年二月，人们就上山采挖蕨根。蕨根采回来后，用清水冲洗掉泥沙杂质，刮除表皮，切成约10厘米长的小段，用篓装满封严，放在溪流旁的活水中浸泡2天，漂除异味后捞起。漂洗后的蕨根飘散着植物根茎特有的清香，人们

都粑块（2016 年） 李小丰 摄

将其摊在水泥晒坝上或在溪流边的干净大石板上，用特制的木槌捶碎或用石头捣烂，再装入布袋，在盛有清水的水缸中揉搓，洗尽淀粉，将缸中粉浆用纱布过滤出渣滓，再反复自然沉淀。在现代机械化作业中，则将浸泡后的根茎放入碎浆机内，边破碎边加水，然后稀释搅拌均匀，分别用 80 目和 100 目网筛过滤两次。过滤后的粉浆迅速放进沉淀池或水缸内，待其自然沉淀后，排去清水，即得到湿蕨根淀粉。将沉淀池内的湿淀粉取出晒至粉状或用 50℃～60℃高温烘干，即成蕨根淀粉，也就是都粑粉。

都粑粉可即取即食。取适量都粑粉，用少量温水（40℃以下）稀释后用沸水冲泡食用。还可加入白糖、蜂蜜或制成果冻，或直接用面粉制成其他食品食用。在土家山寨，人们食用都粑粉，一般不采用速食的方法，而是用温水将其调和成面团，切成一片一片的小块，置入沸水中煮至都粑块全部浮上水面后捞出，或拌腊肉、炒腊肉，或加糖、芝麻花生末，做成香甜都粑块；或做成拔丝都粑块、都粑卷……无论哪一种方式做成的都粑块，都酥软香甜。

斑鸠叶豆腐 斑鸠叶豆腐的原料是斑鸠叶。在全县绝大部分地方的树林中，都生有大量的斑鸠树，因其叶子会散发出一种类似斑鸠鸟的特殊气味，土生土长的土家族人就叫它斑鸠叶，有经验的当地人在数米外就能凭味道找到斑鸠树。

土家人喜食斑鸠叶豆腐，据说是因为斑鸠叶能够清热去火，为消暑佳品。

土家人制作斑鸠叶豆腐，在讲究原汁原味的同时更注重保持传统工艺。进入 5 月，土家人从斑鸠树上采回上好的斑鸠树叶，洗干净后放进木盆里，倒入沸水淋烫。有经验的土家人在淋烫叶子时，十分注意掌握火候，淋烫时间既不能过长，也不能过短，长短

斑鸠叶豆腐（2016 年）　　李小丰　摄

失度都会影响斑鸠叶豆腐的质量。叶子淋烫好，即刻用竹刷将叶子戳碎或用筷子将叶子搅碎；之后，用筲箕将斑鸠叶浆汁滤到事先备好的木盆中或用纱布将浆汁滤出；再把事先准备好的适量草木灰水溶液倒入浆汁中，稍微搅拌一下，冷却 20 ~ 30 分钟，浆汁就凝成了晶莹剔透、色如碧玉的斑鸠叶豆腐。一般情况下，斑鸠叶豆腐只能凉吃不能热吃。土家人喜欢把新鲜的斑鸠叶豆腐切成薄片或细小的条状放入碟子，然后加入精盐、红醋、白糖、味精、香油、姜、葱、蒜末等作料凉拌。在炎热的夏天，吃一碗凉拌的斑鸠叶豆腐，能让人凉爽到心里去。

烟熏牛肉　烟熏牛肉的制作历史不长，但其制作工艺特殊，风味独特，近年来已成为流行的风味食品，牛肉加工企业也将烟熏牛肉作为重要产品推向市场。

土家人不喜欢工业企业生产出来的食品，却对采用传统工艺、用手工制作出来的食品情有独钟。烟熏牛肉的创作灵感或许源于土家人炕腊肉的传统。人们选用新鲜牛肉中最好的腿子肉（牛大腿上的肉），切成 20 ~ 30 厘米长的肉条，撒上适量的食盐、味精及其他佐料和香料，等各种味道浸入牛肉中后，放到特制的熏肉架上以烟火反复熏、炕，至牛肉被熏熟的同时，也被熏干了。此时，牛肉表面黑黄油亮，闻之有一股明显的烟火味。撕下一缕来，放到口中咀嚼，已没有牛肉的腥味，饱满的熏牛肉香味充塞口齿之间，其被烟火熏出来的香味与其他任何香味皆不相同，正是土家人最喜欢的烟熏火燎味道。

西沱高粱小曲酒 西沱高粱小曲酒，从民国时期就闻名川东鄂西一带，远销万县、涪陵、利川、恩施等地，撑起了当时西沱古镇商业的半壁江山。1981 年 9 月 19 日，西沱高粱小曲酒在涪陵地区品尝会上被评为第一名。1983 年，西沱高粱小曲酒被评为四川省优质酒。西沱高粱小曲酒中的微生物是经过自然选育培养的，并经过曲母接种，使有益微生物大量繁殖，所以小曲酒不仅含有糖化菌类，同时含有酵母菌类。在小曲酒生产上，小曲兼具糖化及发酵的作用。

西沱小曲酒（1986 年） 谭红建 摄

民间信仰

土家人的宗教信仰是多元的，除信仰佛、道二教之外，也有人信仰天主教，还敬奉白虎神、山神、土地、龙王、财神、家神等神祇。总之，没有固定的宗教信仰。明、清时期，西沱境域有南城寺、龙岗寺、庆中堂、水月寺、永兴寺、观音寺、普贤庵、莲花庵、庆中庵等佛教寺庙，终年香火鼎盛（民国时期渐荒废，“文化大革命”后，水月寺、永兴寺、观音寺、普贤庵、莲花庵等佛教寺庙已经遗迹无存）。有紫云宫、关帝庙、张爷庙、土地庙、财神庙等道教观庙（宋、元、明、清历代香火较盛，民国时期衰败）。无山神庙，多以大树、磐石代之，亦常有人在其上牵红挂彩，祈求镇邪除祟，保佑平安。在南城寺中设有龙王殿，每逢天旱，则玩水龙到龙王殿祈雨。

敬白虎神　传说巴人始祖巴廪君射杀盐水女神后，心中愧疚，抑郁而死，魂魄化为白虎，故白虎神为土家人的祖神，代表巴廪君，世代接受土家人的香火供奉。有的家庭在家神龛上绘白虎像，或贴白虎图。

敬奉家神　土家人敬奉家神（已故的祖先），一方面是出于孝道，另一方面是认为祖先即便去世，其魂灵仍然时刻护佑子孙，关照族人。在选择父母墓地时，要请堪舆之士指点风水，也要请阴阳先生选定殡葬的吉日吉时，其目的在于妥善安葬祖先遗体，使其灵魂不灭，更好地保佑子孙。部分家庭在堂屋后壁设家神龛，供“天地君亲师”牌位和祖先牌位。每逢过年过节或家有红会，都要给祖先写袱子、烧香化纸，祈祷祝告，企求祖先保佑。

迷信巫觋　中华人民共和国成立前以及成立初期，因医疗条件差、医疗技术低，加之镇境土家人贫困少财，患病时少有就医者，多请巫（女巫，俗称观花婆）觋（男巫，俗称端公）跳神禳灾、驱邪、祛病。所谓观花走阴，实则是用一块黑布蒙住受术者头部，令其闭眼冥想，女巫则唱请神、请仙，唱着行走阴间的歌词，描绘阴间的景象等，给本就身体染疾、神经衰弱的受术者暗示，进而使其神智迷糊产生幻觉，好似真的在阴间走了一遭，甚至见到了已故的亲人或熟人。巫婆借此胡说八道一番，谎称得到神明的指点。

男巫则以跳端公为主，跳端公是土家巫术与道教法术融合后派生的法事，有小鼓、师刀、神枪、铜铃、牛角等法器，有传承的脚本和整套法式。跳端公者身穿法衫，脚穿法靴，头戴法冠，系灵帕，先插旗幡布置法坛，再摆放神案，经燃香焚烛，念咒巫舞，吹牛角，摇铜铃，烧纸钱，开场、请圣、请净水等程式后，时而持师刀、令牌、卦具、神枪等道具，踏罡布斗，跳巫舞，边跳边唱，伴以击鼓，间以咒语。

在缺医少药的封建社会，土家人请端公和巫婆跳端公、走阴观花，以镇鬼免灾、驱邪治病、祈求平安。常常适得其反，耽误医生及时医治的时间，害了不少人命。随着社会的发展，医学的发达，文化的繁荣，科学知识的普及，人们逐渐有了科学认识，不再相信鬼神，1965 年后已无人跳端公。但偶有特别迷信者请巫婆走阴观花。

岁时习俗

年节

除夕 腊月三十日，父母教导小孩要“忌嘴”，不准说不吉利的话。在堂屋设香案、摆供品、写袱子敬奉祖先，挂檐灯、贴门画春联，家家吃团圆饭，除夕夜烤火守岁、放鞭炮。

春节 正月初一，沿袭清晨挑“银水”（饮用自来水，后此俗废止）、早晨必吃汤圆的习俗。亲朋好友互不串门，都以家为单位，到逝去亲人的坟前挂坟飘、燃烛、焚香、烧纸（1992 年前，烧用半圆凿錾有印迹的火纸，1992 年后，渐改用刻版印刷的冥钱）、跪拜、放鞭炮。中华人民共和国成立前，有初一“偷青”（偷蔬菜）的习俗，人们忌恶言，偷青不会挨骂。正月初二，开始走亲访友，每到一家，主人会奉上“米米儿茶”待客。正月初九，灯队出动，附近各村的村民们组织的彩船队、花棍队、玩牛队、龙灯队，纷纷到云梯街挨家挨户拜年，主人或多或少要给些钱，并奉上香烟。

元宵 正月十五夜，家家户户张灯结彩，男女老少相偕观灯。龙灯队、彩船队从上场口独门嘴一直舞动到下场口码头，之后焚毁，以示年节已完。中华人民共和国成立前，有十五“偷菜”的习俗，偷菜者必然挨骂，但据传挨骂可以避疮痈溃疡之灾，偷菜者乐意挨骂。

端午节 农历五月初五，门前挂艾蒿、菖蒲，吃粽子、麻花，喝雄黄酒，放硫黄烟辟邪驱虫。新婚夫妇头三年要回岳（父母）家过端午节。各家各户备下佳肴，迎接女将（自秦良玉后，石柱、忠县一带将女子称为“女将”）、姑爷客（女婿）回家同享，饭后，老丈人还要给姑爷客送草帽或撑花（伞）等遮阳避雨的雨具。这一天，只要是能行动的西沱人都到长江边看龙舟比赛。到了农历五月十五这天，还要依着小端午的习俗再过一个端午节，俗称“过大端阳”。

中秋节 农历八月十五日，外出者赶回，阖家团聚（农村接新婚女儿女婿回娘家过节），吃糍粑、月饼、花生，饮酒赏月，享受着丰收的喜悦。中华人民共和国成立前，有中秋“偷瓜”的习俗，凡婚后不育的夫妇，于中秋之夜外出偷瓜，以祈愿早日生育。

社交习俗

祝寿 家中60岁以上老人逢整生日（60岁、70岁、80岁、90岁、100岁）者，煮肉备酒，一家团聚，办生期酒，亲友送礼祝贺。1985年后，开始流行供小孩生日，父母长辈或亲友买蛋糕、玩具和好吃的食物为其祝贺。1990年后，场镇、农村泡“生日酒”成风。场镇泡生日酒多在餐馆举行，门前有乐队迎宾，亲朋好友抬着寿屏匾对、衣帽鞋袜、寿桃寿面前往祝贺。做寿人回赠给客人“寿碗”或小蛋糕，以示留念。成年男女虽不办生日酒，但有的人招集亲朋小聚，亲友送鲜花、蛋糕等礼物，在茶楼祝唱生日快乐歌。

婚俗

旧婚俗　旧时婚嫁有“门当户对”“父母之命，媒妁之言”的规矩。先由媒人到男女家中往返说媒，双方有意后，选择吉日纳吉（俗称看人户）、订婚（俗称插香，男女下聘礼）、完婚（俗称迎娶）。婚前，新娘要开脸、哭嫁。婚礼之日俗称“正酒”，前一日俗称“夜迎”，古时交通不便，若娶亲路远，男方则在夜迎之日的傍晚到女方家，如今交通方便，一般都在正酒之日上午抵达女家。男方备花轿、旗伞，以及抬盒（盒内装首饰、衣物、糖酒和肘子、腰方等）、1只鸡或鸭，邀吹鼓手、旗牌手、轿队、滑竿队，由媒婆带队，一行数十人到女家娶亲。女方拦门，举行拦门礼，男方的客头（领宾先生）与女方的客头（待宾先生）说客，彼此沟通交涉。之后男方向女方交礼、说客。新娘出阁，坐花轿（若是娶妾，或新娘是二婚，则坐滑竿）。新娘在喜堂拜别祖宗、父母后，哭嫁，然后上花轿。花桥到了男家，先要“回车马”，继行“周堂礼”拜天地祖宗，后入洞房。入夜“闹房”。次日早上“拜茶”，新娘新郎在堂屋跪拜三亲六戚后，一同“回门”，到女家拜别父母尊长，当日返家，即礼成。

娶亲（2016年）　廖禾　摄

新婚俗 中华人民共和国成立后，颁布实施婚姻法，废除包办婚姻。男女青年在生产、工作中相识、相恋，或旁人介绍认识交朋友。在双方自愿结婚时，则到民政部门登记结婚。婚礼简朴、不摆酒席，机关企事业单位职工只请亲朋吃点喜糖，农村用秧歌队陪新郎接回新娘则礼成。过去也曾推行过集体婚礼，职工或群众参加集体婚礼，移风易俗，勤俭节约。1984 年后，城乡婚礼日渐铺张，操办成风。1990 年后，讲排场、比地位，虽不备花轿，但婚车队伍多达二三十辆。2015 年后，婚礼铺张浪费，大操大办的风气有所收敛。

丧葬习俗

旧丧俗 丧葬旧俗烦琐，从吉不从凶。父母弥留之际，子孙守护床前“送终”。断气后烧“倒头袱子”，放落气鞭炮，再抹汗、更衣，用草纸掩脸，移尸堂屋，灵下点菜油灯（俗称烤背），择期入殓。入殓时，其子孙一齐跪拜，即开始设灵堂，供灵位、袱子、供品、竖引魂幡、孝子披麻戴孝、讣告亲友、坐夜等。之后请阴阳先生看地，请僧道做“道场”，择期出殡。出殡的头天晚上，称为“坐大夜”，亲朋前往吊唁，送馔碗、挽联、祭屏、祭幛、三牲祭品，玩孝狮、孝龙灯，打锣鼓、放鞭炮。半夜行“家奠礼”，读祭文或唱“孝歌”。黎明时出殡、安葬，沿途鞭炮不断，孝狮到墓地滚井（方言，在墓穴中舞动）。灵柩入井后，孝子捧 3 把土于棺上，之后由帮忙的人掩埋、垒坟。安葬后前 3 天每天傍晚都要送“烟包”（用稻草编成的火把，依照死者年龄，每岁编一匝）。贫穷人家无钱操办，丧事从简。

新丧俗 中华人民共和国成立后，丧葬从简。死者为机关、企事业单位员工，一般采取开追悼会的方式悼念，亲朋戴黑纱或白花，送花圈吊唁，农村也改掉烦琐礼节。1985 年后，丧葬习俗开始复旧，恢复各种烦琐礼节，场面更甚于旧时。送祭幛改为送毛毯、踏花被、羽绒被，送馔碗改为送猪肉，送挽联改为送花圈，祭品除金童玉女、青狮白象、灵屋车马外，还送象棋麻将、小车别墅、花台等。孝龙孝狮、锣鼓乐队、腰鼓仪仗，一应俱全，吊唁者胸前戴白花或手臂戴青纱，场景壮观。头披孝帕、腰系草绳的孝子，跪在灵前左侧，给行叩拜礼的吊唁者回礼。吊唁仪式上，由单位领导或德高望重者读祭文，生前好友致悼词。悼念活动结束，乐队演唱，亲友陪夜，至天明哀乐不绝。黎明时分出殡，亲朋送葬，旗幡、花圈列队，鼓乐震天，鞭炮长鸣，至下葬结束。2002 年后，场镇修建殡仪馆，集中办丧事，但修坟炫富攀比之风渐显。2015 年后，铺张浪费，大操大办、借丧葬敛财的风气有所收敛。

三朝酒 家中生小孩满月时，泡“三朝酒”，主客为小孩的外祖父家族亲戚，另有其他亲朋及邻里乡亲。小孩出生后，其父在 3 日内背 12 个染成红色的熟鸡蛋，另提一只鸡（生男孩提公鸡，生女孩提母鸡）到岳父家报信，约定三朝酒宴的日期。小孩的外祖父家族亲人开始准备醪糟、鸡蛋、米、肉等，以及背小孩的背带，小孩的衣帽鞋袜、饰品、玩具、棉披风、絮片等，酒宴日期一到，一行数十人到女儿家庆贺。女儿家则备午餐、晚餐及次日的早餐，皆有红蛋、醪糟汤圆及鸡鸭鱼肉等菜品，大宴宾客。次日早餐后送客，馈赠泡粑等糕点糖果。

断水酒 建房立树之日，需很多人帮忙，建房人家遂在立树之日泡“断水酒”大宴宾客。三亲六戚及邻里乡亲皆前往主家贺喜，一为祝贺，二为帮忙。先以人力立房列，再安装梁、檩，连成屋架。在房屋的中梁安装完毕后，掌墨师傅将亲朋们预先准备好的红布挂在中梁上，并将糕点、糖果等从中梁上抛下，众人争抢以图吉利，谓之“抛梁粑”。当所有梁、檩安装完毕后，再安装椽子、盖瓦。盖瓦后即可阻断雨水对屋架的侵袭，俗称之为“断水”。

农事习俗

撒吊秧 镇境海拔 1000 米以上地区，春季气温回升缓慢，秋季低温来得早，农村生产队或农家为不误水稻栽插季节，确保水稻丰收，都到 500 米以下地区租田育秧，称为“撒吊秧”。秧苗长到适合栽插时运回栽插。鱼池镇一带，多到西沱等地撒吊秧。1985 年前，每到栽秧季节，县政府协调运输部门安排汽车帮助生产队、农户运吊秧。1986 年，全面推广温室育秧、薄膜育秧后，撒吊秧逐渐绝迹。

祭祀牛王 民国时期，西沱镇每年农历四月十八日，农户不役牛干活，让其休息，喂好的饲料。在田间平地玩牛，祭祀牛王，表达对耕牛为农家辛勤劳作的感激之情。

换活路 西沱镇素有在春耕抢种、秋季抢收的繁忙季节，亲帮亲、邻帮邻，换工互

祭祀牛王（2016 年） 廖禾 摄

助习俗，今天甲帮乙做 1 天农活，以后乙还甲 1 日工，习称“换活路”（换工）。换工做家的主人推豆腐、煮腊肉，白酒、叶子烟（土烟）不可少。要用丰盛菜肴“九大碗”热情款待应邀做工的亲友。1954 年农业合作化后，至 1983 年实行家庭联产承包责任制之前，实行集体生产，换工习俗消失。1984 年实行家庭联产承包之后，“换活路”重新兴起，家中确无劳力还工的则付工钱。

民间禁忌

中华人民共和国成立后，旧社会民间流行的许多禁忌逐渐淡化或消失。过去曾普遍流行，如今已渐渐消失的禁忌主要有：

节日禁忌 与人交往或节日忌说不吉利话。

正月初一忌倒水、扫地、动土、出粪、吃药、白天睡觉等。

正月忌理发。

劳动禁忌 立春后，农家忌“戊”日动土、挑粪、种庄稼。

忌讳船头小便，在船上追赶、驱逐老鼠。

如有老鼠从船上上岸，船忌启航，必须待老鼠返船后再启航。

煤矿井下忌追赶、驱逐老鼠。

砖瓦窑忌说带“红”字的话。

家中有孕妇，忌在屋内钉钉子、拆门窗、在门槛砍柴。

生活禁忌 披着孝帕的人忌进别人家。

忌下午看望病人。

在外死亡者，忌抬灵柩进堂屋。

忌正月初七出门，正月初八归家。

出丧埋葬忌走回头路。忌灵柩落地。

交往禁忌 外人忌坐新人床。

在别人家做客忌哭泣吵闹，忌夫妻同宿。

男客忌与主人家闺女开玩笑，忌与主人家儿媳同坐一条凳。

忌与兄弟媳妇开玩笑、进弟媳卧室。

忌同姓婚配，破忌者被讥讽为“穿同边草鞋”“背锅铲”。

产妇未满月者，忌走村串户。

方言俗语

方言

称谓

祖父、祖母：的的、奶奶。

曾祖父：祖祖。

夫称妻：屋头的、右客。

外公、外婆：嘎嘎。

岳父、岳母：表叔、表叔娘。

姐夫、妹夫：门客、姑爷客。

女孩：妹崽儿。

女子：女将。

有势人：大甩甩。

有钱人：富实郎。

穷人：干人、干鸭子。

土气的人：山洋芋宝、山帽儿头。

力夫：背脚子、背二哥。

淹死的人：水打棒、水棒头。

连襟：老挑。

您：仰（读 niang）。

吊死的人：吊老二。

土匪：棒客、棒老二。

爱惹祸的人：天棒捶儿、天晃晃。

受雇的人：丘二。

说大话空话的人：日白大王、款天将。

无能的人：捶草棒、孬火药。

游手好闲的人：烂杆子。

爱惹是生非的青少年：少幺毛。

无知的人：捶草棒。

无赖的人：杂皮。

公猪、母猪：郎猪、窝猪。

公牛、母牛：牯牛、沙牛。

公狗、母狗：牙狗、草狗。

猫：麻妹儿、妹儿。

一贯受气的人或很容易办到的事情：粑活扣碗。

蝙蝠：檐老鼠。

蟋蟀：灶鸡儿。

蟑螂：灶蚂子。

蜻蜓：洋翼钉。

蝗虫：啄蚂。

蜈蚣：雷公虫。

青蛙：茄蚂子。

半夏：三步跳。

菠菜：扯根菜。

马铃薯：洋芋。

葫芦：当当儿。

火灾：失水。

夜壶：夜鸭子。

幕布：挡子。

雨伞：撑花。

粉蒸肉：扣碗。

自留地：园圃地。

厕所：茅厕（读 si）。

癞蛤蟆：癞疙宝。

天冬：刺萝卜。

胡萝卜：蒿子萝卜。

松树：枞树。

辣椒：海椒。

被条：铺盖。

寝室：房圈、歇房、睡屋。

猪肉：尕尕。

白酒：火老二。

烧白：盐菜扣。

汤匙：瓢瓢。

衣服口袋：夹包、盒包。

行为

打坏主意：默听儿。

吃白食：吃翘胡子、吃福喜。

吃晚餐：消夜。

欺侮：马倒、估住。

蹲起：孤起。

想念：欠。

服侍：经佑。

教导：高信。

收捡：捡拾。

擦：支。

弯腰：勾起、弓起。

择食：刁歪。

玩耍：牵翻、健。

刁难：弯拴。

干农活：上坡、做活路。

清理：煞贴。

吃饭：喫（读 ki）饭。

吃肉：打牙祭。

睡觉：困瞌睡。

奉承：舔肥、喝泡。

拦住：短到。

看护、守护：照。

感谢：多承、劳为。

传染：过起。

踩踏：浆。

拖延：挨。

低头：啄起。

享受：玩格。

抢食：捞糙。

烤火：向火。

打猎：撵仗。

拉偏架：抱狠心膀子。

光着上身：打光胴胴。

光着下身：打光胯、打高把灯笼。

闹纠纷：割裂、扯皮。

同姓结婚、通奸：穿同边草鞋、背锅铲。

说大话：冲壳子、日白。

开玩笑：涮坛子、扮灯。

开玩笑占便宜：赚欺头。

背后揭短：戳背脊骨。

曲指敲人头：敲磕转儿。

受批评：遭理麻、刮胡子。

跌倒：搭扑趴。

发脾气：打白、使性。

失约、不兑现：放拔子。

张狂：幺元儿。

形容

聪明：精灵。

不知足：心厚。

故意：刁是。

便宜：粑活。

娇生惯养：惯侍。

几乎：差点、悬哈哈。

危险：悬。

可怜：造孽。

快：麻溜。

没精打采：蔫当当。

容易、简便：拍脱。

倒霉：背时。

不真诚：假过郎场。

有气无力：阴死倒阳。

办事拖拉：拖皮勒垮。

吝啬：小家把式。

装满了：闷了。

说话不正经：扯把子。

其他

这里：这部儿。

那里：那部儿。

什么：啷个。

开始：排头、架墨。

上面：上头、高头。

下面：下头、脚头。

开玩笑失和：失闷。

借东西或求人遭拒：受方。

不起作用：管半碗野大麦。

晚上无睡处：打钉钉挂起。

无缘无故：偏敲敲。

做得好：巴适、安逸。

傍晚：插黑。

断炊：锅儿抽楞起。

结束：杀各。

谚语

生活谚语

晴带雨伞，饱带饥粮。

养儿不读书，只当喂头猪。

夏至五月头，卖米起高楼；夏至五月中，边吃边松；夏至五月尾，卖米嘟起嘴。

一年之计在于春，一日之计在于晨；一家之计在于和，一身之计在于勤。

养儿不学艺，挑断箩筅系。

牵牛要牵鼻子，打蛇要打七寸。

补漏趁天晴，读书趁年轻。

出门不弯腰，进屋无柴烧。

要得伙计长，天天算口粮。

端人碗，服人管。

人争一口气，佛争一炷香。

心正不怕雷来打，真金不怕火来炼。

逢贱莫懒，逢贵莫赶。

人老颠懂，树老心空。

儿不嫌母丑，狗不嫌家贫。

嫁出去的女，泼出去的水。

扁担无啄，两头失搭。

鸡公打架头对头，两口子打架不记仇。

嘴是两张皮，说话无尽期。

农村要致富，荒山种上树。

是客不过三顿饭，多吃一顿不好看。

少时不育，长大是个弯翘木。

独子不教，独狗爬灶。

少年怕裹，蓑衣怕火。

有米一顿耸，二顿吃谷种。

铁冷了打不得，话冷了说不得。

为人的话不好听，治病的药不好吃。

沿山打猎，见者有份。

病从口入，祸从口出。

一个光棍，十个帮衬。

蚊虫挨打，为嘴伤人。

树大要分桠，儿大要分家。

人心隔肚皮，饭甑隔筲箕。

长短是个棍，大小是个情。

人多不洗碗，鸭多不生蛋。

十个说客，当不到一个戳（夺）客。

估住虾子不流血，估到公鸡不下蛋。

小人得志，如癞狗长毛。

气象谚语

二月初一晴，树木发两层。

南风转北风，有雨在夜中。

有雨天边亮，无雨顶上光。

未雨先有风，雨来也不凶。

早晨发霞，等水烧茶；晚上发霞，干死蛤蟆。

星星稀，晒死鸡，星星密，戴斗笠。

头顶斑斑云，必定要天晴。

五月二十三，大落大干，小落小干，不落不干。

丙不落，丁发作，戊辰己巳像瓢泼。

东闪霍闪西闪风，南闪北闪雨来淦。

毛星毛月，干断田缺。

坏了白露，天天走滑路。

山雾雨，河雾晴。

一黑一亮，大雨三淌。

罩雾在爬岩，大雨就要来。

十雾九天晴。

天上起了鲤鱼斑，明天晒谷不用翻。
立夏不下，犁耙高挂。
雨洒伏头，干死芋头。
霜重见天晴，雪多兆丰年。
雷打惊蛰前，四十八天不开明。
八月怕进沾，九月怕排班（淫雨）。
秋风秋雨渐渐凉，一早一黑添衣裳。
两春夹一冬，十个牛圈九个空。
云往石柱城，定有雨来淋。
三伏不热，五谷不结。
重阳无雨望十三，十三无雨一冬干。
蛤蟆叫，大雨到。
燕子低飞雨来报。
久晴必有久雨，久雨要防久晴。
蛐蟮滚沙，蚂蚁搬家，大雨不差。
猫洗脸，雨不远。
天上钩钩云，地下雨淋淋。
屋中烟子不出门，今天有雨不得晴。
东怕马尾西怕虹，一干干它大半年。
月逢初四雨，逢九晴一天。
夏至落雨九河水，立冬无雨一冬晴。
太阳落山云来抢，不等半夜听雨响。
正月雷打雪，二月雨不歇，三月无秧水，四月秧上节。
雨落二十五，下月无干土。
蜜蜂朝王燕子飞，不用雨伞把家归。

农事谚语

苞谷薅得嫩，犹如淋道粪。
田地泡如灰，麦子起堆堆。
春天不做工，秋来一场空。
小满不挖蒜，地里捡瓣瓣。
无事田中看，谷子多几石；早晚田里走，谷子多几斗。
芒种忙忙栽，夏至谷怀胎。
小满不满，芒种不管。
六月莫打困，铲锄泥巴都是粪。
八月豌，九月胡，十月点来矮姑姑。
人哄地皮，地哄肚皮。
三分种，七分管。
庄稼一枝花，全靠粪当家。
种地不打沟，犹如强盗偷。
寒露霜降，豌豆胡豆在坡上。
犁得深，耙得烂，干田不怕旱。
秧奔小满谷奔秋，苞谷奔在伏里头。
夏至不栽秧，芒种不种棉。
头伏萝卜，二伏荞。
七月葱，八月蒜。
处暑点荞，白露看苗。
房前屋后，种瓜种豆。
剩秧如剩草，差秧如差宝。
一年无二春，误了一春三年理不清。
挖得深，欠得烂，一碗泥巴一碗饭。
正月青蛙叫，秧田整二道。

歇后语

屋梁上的冬瓜——两边滚。
三十晚上看皇历——没有期缓。

半天云吊锄把——天棒。
观音菩萨坐石岩——自讨凉贱。
场背后落雨——街（该）背湿（时）。
老鼠钻风箱——两头受气。
茅厕槛的石头——又臭又硬。
月亮坝晒笋壳——将就不起。
一脑壳的癞子——无擦处。
肩上扛火炉——老（恼）火。
麻花下酒——干脆。
叫花子走夜路——假忙。
南城寺的韦陀——坐起的。
碗大的茄子——不嫩（论）。
高射炮打蚊子——大材小用。
外甥打灯笼——照舅（旧）。
聋子的耳朵——配牌。
大河捡石宝——大的调小的。
火炉边吃红苕——又吹又拍又捧。
茅厕槛上放秤——过粪（分）。
三百钱买个猪儿——全靠嘴嘴。
篾丝串豆腐——提也提不起。
三十晚上盼月亮——没指望。
稀泥巴打桩——越陷越深。

脚夫背盐翻越方斗山

谭红建　摄

艺文杂记

云雾缥缈的云梯街，在沧桑的历史风雨中，传诵着诗歌，吟唱着童谣，还有民间故事娓娓道来。

诗词

崇祯皇帝平台赐诗四首

崇祯二年（1629），皇太极率大军从喜峰口入关，直逼北京，崇祯帝诏天下兵马勤王，许多朝廷将官惧怕清军，踟蹰不前。崇祯三年（1630），石砫宣慰使秦良玉“出家财济饷”，率石砫白杆兵万里勤王。崇祯帝深受感动，在平台召见秦良玉，赐彩币羊酒，赋诗四章旌其功。四首帝诗曾刻于紫云宫墙壁上。

学就西川八阵图，鸳鸯袖里握兵符。
由来巾帼甘心受，何必将军是丈夫。

蜀锦征袍自裁成，桃花马上请长缨。
世间多少奇男子，谁肯沙场万里行。

露宿风餐誓不辞，饮将鲜血代胭脂。
凯歌马上清平曲，不是昭君出塞时。

凭将箕帚扫胡虏，一派欢声动地呼。
试看他年麟阁上，丹青先画美人图。

熊福田诗四首

熊福田在赴东洋求学路过万县时，写出了自己的凌云壮志：

自古男儿志四方，吾将为国赴东洋。
他年学就归来日，赤县山河闪光芒。

熊福田对国民政府的黑暗腐败和尔虞我诈向来不满，且极为失望，在辞去石砫县县长之职时写道：

六十年华转眼过，文章事业两蹉跎。
也曾东渡临三岛，不辞西征上大峨。
求师求友聊复尔，读书读律又如何？
会须焚尽时千策，脱却朝衫换钓蓑。

熊福田 70 岁时，身体健朗，文思敏捷，一首《闲居吟》写出了他不忘忧国忧民的心境：

陋室独居不用愁，历经风雨七十秋。
一篇诗句一樽酒，是进亦忧退亦忧。

熊福田被划为“右派”时，下放到农村劳动，其居室附近有一小桥叫“马龙桥”，有感而发，写下《马龙桥即景》：

我居此地意如何，屋小容身诗兴多。
桥上风光凭客览，道旁凉水供君喝。
绿荷嫩叶浮池塘，黄桷娇姿着地拖。
景物天成难画绘，谁怜岁月不蹉跎。

谭梓安诗二首

1935—1936 年，谭梓安被国民党特务疑为共产党员，捕入狱中 8 个月，受酷刑逼供。他在狱中写下两首诗。

囚居冬夜偶成

囚窗徒自叹飘萍，搔首不敢问穹冥。
竹折声频侵夜梦，铁衾寒透警乡心。
一腔冤抑同流水，二字嫌疑是罪名。
零乱孤灯惟有泪，怕向西风泣月明。

幽囚吟

我今处幽囚，忧心不可俦。

自秋复暮春，岁月不淹流。

俯仰惟斗室，神志昏如牛。

不辨晨与昏，一灯长耀眸。

其臭发墙隅，阴湿生暗陬。

罅隙漏微光，尘埃似水稠。

汗气蒸四壁，虱虫周床游。

此心如槁木，于人何复忧。

谭光华诗词四首

谭光华是西沱的守望者之一，他用镜头、诗歌、日记等记载西沱镇的发展变化，赞颂西沱云梯街，守望着西沱历史文化的传承。

沁园春·西界沱

巴郡之西，江水回沱，地名故出。自商周秦汉，巴盐销楚；舟筏集散，繁似华都。陆路迢迢，远隔千里，湘鄂食盐靠力夫。越重岭，历千难万险，大漠烟孤。　天街吊脚民屋。众寺庙，星罗如串珠。望巨龙昂首，腾云驾雾，覆鳞披甲，煜煜金乌。上下千年，沧桑巨变，过去风流成史书。逢盛世，看今朝古镇，再展宏图。

一剪梅·彩云追月

金乌渐隐落霞西，墨蓝水畔，月洒石梯。玉兔东升灯火明，清风徐来，拂柳影稀。　夜阑呢喃语声低，彩云追月，恋人相依。最爱天凉秋来临，浪漫古镇，美好时期。

西江月·霞晚

青山碧水和风，乔林灌丛小露，粉纱透过清秀目，不尽眼底绚雾。　流水小舟轻悠，江畔炊烟农户，远眺水天泛红处，偶有行人晚渡。

西沱云梯街

举步汗流欢，云梯丈许宽。

登临场脑壳，回望在云端。

美术作品

徐悲鸿的油画 以画马而闻名的徐悲鸿，是我国现代杰出的画家和美术教育家。他热爱艺术，一生中给人民留下了几千幅优秀作品，培养和造就了一大批人才，实为中国美术史上的一代宗师。他历任北平艺术专科学校校长、中央美术学院院长、中华全国美术工作者协会主席。云梯街历史文化展馆复制有徐悲鸿的画作《西沱风景》。

《西沱风景》 徐悲鸿 画

杨光素的油画　从西沱古镇走出去的著名油画家杨光素（1930—2011），艺名“千禧”，留学法国。研究学习传统油画，探索传统油画与现代艺术相结合，在油画创作中取得了令人瞩目的成就。

杨光素的油画作品

《闻花女孩》　杨光素　画

《王室人像》　杨光素　画

《静物和鲜花》　杨光素　画

杨光素的油画作品

谭继文的山水画　谭继文游历石柱县的险峰深谷，发现石灰岩、砂岩、页岩等沉积岩一层层相叠，一条条沉积线清晰可见且相互平行，随着岩层的起伏变化，既具厚重感，又具运动感。一组组平行线，好似一页页、一本本历史线装书，在山野间默默地记述着地层的形成历史和地壳的变化历史，又好似天然的皴法，描绘着雄峰峻岭的奇伟秀丽。谭继文深受启发，总结天然沉积线的特点与规律，将之运用于画作中，由此创造出一种中国山水画新的笔墨语言——“平行皴”。

《楚山鄂水一炷香》　　谭继文　画

《风云万寿山》　　谭继文　画

《巴盐古道》 谭继文 画

《三峡雄姿》 谭继文 画

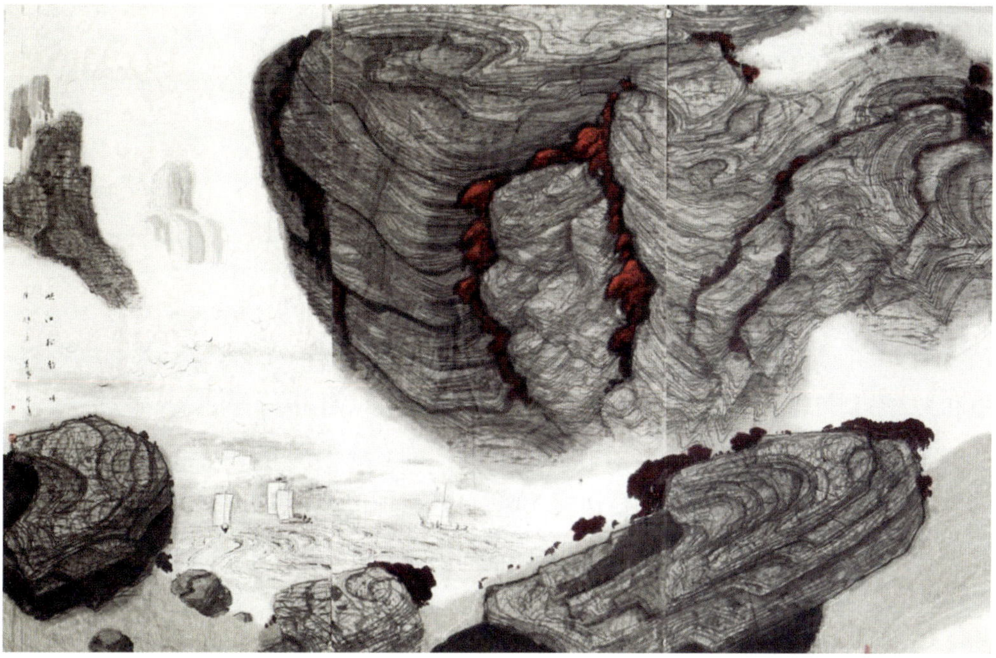

《峡江秋韵》　　谭继文　画

《不尽长江滚滚来》　　谭继文　画

民间故事

张飞与烟熏牛肉 相传，在东汉建安年间（196—220），刘备想统一天下，派诸葛亮和张飞分别带领大队人马从荆州出发，两路进军，直取西川。

张飞带着队伍翻越七曜山打算沿着江边行进。他们走到半山腰，看到江边西界沱有人进进出出，为了不引起镇上人群慌乱，张飞下令就地宿营。

第二天，张飞骑马下山，走到独门嘴附近停下来，一个背夫气喘吁吁地跑上来，张飞问他怎么了。背夫说："张飞带人来抢东西了。"张飞大吃一惊，说："老哥，能否把你的行头借我一用，我到下面去会会那贼"。背夫同意了张飞的请求。张飞换上背夫的衣服，背上扁背，手拿打杵，大步向西界沱奔去。

场上一片混乱，大人小孩都很惊慌。肉摊前，一男一女跪在地上求情。张飞走近一看，一个黑脸大汉骑在大青马上，手提一把大刀，正在向人们示威。他气在心头，紧握打杵走过去，咬牙问道："你是哪路山贼，敢在此逞强？"

骑马大汉瞟了一眼张飞，昂着头说："我乃张……张翼德张飞，你可听说过？"张飞冷笑道："我倒是听说过了，可他不会干你这鼠辈之事。"

张飞暗压怒火，飞身夺下大汉的大刀，大汉顺势跌下马来。张飞甩出飞刀，砍断一条马腿，一脚踢开大汉，指着大汉教训道："快滚吧，要是再敢冒名作恶，当心你的小命！"大汉连声说："是，是，小人再不敢了。"说着，连滚带爬跑掉了。

张飞转身扶起跪地的夫妻，问："尔等为何向小贼下跪？"男子说："我今天刚杀了一头牛，这个自称张飞的汉子要抢走"。张飞说："不要怕，他不敢再来。"男子说："他是不敢来了，但听说真的张飞要打过来，人们都跑出去躲起来了，我这牛肉恐怕放烂了都卖不出去。"

张飞环视了四周看热闹的人，打趣地问："张飞真有那么可怕吗？"他停了一会儿，接着说："我告诉你个办法，保管你的牛肉不会烂。把牛肉切成巴掌大的块，抹一些盐巴和作料，放在盘里闷过五六天，再用柴烟熏烤，过段时间，保管百十天都不会烂"。张飞说完就走了。

男子按张飞说的方法，制作出美味可口的烟熏牛肉。后来，人们才知道那制服假张飞的勇士，就是真正的张飞，所以就把那可口的牛肉叫作"张飞烟熏牛肉"。

桓侯宫的来历 桓侯宫即张飞庙，西沱俗称张爷庙。很多人会提出疑问，河北涿州、四川阆中、重庆云阳因为是张飞的出生地、驻守地和葬首地，都有张飞庙存在的合理性，而风马牛不相及的西沱古镇怎么会出现中国第四座张飞庙呢？

建安二十四年（219）十二月，关羽大意失荆州，兵败被东吴杀害。章武元年（221），刘备称帝，张飞被封为车骑将军，领司隶校尉，进封西乡侯。同年六月，刘备出兵伐吴，令张飞从阆中出兵，到江州会师。张飞生性忠勇，敬爱君子而不体恤士卒。出兵前下了一道严令，令麾下将领张达、范强连夜组织人手制办白旗白甲各万套，否则格杀勿论。张达、范强两人领命后面如土色，知性命难保，遂生铤而走险之心，于夜间潜进张飞寝帐，取其首级，顺流而下奔东吴。途中，张飞的首级开始腐烂，发出恶臭，遂抛入江中。张飞人头顺着嘉陵江漂过了巴郡江州（今重庆）进入长江，又顺着长江干流一路东下，漂到了一个回水沱——西界沱。一天早晨，一个叫颜巴郎的西界沱渔夫撑着木筏打鱼，木筏刚离开江岸便不听使唤，始终在江水中打旋。颜巴郎甚是奇怪，正要转身观察水流，一排巨浪突然打来，他一个趔趄跌坐在木筏上，猛然发现木筏上多了一个虬须满面、怒目圆睁的人头。他端详了一下，似乎觉得像某个人，但又拿捏不准，遂送到岸上草草埋入沙土中。是夜，颜巴郎梦见张飞向他诉说阆中遇难始末，谢颜巴郎为其埋首。突然，电闪雷鸣，暴雨倾盆，颜巴郎从睡梦中惊醒。翌日晨，颜巴郎再去寻找张飞首级时，发现埋首之处已被暴雨形成的山洪冲毁，张飞的头颅已不知去向。颜巴郎把整个事情告诉熟人后，当地长者觉得，张飞的头颅既曾埋在西沱，必然遗留灵验，护佑西界沱。遂号召古镇居民捐资投劳，在曾经掩埋张飞头颅的地方修建了一座"桓侯宫"［蜀汉后主刘禅在景耀三年（260）追谥张飞为"桓侯"］，专门祭祀张飞。

秦良玉与酸鲊肉 明万历年间（1573—1620），石砫宣抚使马千乘因开矿得罪太监邱乘云，瘐死云阳狱中，其妻秦良玉依制袭任石砫宣抚使。

秦良玉在运回丈夫尸体途中，接到朝廷"奉诏勤王"旨令。秦良玉就地草草安葬丈夫后，即派遣其兄秦邦屏、弟秦民屏率五千白杆兵先行，她随后自带精兵三千与儿子马祥麟赶赴辽东战场。

在秦邦屏、秦民屏带兵出行后，秦良玉吩咐下去，要求土司府兵快速准备行军食物。管事问秦良玉：“主帅，天气炎热，鲜肉如何运输？”秦良玉说：“做成鲊肉。”下面就将猪肉切小片，和盐拌米面装入坛中密封。

秦良玉带领精兵，在北上大道上的行军途中，队伍扎营准备第二次“打牙祭”的时候，炊事人员向秦良玉报告：“主帅，坛里的鲜肉有酸味，是不是就不蒸了？”秦良玉思索了一会儿，说：“那么多猪肉丢了可惜，你们少蒸一点，看吃了有没有反应。”士兵们吃了酸肉过后，秦良玉注意观察队伍，没有发现有什么不良反应。

队伍继续行进 3 天，打开鲊肉坛，酸味更加浓烈。蒸吃过后，有个士兵抹着嘴巴，意犹未尽地说：“这肉闻起酸，吃起很香，就是少了点。”

秦良玉率领士兵北上勤王，无意间创制出酸鲊肉，成了白杆兵以后外出打仗的必备食物。

石砫士兵在队伍里吃惯了酸鲊肉，回到家后也依样制作酸鲊肉。这样，酸鲊肉就在土家山寨传开，山民们也把酸鲊肉作为招待客人的一种独特肉食，一直流传到今天。

千脚泉的故事 那是在宋朝时期，西界沱已经成为“巴盐销楚”起点。背夫们从西界沱出发，背起一包盐巴，或者其他货物，沿着云梯街缓慢向上攀行走过 1000 多级石阶，到达山顶独门嘴，早已气喘吁吁，大汗淋漓。背夫们都要停下脚步，用打杵支起背夹，歇气喝口水。

住在云梯街上段八角庙附近的谭老先生，就在自家门前的潮湿地掘一口水井，水井掘好后，清澈的井水吸引着过往的背夫，背夫们试着向谭老先生讨水喝，谭老先生笑着说：“没事，随便取用”。背夫们喝水后，向谭老先生道谢，谭老先生总是笑呵呵地说：“不用谢，不用谢，都是地里浸出来的水”。他的脸上荡漾出难得的成就感。

有一年夏天，长时间干旱，不少小溪断流，井水干涸，谭老先生门前的水井却井水满盈，清澈见底。每天早晨，背夫们背起货物，在谭老先生门前喝足水，还将竹筒灌满。

有一天凌晨，一个背夫为了赶早，提前两个时辰背起盐包赶路。当他走到云梯街上段，在朦胧的夜色中，看到有人挑水灌在水井里。他走近一看，挑水的正是掘井的谭老先生。背夫抹着额头的汗水，惊奇地问：“老先生，这井水是您挑来的啊？”谭老先生也抹了一把额头，笑着说：“你们要走那么远的山路，没水不行啊！”

背夫被感动了，他不再急着赶路，等来后面的背夫，将谭老先生挑水灌井的事说了。此事很快在背夫中传开。背夫们齐聚在谭老先生门前，用打杵支起背夹，面对水井，双脚轮换地重踏着地面，嘴里还“呃——呃——呃”地吼着，以表达对谭老先生的敬意。

背夫们一阵吼踏后，不知是谭老先生的善行感动了上苍，还是背夫们的呐喊惊动了地神，水井里的水开始慢慢外溢。这以后，谭老先生不再挑水灌井，井水也是满满的。为了纪念这口奇特的水井，人们将它称作“千脚泉”。

龙眼桥的由来　西沱古镇云梯街始建于北宋年间，成排的店铺均为木结构建筑，在商贸繁盛的背后，时不时会有火灾发生，加之古时候防火设施不配套，给店铺老板带来无限烦恼。

一天，众多老板聚集在茶馆，你一句我一句地讨论着防火的事，忽闻窗那边传来一句：“杯水车薪，远水解不了近渴”。

听到说话，老板们一起转头看过去，只见一位身穿泥色长衣的老者坐在那里。看衣着，那人应该是远道而来的道士。盐商杨老板站起来，对着道士拱手道：“如何防火，请高人指点。”道士说：“蛟龙离不开水，看不见水的龙，哪会安分？”

杨老板走过去，对着道士再次拱手道：“龙在哪里？还望明示。”道士不紧不慢地说：“远在天边，近在眼前。”

“眼前？在哪里啊？”“我们哪个看到龙的？”“您不会是说这条街吧？”老板们对道士的话不敢相信，道士说道：“正是”。

杨老板转向道士拱手道：“请大师不要介意，您已看出端倪，还望指点迷津，消除街道火患。”道士煞有介事地念道：“龙头长江边，龙尾在山巅，配眼寻水喝，火患自然除。”

杨老板问：“配眼？怎么个配法？”道士给杨老板耳语一阵……杨老板走回座位，大声说道：“大师说了，要消除我们街道的火患，需要在街道两边溪沟上建石拱桥”。

听说消除火患，要建石拱桥，老板们又是一阵议论。杨老板沉思一会儿站起来，说：“大家不要议论了。现在已进入冬月，要赶在二月初二前建好石拱桥，时间很紧了。现在愿意出钱的就出钱，钱不够的部分我来垫着……”在杨老板的提议下，到场的 40 来个老板，有 20 多个报名出钱，并当场选出各项建桥事宜的负责人。

建桥事项确定后，老板们分头行动，立即请石匠开工建桥，云梯街两边溪沟上，天天响起“叮叮当当”的手锤錾子凿石声。

来年二月初一，云梯街的石拱桥建成了，人们将其取名为“龙眼桥”。行船至江心，回望盘旋云梯街，两座圆圆的石拱桥，真像龙的一对眼睛。

说来也怪，龙眼桥建成后，云梯街就再没发生过火灾。

西沱言子

在西沱流传着：“南城寺的韦陀——坐起的”“谭家的银子，杨家的顶子，黄家的掟子，不如熊家的药铺子”等言子。

南城寺的韦陀——坐起的 这句歇后语，与秦良玉培修南城寺、塑韦陀金身有关。众所周知，所有寺庙的韦陀菩萨像都是站立的，而在西沱古镇南边的南城寺里，韦陀菩萨却是坐着的。

明朝灭亡后，秦良玉带着白杆兵固守石硅，保境安民，令境内十三大姓分别选险要地点建寨，有警则以箸、帚传令，入寨固守，无警则仍事农耕。她经常带着亲兵到各寨子巡察防务。一天，秦良玉巡察到西界沱的时候，天已接近黄昏，江边一村子里鸡鸣狗吠，哭声震天。秦良玉立即策马冲进村子，发现是张献忠部队的数百名乱兵，趁着黄昏到村子抢夺百姓的财物。乱兵们见名将秦良玉来了，纷纷夺路而逃。乱兵头目见秦良玉年已古稀，且仅有十余名亲兵相随，遂大声吼道：“跑什么？几个女流之辈都把你们吓成这样，你们手上的东西是拿来吹火的吗？”于是，督促乱兵们返身列阵，将秦良玉和她的十几个随从亲兵团团围住。秦良玉临危不乱，指挥亲兵与乱兵拼杀。终因寡不敌众，秦良玉的亲兵伤亡殆尽。秦良玉虽年老力衰，但凭借自己高超的武艺，拖着年过七旬的病躯，在重围中与乱兵苦苦搏斗。突然，一位秦良玉并不认识的青年将军，从天而降，身披铠甲，手执长杵冲杀乱兵，所向披靡，乱兵死伤众多，未死的落荒而逃。秦良玉乘势追杀到南城寺附近的江边，见天已黑尽，遂停止追击，到南城寺借宿。进入寺中，猛然间看到寺中的韦陀塑像酷似刚才营救她的青年将军。再一细看，韦陀塑像还汗水淋淋，手执的长杵上也还有鲜血。秦良玉立即意识到，刚才营救她的青年将军，是韦陀菩萨显灵，遂行叩拜礼，许愿重塑金身。

后来，秦良玉捐资培修南城寺，看到站着的韦陀菩萨很辛苦，就把韦陀菩萨改塑成坐姿，还塑为金身。

谭家的银子，杨家的顶子，黄家的掟子，不如熊家的药铺子

在西沱还流传着另一句言子："谭家的银子，杨家的顶子，黄家的掟子，不如熊家的药铺子"。这句言子，说的是西界沱的四大望族。

谭家的银子 谭姓在石柱县是人口最多的姓，在西沱亦是人口最多的姓。谭姓不仅人多，而且地主、富商也多。谭氏族谱载："本是元朝帝王家，洪兵赶散入西涯……"西沱谭姓大部分是蒙古族王爷的后裔，元末朱元璋、陈友谅、张仕诚等农民起义军将中原及部分江南之地占据，在南方为官的蒙古王族无法北撤回蒙古，无奈之下潜入各地深山隐居，改名换姓（随当地土著户姓谭）。谭氏隐居西沱时，携带有大量金银，定居后即广置田土，成为西沱最为富裕的家族，故在西沱流传着"谭家的银子"之说。明弘治十四年（1501），西沱境深溪场祠堂的三房始祖谭京礼捐出自己的部分土地兴建宝胜寺，后以其位于云梯街南边而改称南城寺。

杨家的顶子 清初"湖广填四川"，杨氏家族移民到重庆璧山。数代后，游方郎中杨文金（号长霖）行医到西沱，在东华街永茂祥商号隔壁买房定居，开医馆悬壶济世。杨文金擅长骨科，与当地杏林世家——熊家相交甚笃。在西沱行医时，杨文金救治了不少背盐巴的背夫，在与背夫的交谈中，杨文金发现从事盐业经营的巨大利润，遂投入毕生的积蓄，在江边购买约500平方米的土地修建仓库，在行医的同时，从事川盐转运和批发生意，取名润德堂。由于地处云梯街下端江边，西沱人俗称下盐店。杨家在西沱行医和开设下盐店时，颇受当地士绅排挤，即使在"禹王宫"入股也难以改变状况，杨家的盐船不能在云梯街码头停泊卸货。鉴于此，杨文金只得在江流湍急的马尿溪江岸自己修建杨家码头，专为从自贡来的盐船停泊卸货。

杨文金共育六子。在一次盐船停泊过程中，由于江流太急，盐船不慎沉入江中，在船上点检盐货的长子和次子掉入江中，杨应玑被兄长救起，而其兄在返回江中抢捞账本时溺水而亡。经此丧子事故，杨文金深感商场险恶、艰辛，遂倾尽全力，鼓励余下五子苦读诗书谋取功名。次子应玑受丧兄之事刺激，努力苦读考中贡生，宣统元年（1909）

任四川省谘议局议员，民国初年任四川省议会议员。另一子应昭中廪生。兄弟二人皆考取功名，在清朝时的西沱尚属首家，这使杨家的政治地位大为提升，不再受排斥，乡民用“杨家的顶子”表达对杨家的敬畏。民国时期，西沱有杨姓地主、巨商。女画家杨光素，也是杨文金后裔。

黄家的掟子 明末，西沱黄姓的远祖黄瑞球从广东嘉应州移民到西沱定居，经数代繁衍，渐成大族，虽人口众多，但普遍贫穷，粗鄙少文，颇受其他大族歧视。20 世纪 20 年代，黄瑞球的后裔黄和鸾加入袍哥礼字号，成为大爷，借用帮会的力量震慑他族，保护同族。

黄和鸾性喜热闹，红白喜事皆喜欢吹吹打打。为培养同族子弟，筹资购买整套锣鼓、唢呐，延师教习子弟，每逢家族内红白喜事，族内子弟自己能凑几套班子，吹的吹打的打，热闹程度不比大户人家差。在农历三月初三西沱求雨仪式上，黄和鸾召集族人编成水龙，从云梯街码头一直舞到独门嘴，再舞到南城寺的龙王殿，颇受民众欢迎，纷纷向水龙泼水。20 世纪 40 年代，黄和鸾的亲妹妹远嫁河嘴银杏堂芭蕉滩时，黄和鸾选定 80 位未成年的族内子弟组成队伍，号称童男童女，由家族子弟自吹唢呐、敲锣鼓。黄和鸾则装扮成赤脚大仙的样子，手持蒲扇，当押礼先生，沿着巴盐古道吹吹打打，引得无数路人驻足而观，大家都觉得热闹、新奇。黄和鸾一路炫耀：“西沱黄家，别的没有，就是有人。”

黄和鸾作为袍哥大爷，收入日丰，渐渐富裕，遂开食店，一方面接济拜码头的袍哥，一方面希望开店营利。他见西沱街上有人的店名叫“开一天”，就开玩笑说：“他叫‘开一天’，我再啷个都要比他多开一天。”遂将所开食店取名为“开两天”。黄和鸾为人豪爽大方，但不会经营，加之朋友满天下，闻讯而来的袍哥太多，皆免费招待，食店开张两天，就严重亏损，不得不关门大吉，真的成了“开两天”。

在旧时的西沱，有钱有势者常仗势欺人，贫穷无势者常受欺负。黄家因有袍哥大爷黄和鸾坐镇，虽然钱不多，但人多势大。若黄家族人被哪个不开眼的人欺负，黄和鸾只要站在街头一吼，黄姓族人便蜂拥而至，一些袍哥会兄弟也闻讯而来，站满大半条云梯街，对方大多数时候都会心胆俱寒，磕头告饶。因此，有“黄家的掟子（拳头）”之说。

熊家的药铺子 西沱熊姓原籍江西省南昌府丰城县，清初迁至西沱定居，经营药材贸易，兼行医道，家资日丰。1841 年，熊文谟设立熊长兴大药房，以家族子弟为学徒和伙计。熊氏医术高超，大药房生意兴隆，积累了不少财富。熊氏有医者仁心，时常解困济贫，为部分穷人减免医药费，因此，熊家的声誉比西界沱其他大姓更好。清同治九年（1870），长江洪水暴涨，沿江农田被淹没，西沱水位到了鸭子凼禹王宫门外；清光绪二十四年（1898）大旱，田土龟裂，禾苗枯萎，灾情严重；1914年，天旱无收，百姓以野菜树根为食，全家逃荒者甚众。在这几次自然灾害中，熊氏族人号召西界沱诸商家，筹集善款，赈济灾民，并以熊长兴大药房的名义，独自施粥施药，赢得了西沱民众的赞誉。1914年熊长兴药房和黄昌源号等西沱商号联合出资重建张飞庙后殿。熊长兴药房还将药房对面的熊家私人产业捐献出来，兴办江西熊家会馆，作免费接待江西同乡之用。

西沱熊姓人才辈出，以民国大律师、云阳县县长、石砫县县长熊福田，侍从蒋介石父子40余年的名医熊裔盛（号丸，熊福田之子），现代歌唱家熊盛华（熊福田之女）最为著名。熊家后人成为工程师、名医、艺术家的数不胜数，西沱熊氏堪称望族。“谭家的银子，杨家的顶子，黄家的掟子，不如熊家的药铺子”的言子，说的是熊家在积累了大量财富的同时，积极参与社会公益事业，救助了大量的贫苦人家和盐运背夫，逢灾必赈，造福一方。

媒体宣传

1985年，重庆建筑工程学院、西南建筑设计院的专家到西沱镇考察后，在《建筑》杂志（1985年第五期）发表学术论文《民居——创作的泉源》，评价西沱镇民居“集思想、功能、地形、空间为一体”。

1988年10月和1999年9月，重庆市环境保护文化遗产战略规划项目的美国专家盖蒂，艺术人文科学研究所研究员戴蓓岚，英国伦敦大学学者、人文考古学家蒙哥妮和重庆市文物局副局长王川平，市博物馆馆长刘豫川，市文物处处长邵卫东，市文物专家吴涛、陈祖林、徐惠在西沱镇云梯街考察后，十分感慨在长江三峡库区中唯一的土家族地区现在竟然还保留有如此完好古建筑群的古镇，认为其有重要的艺术价值、学术价值、历史价值。

1993 年 4 月 9 日，中央电视台编导杜隶华带领摄制组一行 5 人来到西沱，拍摄专题片《万里长江上的一颗新星——西沱经济开发区》。同年 7 月 22 日至 27 日，专题片在中央电视台连续播出，西沱云梯街初次展现在全国人民眼前。同年，中央电视台专程到西沱镇拍摄《奇石雄柱》风光专题艺术片，并在一、二、四、八频道用中英文播出，引起国内外不少建筑学、考古学专家的重视。

1995 年，美国教授和北京建筑工程学院教授南舜薰到西沱镇考察后，美国教授欣喜若狂地认为在西沱镇找到了商业经济是古代城镇起源的典型，而西沱镇的兴起比西欧城镇的兴起要早得多，商业城镇的真正起源应在中国，并将西沱古镇云梯街作为范例纳入他讲授的中国古代城镇课中。

2011 年 4 月 25 日，中央电视台拍摄西沱古镇。

2011 年 12 月 16 日，中央电视台俄语频道采访团到西沱云梯街专题采访。

2013 年 4 月 1 日，西沱古镇网守望团队发起的历史场景再现——“巴盐古道情茶山篇”拍摄行动，组织背盐队、采茶队到万州新乡镇聚缘川秀茶叶有限公司的茶厂实地拍摄，石柱电视台亦到现场跟踪拍摄《巴盐汉子》，并于当月 10 日 20:00 在石柱电视台首播。同月 18—19 日，广东人民广播电台新闻部记者董兵、杨和平专程到西沱采访拍片，详细了解西沱古镇的人文地理等。同月 20 日，重庆市作家协会 60 多人到西沱古镇采风。同月 23 日，电影“黄连有点甜”剧组到西沱云梯街开拍。

2013 年 5 月 20 日，大型公益电影《山间传来牛铃声》在西沱镇云梯街正式开拍。

2013 年 7 月 12 日，3 张西沱古镇照片选定为中国邮政邮票图案，2 张西沱古镇照片选定为电话话费充值卡封面，1 张西沱古镇照片选定为邮政明信片图案。

2015 年 9 月，中央纪委监察部摄制组到西沱、石柱等地拍摄《执干戈以卫社稷》专题片。2016 年 2 月 2 日 8 时 30 分在中央纪委监察部网站发布，片长 15 分钟。

2016 年 11 月，台湾《大陆寻奇》摄制组到西沱拍摄《古镇西沱》电视专题纪录片。

2017 年 2 月 14 日，中国中央电视台第四套中文国际频道播放《记住乡愁》第三季第 29 期节目《西沱古镇——与人为善》，片长 30 分钟。

2017 年 4 月 18 日，北京大地飞歌影视传媒股份有限公司“美丽中国”石柱篇摄制组到西沱、石柱等地拍摄微电影《桃花渡》，8 月 9 日在石柱首映，片长 30 分钟。

2017 年 8 月 18 日,《中国影像方志》摄制组到西沱等地拍摄《中国影像方志 · 重庆卷石柱篇》。2020 年 9 月 17 日在中央电视台科技教育频道播出，片长 40 分钟。

2018年4月2日、3日，中央电视台科技教育频道《探索发现》栏目播出纪录片《巴盐》，该片许多镜头拍摄于西沱镇。

2018 年 8 月 14 日，应重庆西界沱古镇文化旅游开发有限公司的邀请，重庆日报报业集团的专业拍摄人员一行到西沱古镇的熊家大院、西沱历史文化展馆等地取景拍摄《西沱古镇 · 前世今生》的旅游宣传片，片长 4 分钟，以一个寻梦的故事，展示西沱古镇的历史文化、民风民俗、优美风光，向广大游客全方位推介西沱古镇。

西沱古镇 谭红建 摄

人物

西沱地处江滨，一代代英俊才子，在长江的哺育下茁壮成长。绵延的方斗山将其神秘的禀赋赋予一代代西沱人。

传记

秦伯卿（1898—1930） 男，原名秦正树，清光绪二十四年（1898）出生于四川忠州（今重庆市忠县）石宝寨一个家资殷实的清末“捐廪”家庭。1914年留学日本，与李大钊、王右木等人交往，逐渐接受马克思主义。1920年回国，在成都与杨闇公等人组织“马克思主义研究会”，传播马克思主义。1922年10月，加入吴玉章、杨闇公组织的“赤心会”“中国青年共产党”。1926年转为中国共产党党员。

1924—1925年，秦伯卿受吴玉章等人派遣，先后任国民党川军杨森部督理署、司令部秘书。1926年10月，任国民革命军二十军党代表及军党部秘书。1928年，中共四川省委指示秦伯卿与中共万县县委共同策划万县兵变，欲建立川东苏维埃政府。因叛徒告密，兵变失败，秦伯卿潜回石宝寨。7月，秦伯卿与吴逸僧、牟苐苏、谭蜀贫等人发动群众，组建“平民革命军”，秦伯卿任司令。当时驻忠县的国民党滇军方化南旅妄图镇压平民革命军，秦伯卿得知后率部转移到石砫县方斗山、七曜山一带打游击。

1929年8月3日，秦伯卿指挥平民革命军分三路进攻，击溃盘踞西界沱的谭楹安团防队。8月9日，平民革命军在西界沱码头设伏，截获国民党中粮公司运往宜昌的40多吨大米，大部分分给西界沱的群众。

1930年7月30日，中共四川省委执行中央下达的“饮马长江，会师武汉”的“左”倾战略方针，决定让平民革命军与1930年7月29日成立于忠县黄钦坝的四川工农红军第三路游击队（以下简称三路红军）会师东进鄂西，与中国工农红军第二军团（以下简称红二军团）会合，然后再前往攻打武汉，并任命秦伯卿为三路红军副总指挥。秦伯卿立即率平民革命军攻打西界沱，击溃西界沱杨晓臣的团防大队，分兵扼守西界沱周边的尖山子、黄桷岩、江家岩、沿二山等高地及江岸沿线，为三路红军渡江扫清障碍。

1930年8月8日清晨，部队由独门嘴出发，沿沙塝子、黄桷岩、斜石板、秦家垭口、四楠垭口一线，翻越方斗山上的楠木垭，于8月11日抵达王家乡的铁鞭槽、娇山坡等地。国民党军陈兰亭部张晓平团乘红军休整，调集附近石家、王家、临溪等乡镇的团阀武装，四面合围铁鞭槽、西乐坪一带。8月14晚，秦伯卿得知三路红军在休整之时已被敌人包围，一方面立即派人到黎家坝给“八德会”（农民起义武装，割据在石砫县黎家坝，常与平民革命军联合御敌）送信请求支援，另一方面报告总指挥李光华，积极布防应战，将部队收拢到西乐坪一带。8月15日拂晓，张晓平团在王家泰团队的引导下，从石家坝菱角塘向西乐坪南边发起进攻，红军与敌人在王家坝西乐坪激战，终因武器低劣，弹药不足，伤亡惨重，总指挥李光华重伤被俘（后被杀害于丰都县城）。危急时刻，距西乐坪数十公里的八德会军师李南宾率左路军数百人从黎家坝赶到西乐坪，在包围圈上撕开一条口子，秦伯卿率余部2000余人突出重围，转移到“八德会”根据地黎家坝。中共四川省委决定解散三路红军，余部返回梁山县（今重庆市梁平区）开展革命斗争。

1930年10月初，秦伯卿带着随之突围的原平民革命军队员及八德会数十人，回西界沱的胡家大湾组建人民自卫军。中共西界沱支部的熊明炳、李叔昭、任正炳、梁国华等人闻讯后，率领隐蔽在西界沱山区的平民革命军战士聚于胡家大湾。中共西界沱支部的金玉凡动员西界沱20余名群众加入人民自卫军。吴逸僧亲率数十名忠县青年学生加入人民自卫军。西沱、鱼池、石家、黄水、双河等地的贫苦青年亦纷纷加入人民自卫军，队伍很快发展到500余人，秦伯卿任司令。数日后，中共四川省委决定将人民自卫军更名为共产军。共产军以胡家大湾为根据地，在方圆数百里内开展游击斗争，所到之处广泛宣传中共打土豪、分田地的政策。声威震动川鄂边区，四川军阀刘湘急令驻屯万县的川东“剿匪”总指挥王陵基加紧镇压。王陵基派师部参谋长王万象充任石砫、忠县、万县三县边区团务委员会督练长，坐镇西界沱，督促协调三县边区各路团阀武装加快训练，伺机“围剿”共产军。1930年10月下旬，王万象在警卫班的护送下，从万县乘船抵达西界沱。秦伯卿派中队长李叔昭、熊明炳带领一百多名熟悉西界沱街道地形的共产军战士组成突击队，击毙王万象。王陵基急令国民党武装，连夜乘船赶到西界沱准备“围剿”。共产军大部队转移到方斗山、七曜山的深山中。秦伯卿率部在方斗山、七曜山，以及湖北省利川县箭竹溪活动，击毙作恶多端的保安团团总陈三杰和匪首秦天池，缴获大量枪支，收编其人员，部队增至1500余人。

1930年11月30日，中共四川省委派牛大鸣到胡家大湾，传达省军委对共产军的整编决定，宣布共产军改编为四川红军第 56 师（以下简称红 56 师），秦伯卿任师长，吴逸僧任政委，潘元楷任参谋长。整编后的红 56 师辖 3 路军，各军按三三制分设大队、中队。旋即接到中共四川省委制定的《剿匪工作大纲》，在执行过程中，领导层发生严重的意见分歧：以秦伯卿为首的一部分人认为要坚持统一战线，团结一切可以团结的力量，先壮大革命队伍，慢慢教化引导；以吴逸僧为首的一部分人认为要整肃队伍，纯洁组织，清除思想不纯正的匪兵游勇。两帮人各持已见，相持不下，开始内讧兵变。最终导致吴逸僧、吴季霞带领李叔昭、熊明炳、任正炳、梁国华、严觉生等一大批干部脱离军队，返回地方继续从事地下工作。

在红 56 师内部裂变之时，军阀刘湘调集人马，妄图一举全歼红 56 师。值此内忧外患、大军压境之时，秦伯卿临危不乱，一方面充实调整部队干部，稳定军心，另一方面布置伏兵，在西沱境朱家槽击溃最先到达的罗启疆部。随后率部在方斗山、七曜山与敌周旋，避其主力和锋芒，击其小部和辎重。国民党军队望着莽莽群山，始终难以与红 56 师正面作战，数日后，红 56 师跳出敌人的包围圈，进入湖北省利川县境。军阀王陵基见秦伯卿的部队已成气候，难以剿灭，遂派说客往晤秦伯卿，许以旅长之职，劝其投降，被秦伯卿严词拒绝。湖北军阀徐源泉原是秦伯卿留学日本时的学友，亦托人送信，许以师长之职，愿收编其部。秦伯卿嘲讽道："王陵基许我旅长，徐源泉许我师长，改日蒋介石要提我当军长了，通通见鬼去吧！我秦伯卿生是共产党的人，死是共产党的魂！"

1930 年 12 月 7 日，中共下川东特委书记苏幼农向秦伯卿传达中共四川省委关于红 56 师东进鄂西，与红二军团会合的指示。秦伯卿遂率部迂回东进，历经利川、龙山等县，沿途收编了"神兵"瞿廷部，并与从国民党军中哗变出来欲投奔贺龙的张范成、甘占荣部同行。12 月 20 日，部队到达湖北省鹤峰县境，经三路军政委张东碧（原本是贺龙派往红 56 师的联络员）与红二军团联系后，奉令移驻五里坪接受整编。红二军团派独立团副团长文南甫率数名政工干部赴五里坪，议定将红 56 师及张、甘二部合并，改编为中国工农红军第二军团第三路军。27 日，甘占荣的兵痞习气暴发，酒后杀害两名军团派驻的政工干部，部队哗变。秦、张两部闻讯后，配合红二军团将甘占荣部剿灭。28 日，秦、张二部主动将枪支送交红二军团，以表明接受整编的诚意。是时，秦伯卿亦深悔未听从吴逸僧整肃部队、纯洁组织的意见，以致招来如此大祸。红二军团中夏曦等少数坚持"左"倾路线的军团干部一直坚持肃反扩大化，不听贺龙、张东碧等人劝阻，视秦、张二部为土匪武装，决意清除。夏曦以开会为名，在会场将秦、张二部大队长以上的干部30多人扣押，于1931年1月1日将秦伯卿等人冤杀。临刑前，秦伯卿高呼“中国共产党万岁！”中共十一届三中全会后，秦伯卿的冤案得以平反昭雪。

谭定清（1884—1931） 号槐轩，字星白，笔名守白居士，民国时期川东艺术名家，西界沱首位艺术家。1884年生于西界沱云梯街（泰和号大宅院）。谭家本来祖业殷实，但到了谭定清的父辈，家境渐贫。谭定清12岁时丧父，稍长，在其叔父帮助下接手家中生意，仅数年，使一度破落的谭家走出困境，且生意越做越大，利润丰隆，富甲一方。1904年，娶西沱街上熊长兴大药房的大小姐熊荫萱（熊福田的大姐）为妻。

谭定清从小爱好书画。清光绪三十二年（1906），至忠县拜清代著名国画大师杨裕勋（字建屏）为师，潜心钻研书画艺术，书画造诣日深，成为当时西界沱唯一的书画家。1908年，为将书画艺术发扬光大，谭定清在西沱街上创办榕荫书画馆，吸聚了不少社会名流和艺术名家前来切磋研讨，同时教授孩童习文作画。1919年，谭定清担任西界沱团总。不久即卸去团总职务。后游历土家山寨，精研土家吊脚楼建筑艺术，成为远近闻名的吊脚楼设计高手。1921年，谭定清遭土匪绑架勒索，祖上遗留的许多贵重财物被洗劫一空，还被迫支付了巨额赎金。为躲避匪祸，谭定清带领一大家人数度到忠县顺溪等地避难。由于匪患频繁，加之早有迁居江浙之心，遂于1922年夏携带家小东迁南京，安排长子梓安、次子杞安等孩子进入南京高等师范与东南大学合办的实验小学（东大附小）后，继续研习碳粉画像、临摹汉碑，并通过四川会馆同乡交流活动，结识了在南京读书的忠县人陈孟仁及其他社会名流。

1924年，江浙战争爆发，为躲避战乱，谭定清无奈之下举家迁回西界沱，被聘为忠县中学图画教员。其后几年中，谭定清积极兴办教育，创办西沱新学并担任校长，还协助友人黄笔生在万县创办了民生女子职业学校。1931年12月26日，谭定清因肺结核医治无效与世长辞，年仅47岁。

由于民国时期时局动荡，谭定清创作的大量字画题刻作品不断流失，传承下来的寥寥无几。谭定清育有五子（谭梓安、谭杞安、谭植安、谭枢安、谭楠安），除谭植安20岁早亡，谭楠安年幼丧父缺少家庭培养外，余皆或为艺术名流，或为金融人才。

附：谭氏兄弟

谭梓安（1907—1945），谭定清长子，1907年生于西界沱云梯街，擅画，尤精金石篆刻。谭杞安（1910—2005），谭定清次子，1910年7月16日生于西界沱云梯街。谭枢安（1916—2007），谭定清第四子，1916年4月18日出生于西界沱云梯街。三兄弟童年时期在其父自办的榕荫学馆读书，因家中屡遭土匪抢劫，其父曾被绑票勒索，于1922年夏随家人迁居南京，梓安、杞安、枢安三兄弟入南京高等师范与东南大学合办的实验小学（东大附小）读书，接受爱国主义教育。一年后，梓安升入该校初中部。1924年，江浙战乱，三兄弟随家人迁回西界沱，梓安、杞安入忠县中学读书，枢安在西界沱上小学。忠县中学的教员黄钧尧系中共地下党员，在校创办学行厉进会，其核心组织是“六字社”（对外以“大学之道，治国平天下”为幌子，实则以“促进国民革命”为口号），梓安、杞安均为六字社成员，此期间与朱芳淮（中共党员，化名朱挹清，解放前夕任中共川东涪陵、长寿、垫江、邻水等五县中心县委书记）结识，成为好友。江浙战乱平息后，梓安又到南京入美术专业学校习国画，本应三年毕业，仅用两年即毕业，应陈孟仁之邀到新办的忠县东区中学任教，杞安随兄入该校补习。1928年，梓安新婚后奉父母之命到上海中华艺术大学插班学习西洋画，杞安随兄到上海入大夏大学预科班。梓安仅用一年时间就拿到毕业证书，仍回忠县东区中学任教。杞安留在上海继续学习，在预科班结识高年级学生朱择淮（朱芳淮的侄子，亦是中共党员），朱择淮常为杞安补习功课，使其在预科一年后顺利考入上海光华大学政治系。

1929年，朱芳淮在丰都县暴露身份后遭敌特追捕，逃到忠县东区中学梓安处避难，谭梓安送其到西界沱泰和号匿居数月，后又资助路费让其潜往上海，在光华大学找到杞安，随后又找到朱择淮及党组织，在上海开展地下工作。1931年12月，杞安奔父丧回到西沱。家有新丧，且为了还债，杞安只好放弃上海的学业，到忠县东区中学任教。两年后，债已还清，梓安、杞安两兄弟受重庆川康殖业银行襄理的何廼仁（任忠县征收局局长时彼此结识）相邀，同入银行，梓安任文书，杞安到会计股学记账，其间与赵忍安（后为中共党员）同住一室。1934年，枢安在忠县中学初中毕业，入新办的重庆建设银行当练习生，三兄弟都在重庆的银行打工。

1935年，梓安因与朱芳淮交往甚密，被国民党当局疑为共产党员，将其逮捕入狱，在狱中8个月，遭受敌特酷刑逼问，在其舅父熊福田的斡旋下，于1936年无罪释放，但身体受到极度摧残，从此百病缠身。1940年，出任成都植物油厂办事处主任，又因办事处职员车某偷盖梓安私章挪用公款挥霍，致梓安赔款2000银圆后，调回重庆总厂任秘书。1943年辞职还乡养病，1945年冬，梓安病重，在杞安陪同下于12月28日坐木船回乡，上船不久即咽气，终年38岁。梓安擅画，犹精金石篆刻，惜乎英年早逝，才华未曾大展。

1935年，杞安调上海川康分行。1936—1943年，往返于蓉、渝两地，先后任四川省建设厅二等二级科员、四川省蚕业推广委员会（建设厅的附属企业）科员、四川桐油公司会计主任（兼职）、华西日报印刷厂总务主任兼会计（兼实用美术公司经理）。1944年，受吴晋航之邀，由蓉返渝，到和成银行任信托部主任，兼重庆仓库业工会主席。1946年冬，受吴晋航指派，到香港做和成银行有关国内外联络的工作。王达非以利昌公司业务为名到香港，实则是找中共华南局恢复组织关系。因王达非恢复组织关系后急于离港，遂把四川方面秘密联系的有关工作交给杞安，并介绍杞安与中共华南局的联络员结识。杞安每周定时定点与中共华南局的联络员见面，汇报王达非传来的有关四川方面的情报。中共华南局指引杞安参加民主党派，尽力为中共做一些工作，杞安于1949年秘密参加民主建国会。中华人民共和国成立后，赵忍安作为代表公股的董事进驻和成银行，升老友杞安为和成银行广州分行经理。1950年9月，杞安到广州任职，并以民主建国会会员的身份参与筹备广州市中国民主建国会，筹建完毕后任常委委员。1952年“三反”“五反”后，银行公私合营，杞安任广州合营银行副经理。曾写过入党申请书，因家庭成分未能批准。1956年，中国人民银行储蓄部与公私合营银行合并，杞安任银行副经理兼储蓄部副主任。翌年取消公私合营，仍任人民银行储蓄部副主任。1962年，调任工商业联合会副秘书长兼办公室主任。“文化大革命”中，曾被错划为资方代理人，接受审查，停发工资（只发20元／月的生活费），直至1970年才恢复工资，1979年2月才正式恢复银行职工身份。之后曾被选为广州市中区人大代表，第二届至第七届政协委员，1981年被选为广州市政协常委。1984年辞去民主建国会常委职务，任顾问。1986年批准离休，仍担任市政协常委，1988年改任政协历届委员联谊会会员。1990年，完成《谭氏族谱》编修。2005年1月去世，享年94岁。

1936年，枢安在重庆建设银行工作期间，加入重庆青年口琴队，参加爱国宣传活动，并逐渐接触到革命人士和革命理论。1937年，参加怒吼剧社街头演剧队，并秘密参加重庆救国会，1939年加入中国共产党。之后在重庆、上海等地作地下工作。1949年年初，接受新任务，化装成商人经武汉通过敌占区封锁线到达开封解放区，到中州银行工作（后改人民银行）。是年5月20日随南下大军解放武汉，任中国人民银行中南区行会计处第一副处长。1949年11月下旬，西界沱解放，谭枢安致信西沱乡，将其西沱街上鱼市口的房产及财物全部交给农会。1955年，中南区行撤销后调入中国人民银行总行，历任中国国际贸易促进委员会对外贸易仲裁委员会委员、中国国际金融学会理事、中国人民银行财会司司长等职，2007年去世，享年91岁。

熊明炳（1906—1932） 男，清光绪三十二年（1906）出生于西沱镇一中药材小贩家庭。1927年就读忠县东溪中学，参加“马克思读书会”。由中共党员吴逸僧、牟第荪介绍加入共青团，不久入党。秋季，受中共忠县东溪区委委派，回西界沱开展党的工作，与任正炳等人组建西沱党支部，任组织委员。冬季，接受组织委派，以亲戚关系打入石砫县第六区谭楹安团防大队，任第三中队长。年末，熊率团防三中队投入“平民革命军”，编为二中队并任中队长。

1929年8月3日，熊明炳随“平民革命军”袭击谭楹安团防队，将其一举击溃。9日，熊明炳率二中队在西沱长江边截获国民党中粮公司米船，将缴获的40多吨大米分给群众。

1930年8月，“平民革命军”与第三路红军游击队向鄂西开拔，途经王家坝西乐坪时，与国民党军张晓平团及王家泰团防队激战，熊明炳所率中队被冲散，遂潜回西沱，秘密开展党的工作。10月初，熊明炳带领西沱党支部动员的40多人和三路红军游击队疏散时隐藏的20多支枪参加共产军，任第二中队长。二中队在袭击西界沱“万寿宫”的战斗中，击毙石砫、忠县、万县三县边区团务委员会督练长王万象等人。10月中旬，熊任共产军第一路军三大队大队长兼司令部警卫营长。

1931年1月，李叔昭叛变，熊明炳被捕，关押在万县，受尽酷刑，未泄露秘密。后与狱中人员精诚团结，集体越狱成功。6月，熊化名刘地才，到忠县后乡发动群众，组织武装暴动。在一次集会中，被当地民团包围，为掩护其他人脱险，他顽强抵抗，在弹尽无援的情况下被俘，被送往忠县监狱，在严刑拷打之下视死如归。

1932 年 3 月，熊明炳被忠县县长范绍淹杀害于忠县长江边，年仅 26 岁。

秦万鑫（1907—1950） 男，清光绪三十三年八月八日（1907 年 9 月 15 日）出生于西界沱一中医世家。半岁丧父，9 岁丧母，依婶娘生活，小时读过 5 年多书。11 岁去忠县石宝寨李永亨药铺当学徒，后继续帮工。其间，参加了秦伯卿领导的革命活动和武装斗争。1928 年由吴逸僧发展为中共党员。1929 年去万县一家药店当店员，与同在药店的西沱人、中共党员谭倬安等一起活动。1931 年与万县丝厂一女工结婚，次年，夫妇一道返回西界沱，初以挑杂货担谋生，后在朋友帮助下，赎回祖业“四时春”药铺，行医卖药。1935 年，谭倬安回西界沱建立中共地下党支部，秦万鑫为支部委员。

1940 年秋，西界沱地下党支部奉中共石砫县委书记廖方村的指示，发动党员和基本群众筹资，于 1941 年 2 月租用盐店对面临街房，成立经营米粮、油、盐的“和成字号”，为党筹集活动经费，安置掩护党的干部，负责忠县、丰都、石砫、万县边区党组织的交通联络。秦万鑫任和成字号经理，与店伙计 3 人起早贪黑，艰苦创业，业务发展较快，经营的项目增加到桐油、山货、药材、棉纱等，经营范围由西界沱、万县扩大到重庆、自贡、利川、恩施、龙山等地，店伙计增至 10 余人。1944 年年初，“和成字号”扩大，迁至平街店房，在原址增办“永成字号”。1946 年 8 月，开办“和成字号”学校，免费招收党员、职工、贫困户的子女入学，传播革命思想，进行革命教育，为革命事业培养人才。“和成字号”的不断发展壮大，引起反动派的注意，国民党西沱区分部书记谭子麟等人，不断密报“和成字号”是共产党的机构，军警特务不时前来寻隙捣乱。1948 年春，万县保安司令部派一个营进驻西界沱，设立“万忠石三县联防办事处”，保安副司令杨晤依住进“和成字号”。为应付这一严峻局面，秦万鑫等人一面做离任县长熊福田的工作，熊福田公开出面为“和成字号”担保负责；一面与杨晤依及其随员周旋，以融洽彼此关系，杨晤依认为秦万鑫等人确是正经商人，“和成字号”得以化险为夷。后根据敌情变化，秦万鑫等人进一步与熊福田商定，由熊出面于 1949 年正月，将和成字号、永成字号、同济盐号和南宾垦殖社联合为“同福字号”，由熊福田当总经理。利用这种合作形式和熊福田等人的地位作掩护，使“和成”“永成”站稳脚跟，直至西沱解放，共坚持 9 年地下革命斗争，历年为革命提供经费总计在 10 万银圆以上。1949 年，“和成”“永成”两号共有职工 27 人（其中党员 7 人），资金积累达到 12 万银圆。

1949年11月西沱解放后，秦万鑫在中共西沱区委领导下，先后参加接管旧政权、支前征粮以及抗美援朝动员参军、捐献等工作。1951年9月2日，秦万鑫因病逝世，终年44岁。

熊福田（1889—1964） 男，曾用名佛恬，学名德树，号兰陔，清光绪十五年七月二十九日（1889年8月25日）出生于西界沱一世代行医家庭。6岁丧父，在叔父资助下读完私塾。稍长，到重庆完成初中、高中学业。宣统元年（1909），在重庆实习商贸未成，寄寓忠县，由高中同学吴恩洪（同盟会员）介绍加入同盟会。之后回西界沱随叔父学医，医术渐精。民国元年（1912）2月，忠州军政府司令吴洪恩率第三营攻入石砫厅城，推翻原石砫厅捕役领班、袍哥大爷李瑞庭自立的石砫厅军政府，3月设石砫厅知事公署，邀熊福田出任典狱官。袁世凯就任中华民国临时大总统后，辛亥革命的胜利果实被窃取，熊福田遂辞去典狱官之职，在亲友资助下，与吴洪恩一道东渡日本寻求救国之道。到达日本后，先后考入日本早稻田大学医学系、东京明治大学政治经济法学系。在日本留学期间，经吴洪恩介绍加入孙中山领导的中华革命党，后又加入中国国民党。同时，与吴玉章结识，在日本各地宣传革命思想，筹措革命活动经费。1915年7月毕业归国，先在忠县存左学堂教书。次年去成都，任教于共和大学。向学生讲解孙中山先生的“三民主义”理论，传播革命思想。1917—1925年，先后任四川省议会秘书长、四川省高等审判厅推事兼民一庭庭长、成都地方检察厅检察长等职。同时，在四川国立法政学校、私立志成法政学校、四川国立师范学校兼任讲师，并与熊克武、但懋辛、高宗尧等老同盟会员结识。1924年，四川军阀杨森进驻成都督理四川军务，因熊福田于1922年曾替熊克武草拟过声讨杨森的电文，被杨森撤销庭长职务，贬为泸州高二院监督推事，熊福田辞官不就。不久，四川军阀刘湘讨伐杨森，任命熊福田为统筹处秘书。杨森被逐出四川后，统筹处撤销。经过此事，熊福田产生脱离官场、投身律师事业的想法，于1925年移居重庆，在重庆南纪门开设律师事务所，被推举为重庆律师公会评议员和律师协会主席，兼任“川盐”“美丰”等8家银行和商号的法律顾问，并在重庆女子师范大学等11所大、中学校讲授法律等课程，人称“熊大律师”。

1928年10月1日，中共四川省委机关和团省委机关遭敌特破坏，代理四川省委书记张秀熟、池望秋等20余名同志先后被捕，国民党当局欲通过法院审理置他们死地。为解救被捕的中共地下党员，吴玉章聘请熊福田为辩护律师。熊福田一贯拥护孙中山“联俄、联共、扶助农工”三大政策，在日本留学时曾在明治大学参加“马克思读书会”，对共产党的革命主张甚为赞同，对蒋介石的倒行逆施甚为愤慨，置白色恐怖于不顾，毅然承诺为共产党人辩护。法官遂判无罪。庭审完毕，熊福田分文不取，获释后的张秀熟等人赠给熊福田“于法有光”银盾一面（现珍藏于四川省革命博物馆）。

1930年7月至1932年1月，熊福田被委任为云阳县县长。到任后，他未抓捕过在云阳县活动的共产党员，并且明知远房侄儿熊明炳是中共地下党员，却任用其当云阳监狱的典狱长。熊明炳寻机将前任县长抓捕的政治犯全部释放，熊福田因此“引咎辞职”。熊福田卸任后返渝，仍执律师之业，兼教授多所学校的法律课程。1942—1943年任四川省临时参议会参议员。

1946年1月，熊福田被委任为石砫县县长，到任伊始，即督促有关部门疏浚玉带河，增修加固观音岩河堤。随即在临溪场观兴寺创办私立石北中学，以兴地方文化。1946年年底，熊福田拒绝派警察逮捕中共地下党员秦万鑫等人。国民党当局欲以“纵匪窝藏异党”治其罪，熊福田得知后再次弃官，回到西沱故里创办“南宾垦殖社”，以经营百货及农副土特产为业。

1948年6月，国民党万县保安司令部在西沱设立“万忠石三县联防办事处”，保安副司令杨晤依亲自坐镇，并住进“和成字号”后院，严重威胁着中共地下党活动。熊福田公开出面为“和成字号”担保，并于翌年正月将和成字号、永成字号、同济盐号和南宾垦殖社联合为“同福字号”，自任总经理，以此掩护“和成字号”“永成字号”坚持地下斗争。

1949年11月，国民党兵败逃离重庆，熊福田长子熊鼎盛、次子熊裔盛恳请他一同去台湾定居，他却道：“我已行将就木，只愿葬身故里，尔等好自为之”，毅然留在大陆。中华人民共和国成立后，熊福田被任命为四川省川东万县区行政督察专员公署人民法院（现重庆第二中级人民法院前身）首任院长，之后又担任专员公署参议员。1953年，年逾花甲的熊福田在工作中渐感体力不支，遂辞去公职，回石砫西沱从事中医工作。

1955年，四川各地开展“肃反”运动，曾担任国民政府县长的熊福田被收容审查，后由在省政府供职的张秀熟出具有关证明才得以解脱。1957年反右派运动中，他被划为右派分子，下放到本县中心农场务农，一家三口挤在一间简陋的茅屋里，但他却安闲自得，每天坚持读书写作（《熊福田日记》现已被石柱县地方志办公室整理刊印）。1960年，党组织安排熊福田到石柱县人民医院任中医师。1961年，摘去其“右派”帽子。1964年，熊福田因高血压医治无效离世，终年75岁，葬于西沱故居后花园。

熊福田育 9 女（熊盛鸿、熊盛荷、熊盛乾、熊盛淑、熊盛蓉、熊盛渝、熊盛璧、熊盛华、熊盛时）5 子（熊鼎盛、熊裔盛、熊雍盛、熊忠盛、熊全盛），仅第三子熊雍盛尚居西沱。1979 年，熊福田获得“平反”，1982 年有关部门为他恢复名誉，确认其为辛亥革命元老，中共朋友，对其遗孀按辛亥革命者遗属待遇每月给予生活补助。

任正炳（1912—1984） 男，又名任蔚文，化名唐汉诚、郝远猷、郝孑、黄玉清。1912 年农历正月出生于忠县黄龙桥老院子（今石柱县西沱镇黄龙村）一农民家庭。1927 年去忠县东溪中学读书，参加中共地下区委书记吴逸僧在学校组织的“马克思读书会”。次年经吴逸僧、牟第荪介绍加入共青团，任团支部书记，后转为中共党员。1929 年秋，中学毕业后，西沱小学任教，组建西界沱党支部，任第一届支部书记。此后历任中共忠（县）石（砫）中心县委青委委员、忠县团委组织部部长、县委委员等职。

1930 年，任共产军特务队长。1931 年春，因叛徒李叔昭出卖，被捕关押在忠县。1932 年春，在狱中病重，东溪中学校长陈孟仁将其保释就医。任正炳借保外就医之机逃往北平（今北京），并化名任蔚文，先后任北平西城区共青团区委书记、北平共青团市委组织部部长、河北共青团省委巡视员及代理团省委书记等职。

1933 年 4 月，调任天津市共青团委组织部部长。不久，因共青团市委书记吴佩苍叛变，任正炳、董启蓉等 7 人被捕。年末，任、董等人趁看守松懈，于傍晚越狱脱险，连夜乘车去北平，但未找到组织，失去组织关系。任正炳带着董启蓉到河南焦作当煤矿矿工，又化名唐汉诚到杞县大同中学小学部任教。1935 年 5 月，与董启蓉东渡日本，在东京大学法学院社会科学系注册。二人积极参加留日学生的各种进步活动，曾任“社会科学研究会”负责人，结识任白戈、李飞华等。

1937 年“七七”事变后，回到上海，任正炳当选“上海留日同学救亡会”理事。后到南京参加“蚁社救亡演剧队”，宣传抗日救亡，辗转于苏、浙、皖等地的城市和农村。之后又组织“青年战地服务团”，任副团长，带队到舒城。1938 年，在舒城会见陕西特委书记李世龙，经审查恢复组织关系。特委及中共舒城县委安排任正炳化名郝孑，出任国民党舒城晓天区区长、舒城县政府秘书和副县长等职。1939 年 12 月，他将获取的国民党《防止异党办法》等密件，转送中共舒城县委，使数百名中共舒城地下党员安全撤出皖中、皖南抗日根据地。1940 年 6 月，特委安排他进豫皖苏区抗大四分校学习，兼任一连文化教员。翌年 5 月，四分校遭到国民党汤恩伯骑兵八师马彪部袭击，任正炳被敌人围进一间民房被俘，送到“西安劳动营”关押，再次失去组织关系。他更名为黄玉清，谎称湖北籍人，隐瞒其身份，只承认是留日学生。敌人无其他证据，关押两年后释放。

1943年年末，经先期从“劳动营”出来的吴焕然介绍，在《建国日报》作资料员，后历任编辑、主任编辑、总编辑等。1947年，参加西北局社会部领导的敌特调查工作。1951年10月，调任重庆市新闻出版社任科长。

1958年6月，以“叛徒”罪名被捕，1959年被重庆市中级人民法院判处有期徒刑5年，在劳改中曾多次上诉。1964年刑满后，因无家可归，在垫江东印劳改农场就业，“文化大革命”结束后，安排到梁平县敬老院。

1983年7月，经重庆市中级人民法院复查，宣告黄玉清（任正炳）无罪。1984年5月，病逝，享年74岁。

熊翕盛（1916—2000） 号丸，国民党中将军衔，曾获四等云麾、三等云麾、二等景星等勋章。1916年5月9日出生于西界沱，熊福田次子。1921年入成都西城小学，1925年初小毕业，同年随父迁居重庆，入重庆模范小学，1927年毕业后，入重庆巴县中学读初中。1930年初中毕业后先入重庆益州高中，翌年转学上海同济大学附属高中。1934年高中毕业，1935年考入同济大学医学院。1937年转入华西大学医学院，1939年又转入同济大学医学院。1940年大学毕业后，先在重庆、武汉疗养院任职，翌年任同济大学助教。1943—1975年，任蒋介石官邸医官。1948—1950年，任台北医学院副院长。1950—1966年，任台北医学院院长。1967—1981年，任台北中兴医院院长。其间兼任私立台北医学院教授十余年。

自1943年奉调入陪都重庆始，直至1975年蒋介石去世，熊翕盛任蒋介石私人医生长达32年。蒋介石去世后，又为蒋经国夫妇提供医疗服务数年。1991年后，熊翕盛不再从医，任圆山大饭店董事长。晚年思乡之愁日浓，每忆及老父在大陆去世时，未能送终尽孝，则老泪横流。回忆自己的“从医”生涯，他说：“如果可以自己选择，我宁愿作一个为众多老百姓治病的普通医师！”熊翕盛妻李忠慧，育一子（熊名琛）一女（熊名敏）。熊名琛为台北市振兴医院心脏超声波专家，2018年10月31日，携家眷一行到西沱镇寻根祭祖。

文学博士、台湾“中央研究院近代史研究所”研究员陈三井与作家李郁青曾采访熊翕盛，根据他的口述，整理编辑成《我做蒋介石“御医”40年》。该书以熊翕盛的亲身经历、交游和见闻为主，对抗日战争时期中国大后方的民间生活、文化、校园政党活动等有生动的描述。另对蒋氏父子官邸生活的情形，提供了诸多鲜为人知的第一手资料，揭开蒋、宋、孔三个家族的神秘面纱。书中205幅珍贵历史图片（有一部分是彩色照片）大部分为首次在大陆公开。

崔吉隆（1925—2010） 1925年1月出生于西界沱街上一铁匠家庭，2岁丧母，由继母王氏抚养长大。1941年春，到重庆林森路的勤益书店帮工，不久考入国民党设在重庆九龙坡的交通大学无线电专业训练所。1943年年末，分配到重庆电信局歇台子电报房工作。工作和学习之余，常到各书店读书，接触到革命理论，萌生投入革命队伍的想法。

1944年年末，崔吉隆辞去电信局工作，回西界沱结婚，与金玉凡、彭普昭等共产党员接触，走上革命道路。1945年3月，经王家兹介绍，加入党的外围组织“中华民族解放先锋队”，并到西沱小学任教，与谢若虚、黄洪波一起在小学为党做宣传工作，很快被学校解聘。又到石砫县田粮管理处工作，因思想激进，很快被解职。1946年，中共石砫县特支书记秦禄廷组织党的外围组织“民主战士联盟”，任命崔吉隆为西界沱片区负责人，并安排进中共地下组织联络站“和成字号”当出纳，掌管经费收支及地下活动联络工作，并负责以收音机收听中共中央的广播，然后再向地下组织宣传。因崔吉隆文化水平比其他党员高、工作出色，颇受秦禄廷赏识。1947年秋，经秦禄廷介绍加入中国共产党。不久即成立中共西界沱党支部，崔吉隆任支部书记，先后发展十数名中共党员，西界沱地下组织不断壮大。同时，组建武工队，成为中共西沱支部武装组织的创始人。1948年，中共重庆市委将云安镇盐矿区（云阳县特支）、石砫县全境（石砫县特支）、万县南岸、丰都南岸等地方的中共组织组合起来成立川东南岸工委，唐虚谷任工委书记，秦禄廷任工委副书记。崔吉隆直接受唐虚谷领导，负责忠、石、万三县边区的地下工作，将武工队扩建为川鄂边游击队西界沱独立中队（以下简称西沱游击队），崔吉隆任政治指导员，张吉山（原李先念部因病失散回乡的红军战士）任队长，金玉凡任参谋兼教官。开展统战工作，选派党员或进步人士竞选三县边区的乡长、保长，建立两面政权，优化地下组织的工作环境，开辟联络站和游击区。1948年12月—1949年1月，西沱游击队先后攻打了黎王乡公所、楠木垭哨所、鱼池乡公所，缴获“格蚤笼”（一种老式冲锋枪）一支、其他长短枪近50支、手榴弹近100枚、子弹2000余发。1949年2月，中共西界沱支部改为西界沱特支，周一生任特支书记，崔吉隆任组织委员，特支共有32名党员。

1949年11月19—21日，西沱游击队配合解放军镇三支队击溃驻守黄桷岩的国民党武装，解放西界沱，成立忠、石、万三县边区临时治安委员会，镇三支队政治部主任杜宇平任主任委员，崔吉隆任副主任委员。临时治安委员会的主要任务是接管忠县石宝区、石硅西沱区、万县武陵区共10乡110多个保的政权，并组织民众支援前线战役，征粮运粮。11月30日重庆解放，石宝寨的国民党军闻讯后仓皇而逃，临时治安委员会分三路出击，几日内接管了石宝区、西沱区、武陵区各乡、保的政权，建立临时治安委员会。12月末，各地临时治安委员会奉命解散，1950年1月，各地成立乡、镇人民政府，崔吉隆任西沱乡党委书记兼乡长，荣获一枚“进军西南纪念章”。不久，到万县地委党校学习。1950年4月，奉调到万县公安局任审讯股股长、局党组成员。

1952年，在“三反”“五反”运动中，崔吉隆受到排挤、迫害，被开除党籍、撤销审讯股股长职务。4月，被安排到万县长岭乡小学任教，更名崔又生。9月，调任更为偏远的马头中心小学任校长。1954年9月，被撤销校长职务，调到让渡小学任教。1958年“反右”运动中，被错划为“右派分子”，白天被批斗，夜晚写检查，连上厕所都有人监管。最后降薪两级，回让渡小学接受改造。仍要他上课，但不许学生称他“老师”，课余无偿打扫学校公共场所及厕所的卫生，每周做一次检查报告，一月接受一次评查。1960年秋，因给家人买了18千克广柑，以其私自套购国家二类物资、不堪改造而开除其公职。崔吉隆无奈之下回到西沱，在西沱镇社队企业办公室的安排下，当搬运工、种蔬菜、种棉花，办粉笔厂、印刷厂等。经常无偿地外出支农、修公路。1966—1976年“文化大革命”中，崔吉隆时常挨批斗，挂黑牌，被游街示众。崔吉隆的家属李秋霞亦受牵连，被开除党籍，其子女不能升入中学，全家人都在苦难中挣扎，其子稍长，为补贴家用曾下河拉纤。

1978年6月初，石柱县委摘去崔吉隆“右派分子”帽子。1979年3月，万县县委下发通知，确认崔吉隆是错划的“右派分子”，恢复其公职。1983年5月，万县县委授予崔吉隆及其妻离休干部荣誉证书。1984年10月，万县县委恢复崔吉隆党籍。1986年12月，崔吉隆受邀参加《川鄂边游击队》一书的定稿评审会。2002年，重庆市确认其工龄应从1945年3月算起，享受副处级待遇。2010年在万州区去世，享年85岁。

杨光素（1930—2011） 女，艺名千禧，祖居西界沱云梯街，著名画家，其油画作品荣获法国绘画大赛金奖、大奖、一等奖等近20个。

杨光素自幼与绘画结缘，后考取中央美术学院华东分院的油画系，1955年毕业后，先后在安徽师范大学和安徽艺术学院执教，培养了一大批活跃在当今安徽画坛的著名画家。

杨光素虽为油画专业毕业，实际教学以教授素描为主，她在教学中总结出的素描追求“稳固、美丽、崇高”的艺术目标，对学生的启发很大。

1982 年，已经 52 岁的杨光素，毅然放弃稳定的教师工作，只身前往油画艺术高度发达的法国巴黎，去追求艺术之梦。在巴黎，其生活基本靠为游客画素描肖像的收入来维持。她不仅为平民百姓画像，还先后为法国前总统希拉克、密特朗，以及美国前总统里根夫妇、英国的查尔斯王子等绘制肖像画，20 多年中画了 2 万多张肖像。在从事素描画作的同时，到卢浮宫临摹油画大师的杰作，从中吸取精华，提升自己的油画造诣。之后开始创作油画作品，油画造诣日益精深，渐成大家。1989 年，她的个人作品展览在巴黎三区画廊开幕。中国驻法大使蔡方柏夫妇、法国罗曼省省长布特哈夫妇出席开幕式。她的画展取得巨大成功，作品得到普遍好评。1990 年，她应玻利维亚驻法大使波斯多夫妇的邀请，到玻利维亚首都拉巴斯举办大型个人作品展览，受到玻利维亚国家领导人的热情接待和欢迎，内阁部长和各国使节出席开幕式，总统和内政部长送了花篮，并以巨款购藏了她的 3 幅作品，一时成为该国的文化盛事。

她在法国创作的 100 多幅油画作品，荣获法国国际大展奖项 20 多项。其中《少女闻花》获“国际艺术大师”一等奖,《静物和鲜花》获 1995 年法国因特艺术大展赛金奖，《科赛特》获法国国际艺术大展赛“贵族艺术”优秀奖,《舞蹈家朱红》获法国“国际艺术大师”古典绘画金奖。

2008 年，杨光素回国，到安徽合肥定居。2011 年 2 月 28 日在合肥病逝。

名人与西沱

秦良玉设行辕于西沱 秦良玉（1574—1648），女，字贞素，今重庆忠县人，万历二十三年（1595）嫁于石砫宣抚使马千乘。四十一年夫死子幼，袭任夫职。后因战功，封一品夫人，授都督佥事，兼任总兵官。明朝灭亡后，始终拥护南明政权，封太子太保、忠贞侯，赐“太子太保总镇关防”印，是中国古代唯一一位载入正史将相列传的女将军。西界沱历来是石砫土司辖地，秦良玉于西界沱的农业发展、商贸繁荣、社会稳定做过许多贡献。秦良玉曾设行辕于西界沱紫云宫，宫楼壁上刻有崇祯皇帝召见秦良玉，在平台所赐的四首诗。明末，秦良玉整修西界沱南城寺大雄殿，改塑韦陀站像为坐像，改泥塑像为金身像。

陶澍夜泊西沱题诗赞秦良玉 陶澍（1779—1839），字子霖、号云汀，晚年自号“髯樵”“桃花渔者”。清乾隆四十三年十一月三十日（1779年元月17日）出生湖南安化县小淹镇的陶家湾。嘉庆七年（1802）进士，历官至两江总督，兼理两淮盐政。道光十九年（1839）病逝于官邸，晋赠太子太保，谥“文毅”，入祀贤良祠。嘉庆二十四年（1819）冬，陶澍任川东道台时，夜泊西界沱，游览紫云宫，见崇祯皇帝赐秦良玉诗的诗刻后，遥想秦太保当年雄姿，深佩其忠君报国、保境安民之义举，写下《泊西界沱寄题秦太保良玉玉音楼》诗，诗曰：“忠州女子天下奇，父是秀才夫土司。天生智勇不世出，坐令巾帼惭须眉。词翰淹通意娴雅，锦袍艳照桃花马。天子临朝识姓名，请缨独对平台下。白杆之兵锐无前，巨寇亲擒射塌天。弟兄死国身许国，平生忠义何皎然。陆知州，诚可耻。肉眼不识奇女子，抽刀断袖应羞死。邵捷春，亦庸才，坐受屠戮吁可哀。吾谋不用意如此，呜呼群鼠真来哉。夔门已失关塞黑，忍使此身重事贼？闭关坐卧小楼中，大节直同文相国。何须更论冼夫人，多少麟台愧颜色。”

左辅为西沱作词 左辅（1751—1833），字仲甫，一字蘅友，号杏庄，江苏阳湖（今常州市）人。乾隆五十八年（1793）进士。初任安徽南陵知县，历官至湖南巡抚。道光三年（1823）以原品致仕。治行素著，很得民心。初入官，即以清、慎、勤三字誓言，宦辙所至，风俗一变。文章淳雅，诗联画俱佳，尤工于词，著有《念菀斋集》传世。左辅乘船游历长江，顺水而上，途经西界沱，停泊西沱码头，到石槽溪、紫云宫等处游览。当时石槽溪设驿站，他在驿站折桃花一枝，数日零落，裹花片投之涪江，作《浪淘沙》词一首送之，词曰："水软橹声柔，草绿芳洲，碧桃几树隐红楼。者是春山魂一片，招入孤舟。乡愁不曾休，惹甚闲愁，忠州过了又涪州。掷与巴江流到海，切莫回头。"

徐悲鸿创作油画《西沱风景》 徐悲鸿（1895—1953），汉族，原名徐寿康，江苏宜兴市屺亭镇人。中国现代画家、美术教育家。曾留学法国学西画，归国后长期从事美术教育，先后任教于国立中央大学艺术系、北平大学艺术学院和北平艺专。1949 年后任中央美术学院院长。擅长人物、走兽、花鸟，主张现实主义，于传统尤推崇任伯年，强调国画改革融入西画技法，作画主张光线、造型，讲求对象的解剖结构、骨骼的准确把握，并强调作品的思想内涵，对当时中国画坛影响甚大，与张书旂、柳子谷三人被称为画坛的"金陵三杰"。所作国画彩墨浑成，尤以奔马享名于世。1940 年，在南洋一友人处见到了一张风景照片，被照片中的美景触动灵感，创作成油画《西沱风景》（71 厘米 ×88 厘米）。2007 年 7 月 7 日在浙江皓翰首届中国爱德艺术名家作品公益性拍卖会上，该画以 1386 万元成交。

邹荻帆赋诗《西沱镇即景》 邹荻帆（1917—1995），湖北天门人，当代诗人和翻译家。出生于湖北蒲圻（现赤壁市）。早年就读于湖北省立师范学校，1936 年开始发表诗作。1940 年入重庆复旦大学学习。1949 年后历任对外文化联络局办公室主任、《文艺报》编辑部主任、《诗刊》主编等职。著有诗集、诗论集等，有作品选入人教版中学语文教材。1985 年，邹荻帆至西沱游览云梯街，称赞西沱云梯街是"土、汉两族和好的结晶，在崇山峻岭的江滨，塑造了这座山镇"，并赋《西沱镇即景》一诗，在中国《当代》文学杂志上发表。

汤羽扬呼吁保护西沱古镇文化遗产 汤羽扬，1954 年出生于北京，祖籍湖南长沙。1981 年 12 月毕业于湖南大学，获学士学位，1987 年获硕士学位。北京建筑工程学院古建筑系教授，建筑与城市规划学院院长，国家一级注册建筑师，中国建筑学会理事，中国建筑学会咨询委员会委员，全国高等学校建筑学专业委员会委员，国家文物局专家咨询组成员。1993 年，汤羽扬率领三峡文物考古队来到西沱云梯街后，惊叹西沱云梯街的奇特布局，认为这是在中国集镇建筑史上史无前例的，在她的学术论文《从忠县、石柱县传统民居建筑的文化内涵谈三峡工程地面文物的保护》中呼吁对西沱古镇进行有效的保护，并提出西沱古镇文化遗产保护的途径与措施。

叶小钢到西沱采风 叶小钢，1955 年 9 月生，广东南雄人，出生于上海一音乐世家，四岁起随父亲叶纯之学习钢琴。中国当代著名作曲家，中央音乐学院教授、博士生导师、副院长，中国音乐家协会第八届、九届主席，第十三届全国政协文化文史和学习委员会委员，第十三届全国政协常务委员，中国文学艺术界联合会第十届全委会委员、副主席，国际音乐理事会副主席，美国人文与科学院外籍荣誉院士。2017 年 2 月 20 日，叶小钢到西沱镇采风，收集宝贵的民间素材，为庆祝重庆市直辖 20 周年创作一部大型交响曲做准备。叶小钢一行先后在西沱古镇欣赏烟波浩渺的江面景色，近身感受巴盐古道文化底蕴，看土家玩牛、啰儿调等土家民俗表演，在云梯街的青石板路上，同背夫们一起触摸巴盐古道的文化脉搏，感受古色古香、文化气息浓郁的古镇文化韵味。他说："我非常高兴看到一些独具特色的土家民俗文化和文化传承项目，比如土家玩牛、土家乐鼓演奏、背盐等表演。这次能够在这些民俗文化的发源地近距离地接触感受，让我非常地感动。""民族文化是一个民族的根，民族的兴衰取决于民族文化，期望这些极具特色的民族文化能够完整地保存下来，并发扬光大，这对于新时期我国打造文化强国及全面建成小康社会都具有十分重要的作用和意义。"

孔维克写生西沱人物 孔维克，1956 年 6 月 12 日生于山东汶上，祖籍曲阜，为孔子第 78 代嫡系裔孙。擅长中国人物画，工笔写意兼能，1997 年被中国文联、中国美协授予中国画坛百杰画家称号。现为中国美术家协会理事，全国政协委员，山东省美术家协会常务副主席兼秘书长，国家一级美术师。2020 年 10 月 28 日至 31 日，孔维克率中国艺术研究院文学艺术创作研究院孔维克中国人物画主题性创作高研班全体学员，到西沱古镇云梯街采风写生。西沱镇推荐了有特色的模特代表——土家族少女、巴盐汉子等让孔维克等人实地写生。孔维克率先示范，边画边辅导学员，在短短两天时间里，画出了 15 幅鲜活的西沱古镇土家族人物的写生作品。

阿蛮慕名造访云梯街 阿蛮，真名卢延辉，1953 年出生于重庆市主城区，自幼生活在解放碑依仁巷，重庆本土著名作家，中国作家协会会员。1984 年，在学校老师的指导下，卢延辉开始创作文学作品，并在多家媒体上发表。之后陆续问世的有《解手》《纪年绣》《逆神》《宁厂》《三峡古镇》《佛经密码》《〈洛阳伽蓝记〉酷译》等十余部作品，

《依仁巷》获得第二届重庆市文学艺术奖。2004 年夏，阿蛮慕名造访西沱云梯街，创作了《巴盐古道与一个古镇的文化机密》，对云梯街的描述为：“当我走进这个镇子时，首先感觉到的是它的静。太静了！整条街上看不到多少人，很多人家都关门闭户、鸦雀无声。其时正值国家经济转型，新农村建设也处在探索起步阶段，西沱的城镇建设向外扩展。镇上的青壮年多数外出打工、创业，留守的居民很多搬去新区高楼集中居住，云梯街的房屋便空置起来。那时我满怀好奇，由上而下走过阶梯式排列的老屋，推开一道道虚掩的木门，拂去木柱、屋梁上的灰尘，撩开窗格、檐板上的蛛网，踩着吱呀作响的楼板，仿佛 正在穿越历史。那些缺损的石柱础、踩塌的木门槛、生锈的铁门锁，都在跟我讲述着一个个充满传奇的故事。”

江小平考察西沱演艺市场 江小平，1962 年出生于王场镇江家岩（紧邻西沱镇），是著名的土家族歌手。现任重庆市黔江区民族文化馆馆长，黔江区音乐舞蹈家协会副主席兼秘书长，重庆市音乐舞蹈家协会会员。曾多次获得国家级金奖和银奖，以一曲《太阳出来喜洋洋》唱遍大江南北。2010 年正月初四，江小平从沿溪到王场再到西沱，沿路考察了西沱的民间演艺市场和民间歌手的演出现状。下午，在云天歌舞厅考察部分歌手的专业水平，对他们进行专业指导，并现场作了演唱示范。

西沱二圣宫 谭红建 摄

大事纪略

云梯古街，江雾朦胧，春风秋月几度？历史变革，沧海桑田，演绎风云几何？

中共地下活动

1941年3月，中共地下组织在西界沱设立“和成”商号，为中共地下活动筹集经费。1946年8月，中共地下党组织在西界沱创办和成中学和补习班，招收小学生18人，初中生14人，有教员3人。1948年夏，中共地下组织建立西界沱游击队。翌年，西界沱游击队先后攻打鱼池乡公所、黎王乡公所、楠木垭哨所。

解放西界沱

1949年11月中旬，中国人民解放军镇江三支队130余人，从湖北利川翻越七曜山，于17日解放黄水坝、石家坝、王家坝等地，一路势如破竹，11月19日逼近方斗山的楠木垭。防守在楠木垭山峰的万县保安队，闻风丧胆，不战而逃。西沱地下党领导的游击队员谭继贵、朱宁前、朱宁美、王水善等人在朱家槽伏击逃跑之敌，缴获轻机关枪一挺，步枪四支，子弹三百余发。解放军先遣连在游击队员的带领下，翻越四南垭口，过大树岭，经斜石板，于11月20晨抵达黄桷岩。黄桷岩为险要隘口，国民党军谢果成一个营，以及石砫县的自卫常备中队，忠石万三县联防办事处，中兴乡、西界沱、上复兴等乡公所的队丁等，共600余人分驻于黄桷岩、檬子树垭口、老磨子三个制高点的碉堡中，互为犄角，形成交叉火力，居高临下阻击解放军。下午，敌人又从万县调来一艘登陆艇助战，向独门子、黄桷岩一带炮击。先遣连及西沱游击队每三人一组轮流进攻，终因敌众我寡，战斗相持一整个白天，始终未能突破敌人的防线。

夜幕降临以后，解放军和游击队兵分三路：正面由游击队员崔太兴带路，进攻黄桷岩；左面由游击队员李永钢带路，经杜家田去牛肉店，进攻檬子树垭口的碉堡；右面由游击队员刘文泽、江运山带路，进攻关口上老磨子碉堡。经过一夜激战，敌人的三个火力点先后被摧毁，沙湾指挥中心被包围。谢果成部丢掉枪支弹药和棉衣仓库，急奔江边，渡江而逃，解放军进驻西界沱，宣布西界沱解放。此役，解放军副连长蒋振东和一名战士光荣牺牲，葬于独门子附近。

11 月 21 日下午，中国人民解放军镇三支队的主要官兵和西沱地下党的主要成员在西界沱镇中心小学校大礼堂举行忠、石、万三县边区临时治安委员会成立大会，参加大会的有西界沱各界人士和群众约千人。会议由西界沱特支组织委员、川鄂边游击队西界沱独立中队政治指导员崔吉隆主持，镇三支队政治部主任杜宇平作了热情洋溢的讲话。他说，“同志们、同胞们，今天，中国人民解放军镇三支队，中共川东西沱地下党和全边区人民在这里举行隆重的庆祝解放大会。西沱的解放，是中国人民解放军为忠、石、万三县边区的献礼，也是边区人民在中国共产党川东地下党南岸工委西界沱特支的领导下，全体边区人民与国民党反动派长期斗争所取得的丰硕果实。我代表中国人民解放军镇三支队的全体官兵，向你们、向三县边区人民致以热烈的祝贺和崇高的敬礼，祝贺西沱人民，祝贺三县边区人民今后在中国共产党的领导下，建设一个繁荣富强的家园，过上幸福美满的日子”。在长时间的掌声后，杜宇平又讲：“今天我正式宣布，忠、石、万三县边区临时政权——临时治安委员会成立了。委员会由我任主任委员，你们的老乡崔吉隆同志任副主任委员，周一生、刘云程、金玉凡、崔英福、周昌岐、鲁济舟、熊福田、徐观蓉和江诗琼同志为委员。下设民政、财粮、宣教、秘书四股和边区治安大队等。民政由谭安胜负责，财粮由江诗琼负责，宣教由徐观蓉负责，文秘由金玉凡负责，治安大队即边区游击大队由刘云程负责。三县边区治安委员会除接管边区三个区（石砫西沱区、忠县石宝区、万县武陵区）、十个乡、一百一十多个村、保的行政事务而外，还要进行支前工作，给解放军运送粮草，为解放整个大西南服务”。在长时间的热烈掌声后，崔吉隆宣布散会。会后，临时治安委员会发了 3 个通告。

工业发展

1975年3月，建成西沱印刷厂。1977年12月13日，建成西沱镇跳脚石大堰发电厂，装机容量195千瓦。1981年建成跳脚石电站，利用跳脚石大堰余水发电。1982年8月16日，建成西沱纸板厂，年产310～500克/平方米黄纸板2000吨。

1984年2月16日，建成西沱境内朱家槽煤矿，年产煤6万吨。同年4月，西沱砂砖厂建成投产，年产灰砂砖500万块。同年9月，成立西沱船舶修造厂（前身是西沱木船社），开始打造钢质机动船。

1984年11月，建成长江塑料厂，年产塑料凉鞋1.29万双。1987年5月建成塑料纺织包装厂，设计年产吹塑微膜300吨，塑料编织袋50万条，纸条18万个。1988年3月建成西沱水泥厂，总投资590万元，设计年产325号、425号普通硅酸盐水泥4.2万吨。

西沱火电厂（2018年） 谭红建 摄

1995 年 10 月 1 日，建成中泽汽车修理厂。1998 年 8 月，建成重庆西沱蚊香厂，生产“黑猫牌”蚊香和香型檀香，年产量 10 万箱。2005 年年底，重庆周君记食品有限公司在西沱建成“香水火锅”调料加工厂，年产香水牌火锅底料、豆瓣酱、辣椒酱、调味品等 3000 多吨。

2014 年 7 月，西沱火电厂在西沱建成投入运行。装机 2×350 兆瓦（超临界燃煤机组），同步建设烟气脱硫、脱硝装置，送出系统以 220 千伏两回路接入忠县石马变电站进入渝东电网。两台机组分别于 2014 年 6 月 17 日和 7 月 29 日完成 168 小时大负荷试运，正式投产发电，年发电 20 多亿千瓦时。

移民工作

1997 年 8 月，编制完成《长江三峡工程石柱库区淹没处理及移民安置规划报告》《长江三峡石柱库区淹没及移民安置规划报告》，10 月 8 日获市政府批准实施。

1999 年 12 月 11 日，国务院三峡工程建设委员会副主任郭树言在重庆市移民局副局长陈联德以及黔江开发区、石柱县相关领导陪同下考察西沱移民搬迁安置成果，听取工作汇报。

2002 年 11 月 17—18 日，重庆市二期移民环保验收组对石柱县二期移民环保工作进行检查验收，验收结果为合格。12 月 3—8 日，重庆市二期移民工程验收委员会第一验收组对石柱县二期移民工作进行初查验收，检查结论为总体合格。2003 年 3 月 21—23 日，国务院三峡二期移民工程验收组重庆市二组代表国家对石柱县二期移民工程进行终验。分专业组严格按《验收大纲》所规定的抽查比例及有关要求，采取“听、看、查、访、问”的方法进行现场抽查。组长李德刚代表验收组宣布“终验合格”。

2004 年 4 月 29 日，西沱镇石坪村 67 公顷良种柑橘示范园滴灌水利配套项目列入市发改委、市移民局、市水利局 2004 年三峡柑橘产业开发水利配套专项补助投资项目计划。

2006 年 6 月 23—25 日，重庆市三峡工程三期移民验收工作组一行 42 人到石柱县初验三期移民工作，初验结果为合格。2006 年 8 月 8 日，国务院三期移民工程终验专家二组逐类验收石柱县三期移民涉及的农村移民安置、集镇迁建、工矿企业迁建、专业设施复建、移民档案和库底清理等，国家终验合格。

2007 年 6 月 11 日，国务院三峡工程建设委员会办公室党组书记、主任汪啸风一行在全国政协常委、重庆市政府顾问甘宇平及市移民局局长王显刚、副局长欧会书陪同下，到石柱县库区考察指导工作。

2007 年 7 月 9 日，市政府批准的库区柑橘产业开发项目——西沱镇石坪村 1000 亩滴灌式高标准柑橘示范园，投资 150 万元从以色列引进的园区滴灌管网等设施全部安装结束。

2008 年 7 月 29 日—8 月 2 日，国务院长江三峡四期工程验收委员会移民工程验收组专家二组到石柱县验收四期移民工程，验收组认为：石柱县全面完成四期农村移民安置、集镇和工矿企业迁建等搬迁任务和专业设施复建任务，基础设施、专业设施基本满足移民生产、生活需要；库底清理任务按技术规范完成；资料齐全、完整；四期移民工程能满足 175 米蓄水位需要，国家终验合格。

2008 年 11 月 6 日，三峡水库试验性蓄水，西沱境内库面水位至 173.8 米。

历史文化名镇

1992 年 9 月 8 日，四川省政府将西沱镇列入省级历史文化名镇。

1995年1月12日，西沱镇被四川省批准为“省级小城镇试点单位”。同年3月29日，被建设部批准为“小城镇试点建设镇”。1999 年 4 月，被重庆市评为 1998 年度“小城镇建设先进试点镇”。同年 12 月，被建设部表彰为“全国小城镇建设先进镇”。2000 年 10

月，被重庆市政府评为“小城镇建设示范镇”和“优秀绿化小城镇”。

2003年11月27日，西沱镇被建设部、国家文物局评为第一批“中国历史文化名镇”。

2008年4月29日，西沱天街入选“巴渝新十二景”。2011年6月22日，重庆市文化广播电视局命名西沱镇为第一批“重庆市民间文化艺术之乡”。2020年12月30日，重庆市旅游景区质量等级评定委员会发布公告，重庆石柱西沱古镇景区批准为国家AAAA级旅游景区。

网红竹落户西沱

2020年8月中旬，川渝两地连降大暴雨，嘉陵江洪水猛涨，四川省乐山市出现滑坡、泥石流，一丛翠竹的根系纠缠在一起，夹带数十吨的泥土滑入江中，在大部分泥土被江水冲刷殆尽后，竹丛浮上水面，顺江而下，不屈地昂着枝头，场面壮观，沿途引起许多人关注。有人拍照发到网络，引得更多人浏览关注，沿途皆有人拍照摄像发到网上，并呼吁下游的人做好接竹准备，非常火爆，人们称这丛随波漂流的翠竹为网红竹。8月18日下午，网红竹到达重庆，进入长江，路经无数回水沱，仍未停止漂流之旅。8月20日上午，网红竹漂流近600千米后终于到达西沱古镇，与众多漂浮物一起在回水沱中盘旋打转，不再继续向下游漂流。8月21日下午4时，长江五号洪峰（水位171.5米）到达西沱，仍未将网红竹冲出回水沱。网红竹始终倔强地昂着枝头，在江水中回旋。

这丛网红竹自乐山出发，漂流过宜宾、泸州、长寿、涪陵、丰都、忠县，牵引了无数人的心。如今在西沱古镇停歇不去，令古镇居民十分激动，认为它与西沱古镇有缘。8月22日，西沱镇沿江社区居委会主任谭红建，与古镇居民周罗汉、邱云彪等人组织了机驳船等水上力量，顶烈日、冒酷暑，经过五个多小时艰苦努力，成功地将这丛网红竹拴系于岸。8月24日上午，洪水逐渐消退至168米水位，网红竹裸露岸边。西沱镇沿江社区的 10 名志愿者来到码头，用斧头、砍刀、镰刀等工具将 10 余吨重的网红竹分株。为了让竹子更好地存活，他们砍去竹子上部三分之二，只留下部三分之一，并用挖掘机将网红竹运到土壤肥沃、土层深厚、避风良好的古镇大牌坊右下方码头栽植，浇水施肥。古镇居民和外地网友纷纷驱车到西沱古镇观看千里漂流后安家落户的网红竹，对其送上真诚的祝福。西沱守望者论坛版主谭红建说："乐山是历史文化名城，西沱是历史文化名镇。我们要把这丛来自乐山的网红竹栽植好、守护好，让它成为西沱古镇的网红打卡点，见证乐山人民和西沱人民的友谊。"西沱守望者谭光华说："面对这场突如其来、百年罕见的滔天洪水，英雄的巴渝大地经受住了考验，默默扛下拦洪防洪的历史重任，体现了巴渝精神。这丛蜀地网红竹在西沱古镇安了新家，将成为巴渝精神的象征与历史见证人。"原石柱县文管所所长蒋屏祝福说："乐山送竹（祝）节节高，西沱安家（佳）年年长。"

夕晖中的西沱码头

附录

西沱国家历史文化名镇保护条例

（2013 年 5 月 22 日石柱土家族自治县第十七届人民代表大会
第四次会议通过，2013 年 9 月 25 日重庆市第四届人民代表大会
常务委员会第五次会议批准）

第一章 总 则

第一条 为了加强对西沱国家历史文化名镇（以下简称西沱历史名镇）的保护与管理，根据《中华人民共和国文物保护法》、国务院《历史文化名城名镇名村保护条例》等法律、法规，结合本县实际，制定本条例。

第二条 西沱历史名镇的保护、规划、建设、利用和管理，适用本条例。

第三条 西沱历史名镇保护范围，是指经重庆市人民政府批准的《西沱国家历史文化名镇保护规划》（以下简称保护规划）确定的核心保护区、建设控制区和环境协调区。核心保护区是指以云梯街为中心，长约八百五十米，宽约五十至一百五十米范围；建设控制区为核心保护区向外扩三十米范围；环境协调区为建设控制区向外扩五十米范围。

第四条 西沱历史名镇保护范围内的古街区、文物古迹、传统建筑、街巷风貌、古树名木、山地特征及水系等生态环境均为保护对象。

第五条 西沱历史名镇保护应当遵循保护优先、传承历史、科学规划、统一管理、合理利用、分区实施的原则。

第六条 自治县人民政府统一领导西沱历史名镇保护工作，将西沱历史名镇保护纳入国民经济和社会发展计划，将保护、规划、建设、利用和管理经费列入本级财政预算，实行专户管理、专账核算，加强对西沱历史名镇保护和管理工作的监督。自治县人

民政府设立西沱历史名镇保护专项资金，每年财政安排不得少于三百万元，并形成适度的年度增长机制。同时通过西沱历史名镇内国有资产收益、争取上级财政支持、接受社会捐赠和吸纳社会投资等多方筹集西沱历史名镇保护经费。

第七条 自治县人民政府设立西沱历史名镇保护管理机构（以下简称保护管理机构），负责西沱历史名镇的保护、规划、建设、利用和管理等工作。其主要职责是：

（一）参与编制和组织实施保护规划；

（二）组织或协助有关机构调查、收集、整理、研究西沱历史名镇民族传统文化；

（三）组织西沱历史名镇基础设施和公共设施建设；

（四）组织开展西沱历史名镇保护的宣传、教育、培训、学术研究和对外交流；

（五）受自治县人民政府有关行政机关的委托，查处违反本条例的违法行为。

第八条 自治县人民政府有关职能部门按照各自职责做好西沱历史名镇的保护和管理工作。

第九条 公民、法人和其他组织对违反本条例的行为有检举和控告的权利。

第二章 保护措施

第十条 西沱历史名镇保护纳入西沱镇总体规划，经重庆市人民政府批准的保护规划是实施具体保护措施的依据。自治县人民政府应当依据保护规划及附图实地设立固定标识，标明核心保护区、建设控制区、环境协调区的范围界线，并以图示方式将西沱历史名镇保护范围向社会公示。

第十一条 核心保护区应当按照下列标准和措施进行保护：

（一）云梯街、巷道应当保持原有的视线走廊及空间尺度，不得拓宽或缩小；商业街巷立面应当保持历史样式，不得随意变更街道红线和道路走向；

（二）坚持整体保护和原址保护的原则，保持西沱历史名镇的传统格局、历史风貌、空间尺度、自然景观；保持传统街区历史信息的真实性和完整性；

（三）文物建筑应当完整保留；鼓励对传统建筑进行保护性维修和功能利用，但不得改建或者拆除；与传统建筑尺度协调的新建筑可进行整治和重新装饰，与传统风貌不协调的新建筑应当拆除后按保护规划要求重建；不得新增建筑；维修的建筑不得超过原有建筑的高度，应当严格控制造型与色彩；

（四）各种建筑的维修、改善和装饰应当符合保护规划的要求，保证建筑形式、体量、风格、色彩以及构造装饰与传统街区整体风格协调一致；

（五）建筑层数控制在两层以内，檐口高度不得高于六米，建筑应当为青瓦坡顶；

（六）纳入全县旅游整体规划进行保护、开发和利用。

第十二条　建设控制区应当按照下列标准和措施进行保护：

（一）除必要的基础设施和公共服务设施外，不得新建建筑。现有部分现代建筑应当进行改造，与核心保护区的风貌相协调；

（二）建筑层数控制在三层以内，檐口高度不得高于十米，建筑应当为灰色坡顶；

（三）各种建筑的维修、改建、扩建和整体装饰应当符合保护规划的要求，保证建筑形式、体量、风格、色彩以及构造装饰与传统街区整体风格协调一致。

第十三条　环境协调区应当按照下列标准和措施进行保护：

（一）做好自然环境控制和建设，为核心保护区和建设控制区提供良好的保护屏障和景观背景，形成绿化隔离区域；

（二）新建建筑应当按照不影响整个街区景观背景的要求进行控制，建筑层数控制在四层以内，檐口高度不得高于十二米，做到风貌与云梯街街区相协调。

第十四条　保护范围内的建筑禁止使用琉璃瓦、瓷砖、玻璃幕墙等现代建筑材料，建筑色调应当以青、白、灰、木质色、褐色为主。保护范围以外的场镇建设风貌应当吸纳传统建筑的风貌特征、文化内涵等元素。

第十五条　西沱历史名镇云梯街内的传统建筑应当实施分类保护，对其中典型的传统建筑应当建档、挂牌；现有空地和拆迁后的空地应当逐步绿化；保护范围内的古树名木实行挂牌保护，禁止移栽、砍伐。

第三章　管理与利用

第十六条　西沱历史名镇内的文物保护单位按照文物保护的有关法律、法规进行管理。

第十七条　西沱历史名镇内的建筑物、构筑物、基础设施及公共服务设施等工程项目的新建、改建、拆除等，应当依法履行报审程序。核心保护区内的建设项目应当符合保护规划的要求，自治县规划主管部门在核发建设工程规划许可证前，应当征求自治县文物主管部门和保护管理机构的意见。经批准的建设项目，应当先进行文物调查或勘探，确有文物需要保护的，应当制定文物保护方案，其费用列入建设单位工程预算。

第十八条 西沱历史名镇保护范围内传统建筑的所有人或者使用人应当按照保护规划的要求，负责传统建筑的维护和修缮，不按要求维护和修缮的，由自治县规划主管部门依法处罚。保护管理机构对西沱历史名镇保护范围内的非国有传统建筑，在同等条件下享有优先购买权。

第十九条 西沱历史名镇保护范围内禁止建设新的工业企业，现有工业企业应当逐步搬迁。

第二十条 西沱历史名镇保护范围内的单位和个人应当积极保护环境。居民个人和饮食经营者应当采用液化石油气、天然气、煤气、电等清洁能源，禁止直接燃烧原煤。所有排烟装置应当采取消烟除尘措施。传统工艺确需使用原煤的，经保护管理机构同意，可以限量使用。

第二十一条 西沱历史名镇保护范围内应当加强垃圾站点的标准化建设，推行生活垃圾袋装化，合理进行垃圾分类，禁止在街道上堆放杂物，禁止将污水排放或者倾倒在街面。任何单位和个人不得擅自在街道上占道经营或者流动经营、堆物作业和进行其他妨碍交通的活动。

第二十二条 西沱历史名镇保护范围内禁止放养家畜家禽及犬只。

第二十三条 西沱历史名镇保护范围内禁止焚烧产生有毒有害烟尘和恶臭气体的物质；禁止生产、销售、存放易燃易爆物品和危险化学品；禁止燃放烟花爆竹。

第二十四条 西沱历史名镇保护范围内执行国家环境噪声标准，白天控制在六十分贝以内，夜间控制在五十分贝以内。需要在室外开展公益性活动、群众性民族文化活动、社区活动的，组织者应当事先向保护管理机构报告。

第二十五条 西沱历史名镇保护范围内户外广告应当与云梯街风貌相协调，并符合户外广告设置规划。云梯街的店铺招牌、门面装修、店内设施、照明灯具和光色应当与街区风貌氛围相协调。禁止在历史建筑上刻画、涂污；禁止在沿街其他建筑物、构筑物、设施以及树木上涂写刻画或者未经批准悬挂、张贴宣传品。

第二十六条 西沱历史名镇保护范围内现有地上管线应当逐步改为地下管线；核心保护区内不得在建筑物顶部、平台堆放影响市容的物品；不得在建筑物临街面超出建筑物墙体设置防护网或者吊挂物品；不得设置遮阳伞、篷盖。

第二十七条　保护管理机构应当设立专（兼）职消防队，按照规定配备消防装备器材，并按照国家消防技术标准和规范完善消防给水、消防通道、消防通信等公共消防设施；无法按照标准和规范设置的，由保护管理机构会同当地人民政府制定相应的防火安全保障方案，落实防火措施。保护范围内的单位和个人应当做好消防安全工作。

第二十八条　西沱镇人民政府及自治县有关职能部门应当作好城镇交通导流规划，对穿越保护范围的车行交通实行必要的限制措施，逐步改善保护范围内的道路交通状况和西沱历史名镇形象。

第二十九条　自治县人民政府应当鼓励商业店铺特别是老字号店铺和传统手工艺行业、有地方及民族特色商品业的发展，加强对老字号品牌的保护。自治县人民政府鼓励下列经营项目和活动：

（一）各种类型的博物馆、展览馆、旅行社团；

（二）土家族传统手工作坊、民间工艺及旅游品制作；

（三）土家族民族客栈、旅馆、饭店及非机动车载人游览；

（四）土家族传统娱乐业及民间艺术表演活动；

（五）土家族民间工艺品收藏、交易、展示活动；

（六）其他具有民族文化特色的相关活动。

第三十条　对具备开放条件的文物保护单位和经居民同意开放的传统民居，设立游览标志，开放游览。

第三十一条　在西沱历史名镇保护范围内不得有下列行为：

（一）强买强卖，损害消费者的合法权益；

（二）不正当价格行为；

（三）擅自设置、移动、涂改或者损毁保护管理标志；

（四）其他违反法律法规和本条例规定的行为。

第四章　法律责任

第三十二条　对违法行为的处罚，除明示行政处罚机关实施的以外，均由保护管理机构依照本条例规定进行处罚。

第三十三条　违反本条例第二十二条第二款规定，居民个人未经同意直接燃烧原煤的，责令其限期改正，逾期不改正的处二百元以上五百元以下罚款；单位和饮食业经营者未经同意直接燃烧原煤的，责令其限期改正，并可视其情节处一万元以上五万元以下罚款。

第三十四条 违反本条例第二十三条第一款规定，在街道上堆放杂物影响环境的，责令改正，对个人处五十元以上二百元以下罚款，对单位处二百元以上二千元以下罚款。违反本条例第二十三条第二款规定，擅自在街道上占道经营或者流动经营的，责令改正，对个人处五十元以上五百元以下罚款，对单位处五百元以上二千元以下罚款。

第三十五条 违反本条例第二十四条规定，在保护范围内放养鸡、鸭、鹅、兔、羊、猪、食用鸽等家畜家禽的，责令改正，并对个人处五十元以上二百元以下罚款，对单位处二百元以上二千元以下罚款。在保护范围内放养犬只的，由自治县公安部门予以警告，处一百元以上一千元以下罚款；情节严重的，收容犬只。

第三十六条 违反本条例二十五条规定，焚烧产生有毒有害烟尘和恶臭气体的物质的，责令改正，并对个人处二百元以上二千元以下罚款，对单位处五百元以上五千元以下罚款。在保护范围内生产、销售和存放易燃易爆物品和危险化学品的，由自治县公安、安全生产监督等管理部门按照各自职责依法处理。在保护范围内燃放烟花爆竹的，由自治县公安部门对个人处二百元以上二千元以下罚款，对单位处五百元以上一万元以下罚款，并对单位直接负责的主管人员和其他直接责任人员处二百元以上二千元以下罚款。

第三十七条 违反本条例第二十六条规定，超过国家标准值排放噪声的，责令改正，对个人处二百元以上二千元以下罚款，对单位或者经营者处二千元以上二万元以下罚款。

第三十八条 违反本条例第二十七条第三款规定，在历史建筑上刻画、涂污的，责令恢复原状或者采取其他补救措施，处五十元以上二百元以下罚款。在沿街其他建筑物、构筑物、设施以及树木上涂写刻画或者未经批准悬挂、张贴宣传品的，责令限期清除，处五十元以上五百元以下罚款；情节严重的，处五百元以上五千元以下罚款。

第三十九条 违反本条例第二十八条规定，在核心保护区内的建筑物顶部、平台堆放影响市容的物品，在建筑物临街面超出建筑物墙体设置防护网或者吊挂物品，设置遮阳伞、篷盖的，责令限期改正；逾期未改正的，予以清理或者拆除，并处一百元以上五百元以下罚款。

第四十条 违反本条例第三十四条第（一）、（二）、（四）项规定的，依照相关法律、法规的规定处罚。违反本条例第三十四条第（三）项规定，擅自设置、移动、涂改或者损毁保护标志的，责令限期改正；逾期不改正的，对个人处一千元以上一万元以下罚款，对单位处一万元以上五万元以下罚款。

第四十一条 违反本条例规定，损坏或者擅自拆除历史建筑的，责令停止违法行为，限期恢复原状或者采取其他补救措施；有违法所得的，没收违法所得；逾期不恢复原状或者不采取其他补救措施的，可以指定有条件的单位代为恢复原状或者采取其他补救措施，所需费用由违法者承担；造成严重后果的，对个人并处十万元以上二十万元以下罚款，对单位并处二十万元以上五十万元以下罚款；造成损失的，依法承担赔偿责任。

第四十二条 违反本条例规定，在保护范围内擅自新建建筑物、构筑物的，责令停止建设，限期拆除，对个人处二万元以上五万元以下罚款，对单位处二十万元以上五十万元以下罚款。

第四十三条 违反本条例规定，在保护范围内有下列行为之一的，责令停止违法行为，限期恢复原状或者采取其他补救措施；有违法所得的，没收违法所得；逾期不恢复原状或者不采取其他补救措施的，可以指定有条件的单位代为恢复原状或者采取其他补救措施，所需费用由违法者承担；造成严重后果的，对个人并处五万元以上十万元以下罚款，对单位并处五十万元以上一百万元以下罚款；造成损失的，依法承担赔偿责任：

（一）开山、采石、开矿等破坏传统格局和历史风貌的；

（二）占用保护规划确定保留的园林绿地、河流水系、道路等的；

（三）修建生产和储存爆炸性、易燃性、放射性、毒害性、腐蚀性物品的工厂、仓库等的。

第四十四条 具有保护管理职责的单位及其工作人员不依法履行职责，玩忽职守，徇私舞弊的，依法给予行政处分；构成犯罪的，依法追究刑事责任。

第五章 附 则

第四十五条 本条例所称传统（历史）建筑是指尚未列为文物保护单位，但又具有历史文化价值的民宅、商号、寺庙、祠堂等建筑物、构筑物。

第四十六条 本条例自 2014 年 1 月 1 日起施行。

重庆市历史文化名镇西沱古镇保护及发展规划（节录）

第二章　保护目标与保护原则

2.1　保护目标

2.1.1　保护古镇现存的历史文化风貌，保护古镇区所留存的历史信息，保护古镇原生态的传统建筑、传统街巷空间形态及环境。

2.1.2　在保护古镇历史文化遗产的前提下有序更新，完善古镇配套服务设施，改善古镇环境，提高居民生活质量。

2.1.3　发挥古镇乡土文化优势，突出古镇山地环境特色，利用古镇现存的历史、人文资源，发展城镇文化，综合开发古镇旅游文化资源，推动西沱古镇的经济发展。

2.1.4　保护古镇人文环境景观，对构成古镇环境特色的长江堤岸、古镇山体与植被、山顶水源、古镇原址的历史及人文景观环境，纳入西沱古镇的环境保护范围。

2.2　保护原则

2.2.1　整体性原则。在重视文物古迹和历史建筑保护的同时，保护构成沿江山地城镇的整体空间环境、人文环境和自然环境。

2.2.2　协调性原则。对建筑、自然和人文景观的保护应注重与之相关的环境要素，核心区复原重建、改建整治的建筑及空间环境应与历史风格风貌保护高度一致。控制区的建筑、空间形态应与历史街区风貌保护过渡协调，应重视视觉景观的控制协调。

2.2.3　可持续发展原则。处理好保护与发展建设之间的关系；重视近期保护建设规划和远期保护规划结合，整体保护规划与重点保护、恢复和更新保护循序渐进，促进古镇文化旅游事业的可持续性发展。

2.2.4 科学性原则。对历史建筑在传统修复技术的基础上，借鉴国际国内历史建筑保护修复设计的优秀科技手段，加强科学合理的保护措施和技术手段，保护历史建筑的原真性和延长历史建筑的使用寿命。

第三章 保护范围

3.1 保护范围的确定考虑建筑与城镇并重，城镇与其所处自然环境并重，构筑包含建筑、城镇与外围自然风景三大部分的整体保护框架。

3.2 根据古镇的建成环境按照文物保护有关法规条例，将其保护范围分为核心保护区、建设控制区。

3.3 核心保护区为古镇传统街巷及其紧密相关的历史文化环境和自然环境、保护历史街区的完整性和安全性而划定的区域。核心保护区以西沱古镇云梯街为主体，西至长江 182 水位线，东至方斗山独门嘴，南北至老云梯街两侧农田，用地面积 16.94 公顷。

3.4 建设控制区建设控制地带 60.93 公顷。包括云梯街码头西至长江水面的消落带、东西至云梯街两侧农田三十米范围，东至云梯街上段独门嘴处。

第四章 保护对象及其范围

4.1 保护对象

4.1.1 文物保护单位：古镇内现有的市县级文物保护单位，是古镇的重点保护对象。

4.1.2 重要历史建筑：现存质量较好，形制完整，在历史上有重要影响的建筑和建筑群。

4.1.3 历史构筑物：在历史上曾经对民俗生活、文化典故等有过影响的构筑物或有文化景观特色的构筑物，是构成西沱古镇特色的保护对象。

4.1.4 古镇正街：指西沱 905 米长的云梯街街道，它是构成西沱古镇文脉特色的重点街巷空间环境，是古镇保护的重要对象。

4.1.5 古镇建筑：其建筑沿垂直等高线布局、高低错落、是沿江山地传统城镇的独特空间环境，反映浓厚的山地建筑艺术、和优秀的建筑工艺与建筑技术，同时又构成西沱古镇最具魅力的建筑景观环境。

4.2 保护范围

4.2.1 各级文物保护单位的保护范围：指各级文物保护单位本体以及范围线以外10至20米范围内的区域，即各级文物保护及控制单位周边的一组建筑。

4.2.2 重要历史建筑、历史构筑保护范围及现存实际范围。

4.2.3 古镇正街保护范围指沿街两侧的建筑界面。

4.2.4 古镇沿江立面保护范围即古镇沿长江展开的整体建筑群立面。

4.2.5 古镇环境：构成古镇环境的地形、地貌、河流、植被绿化等。

第五章 保护控制要求通则

5.1 基本对策

5.1.1 加强对历史建筑和文物建筑本体的保护，保护古镇风貌的原真性，恢复历史街区的传统风貌格局。提高居民对古镇及其环境保护的认识，在保护建筑环境的基础上，提升宜人的居住和商业环境，提高古镇的文化环境品位，以此推动古镇的社会文化和社会经济发展。

5.1.2 坚持保护规划与合理发展利用的对策，在对西沱古镇保护建设的基础上，加强对街区环境节点的恢复性改造，重点恢复西沱古镇的长江入口码头节点；连接过渡被衙门路“割裂的”老街空间，梳理张爷庙及桓侯巷的空间环境；整治疏通盐运巷、土地巷等特色街巷；建设云梯街两侧的特色园林环境。保护古镇的标识性和完整性特征。改善或完善古镇街区文化休闲节点，将居民文化休闲活动场所与旅游观光休闲活动场所结合起来，以形成良好的民俗文化环境氛围，促进古镇经济文化建设的良性发展。

5.1.3 将西沱古镇的保护规划纳入石柱的总体旅游规划体系之中。充分利用古镇的自然风光和历史人文景观，发掘西沱古镇旅游文化资源，将其捆绑为旅游文化整体，使其成为石柱的重要旅游目的地，将其和黄水等成熟旅游基地结合起来，形成石柱地区的整体旅游文化经济效应。

5.1.4 加强古镇保护的消防措施，历史街区外部的机动车交通道路和内部的横街作为主要的消防道路，以改善古镇现有消防道路薄弱的问题，增加与古镇的密切联系。

5.1.5 在古镇自身保护完善的基础上，注重新建街区风貌与古镇风格风貌的和谐性，尤其是街区两侧新建的城镇用房，建筑尺度、色彩、风格风貌与古镇街区极不协调，并严重影响古镇风貌的天际轮廓线，应进行重点改造和整治，以提升西沱古镇的整体环境品位。

5.2 各级保护区控制要求

5.2.1 在核心保护范围内，不允许拆除或整体拆除历史建筑物、构筑物和传统民居，不允许改变历史建筑物、构筑物和传统民居建筑的高度、外观特征及周边环境。在保持和延续城市肌理的原则下，对建筑和环境进行整治。按照《文物保护法》的规定。各级文物保护单位建筑檐口和屋脊高度应保持各级文物保护单位和拟保护单位现状的高度；各级文物保护单位保护范围内，复原重建和改建建筑的檐口高度应控制在6米以下。核心区内不得随意增加建筑物或构筑物。复原重建和改建修复的建筑，必须按照本规划的方案控制要求指导实施。

5.2.2 在建设控制范围内，对古镇视觉景观有影响的建筑物或构筑物，应逐步拆除或进行风貌改造，逐步加强核心区与控制区之间的隔离带建设。对原有建筑的改建、加建和重建应控制在原建筑的建筑用地界线之内。在建设控制范围内，新建建筑，必须满足保护古镇良好的视觉景观的要求，在控制区边界50米范围内，建筑檐口高度应控制在9米以下，50米范围以外的建筑檐口高度控制在15米以下。

第六章 建筑保护与更新

6.1 建筑保护与更新类别按建筑的历史价值、社会文化价值和风貌特色，将古镇分为文物保护单位、重要历史建筑、传统商住建筑和其他建筑四类。

6.2 文物保护单位的保护修复

6.2.1 按照各级文物保护单位的保护建议，必须遵守《文物保护法》的规定，遵循“不改变文物原状的原则”、原真性保护原则，保护文物建筑文化信息的原则，在对其详细测绘鉴定和考证的基础上，有针对性地进行科学合理的保护修复设计。

6.2.2 不得改变文物的规模、范围、布局；不得改变建筑的结构、形式和材料；不得改变文物所展现的内容、表现形式和艺术手法；不得改变建筑周边的自然和人文环境。

6.2.3 禁止未经主管部门审批的任何建设活动。对于必要的保护修缮，应当以不破坏文物原有状况，不损害文物历史价值为基本原则，并经严格论证，在专家指导下按原式样、原材料予以修复或修缮。

6.3　重要历史建筑的保护

6.3.1　对于重要历史建筑应参照文物建筑的保护原则，保护历史建筑的原真性，加强保护和利用相结合的原则，赋予其新的活力。其建设活动应在《保护规划》的指导下进行，并经过主管部门严格把关审批，在保护历史建筑原真性的基础上，可对建筑内部功能进行合理改造，以适应新的居住、展示与商业文化等功能需求。

6.3.2　禁止对历史建筑主体结构和外观特征进行改动，如构架、挑廊、批檐、门窗、柱础等。对破损构件应进行原貌修复性整饰，并遵循原材料、原工艺的保护修复原则。

6.4　传统商住建筑的保护

6.4.1　传统商住建筑是西沱古镇形成云梯街的大量性的主体建筑，可分为店宅结合式的单体建筑、以居住为主题的院落式建筑，其构筑形式以木构为主，也有土木构筑结合的住宅和近代砖构结构建筑。应采取科学合理的措施对其进行保护。

6.4.2　重点保护传统商住建筑的外部空间形态，尤其是临街的传统店宅的原真性特点，保护形成云梯街的建筑外部空间特征及轮廓线，如小青瓦屋面、穿斗构架及夹壁墙等。

6.4.3　对沿街主立面外观形态和材料改变较大的商住建筑，应按照原真性的修复原则恢复成为具有西沱历史文化地域特色的店铺立面外观，突出云梯街的地域文化特色。

附表：传统商住建筑一览表（略）

6.5　其他建筑的整治

6.5.1　其他建筑是指近些年在云梯街内修建的现代砖混结构或框架结构的现代建筑。这些建筑在风格风貌上与历史街区不协调，甚至严重影响了云梯街山地特色的视觉景观，应有针对性地对其进行整治改造。

6.5.2　对严重影响云梯街空间环境和视觉景观的其他建筑应采取逐步拆除重建的整治措施，拆除重建的建筑在空间尺度、材料质感和风格风貌上应与云梯街传统建筑保持协调一致。

6.5.3　降层或减层和外观风貌改建：对尺度过大、影响云梯街整体风貌的建筑应采取降层或减层和外观风貌改造的措施，使其风格风貌与整体空间环境协调，具体改建建筑和部位遵照本保护规划的设计要求执行。

附表：其他建筑一览表（略）

6.6 保护措施

根据建筑的不同类型和被破坏程度，结合国际通行的保护措施。本规划采取五类保护措施。

6.6.1 现状保护 现状保护是指对异地迁建、重建和现状保存完好的文物建筑、重要历史建筑，原则上尽量采取不干预的保护措施，对局部损伤的构件、表面损伤的材料色彩等，按照文物保护的要求进行修复和表面处理等技术措施。尽最大限度保护历史建筑的原真性，禁止任何改造主体结构和空间形态的行为。

6.6.2 落架重修保护 落架重修是指主体结构严重损坏的木构建筑或砖木结构建筑，已经影响到正常使用的安全性，需要采取落架重修的保护措施，落架时应最大限度地保护原材料和构架节点（如榫卯节点），对残缺的部分尽量进行考证重修，使其保持传统建筑的原材料原风貌建筑特色。

6.6.3 修缮性保护 修缮性保护适于古镇街区的历史建筑、传统商住建筑中结构质量较好、但局部损坏，尤其是临街立面损伤和改变较大的建筑，对其采取修缮保护的措施。利用旧材料或接近原建筑的材料，对毁损的建筑部分进行原样补缺。重点对临街外观进行修缮，复原沿街店铺的传统特色其内部功能加以指导性的修缮改造，以改善商业居住建筑的质量和环境。

附表：修缮性保护建筑一览表（略）

6.6.4 复原性保护是指在云梯街街区残留的建筑遗址、街区历史遗留片段基础上的恢复性设计，复原性重修设计尽可能在对原建筑历史考证的基础上进行，同时应考虑云梯街的整体空间格局和风格风貌的协调。

6.6.5 风貌改造 风貌改造是对街区既成的现代建筑、空间尺度和风格风貌与传统云梯街极不协调又难以拆除重建的建筑，采取降层、平改坡、立面改造等措施，使其与云梯街整体风貌风格相协调，在控制区内严重影响古镇视觉景观的多层或高层建筑也应进行风貌改造，以改善长江沿岸岸线的视觉景观冲击力，具体的风貌改造措施遵循本规划设计的要求执行。

附表：风貌改造建筑一览表（略）

第七章 街巷空间保护与整治

7.1 古镇街巷空间形态保护

7.1.1 古镇主街是沿江山地垂直等高线分布的爬山街（当地称云梯街），是独特的山地传统场镇空间形态，应予以保护。

7.1.2 严格保护古镇具有地域文化特色的空间形态，如历史形成的街道空间尺度和具有历史传奇的空间场所，不得随意进行改变。保护街道空间界面的连续性和组合关系。

7.1.3 保护传统街巷的具有特色的基础设施，如街道石板铺地、爬山街形成的临街退台堡坎台阶，尤其应保护独特的整体岩石街面。

7.2 次街小巷空间的梳理与整治

7.2.1 次街小巷是古镇整体空间特色的组成部分，也是具有功能和文化特色的传统空间。历史形成的次街小巷目前遭遇的破坏和变化较大，应通过梳理和整治的措施予以回复。如：诗书巷、泰和巷、盐运巷、土地巷、熊家巷、吊楼巷、草药巷、桓侯巷、步云巷、自生桥巷等，应对其街巷尺度、空间转折和连续界面进行保护。

7.2.2 梳理整治的措施根据古镇次街小巷的现状特点，将对其的恢复措施分为梳理恢复、整治恢复和特色恢复三个方面。对堵塞不畅的街巷进行梳理恢复，对破损不全的街巷整治性恢复，对于具有文化环境特色的街巷进行发展性恢复。

7.3 人文景观的保护与恢复

7.3.1 人文景观包括富含历史人文特色的空间节点（如西沱十二景），具有地标特色的建筑物、构筑物、古桥古树等。

7.3.2 人文景观的保护，除人文景观本体外，还必须保护构成人文景观的环境场所（详见相关的规划设计图）。

7.3.3 人文景观的复原：对已经损毁的具有西沱重要文化特色的人文景观应进行修复性保护。

7.3.4 水景景观：西沱分布有沿着垂直等高线而下的自然溪沟，是构成古镇特色的人文环境景观。应恢复传统的生活生态景观水景，并为未来的河流休闲提供景观环境。

主要参考文献

王萦绪修:《石砫厅志》，1775 年。

王槐龄修:《补辑石砫厅新志》，1842 年。

石柱县志编纂委员会编:《石柱县志》，四川辞书出版社，1994 年。

石柱县志编纂委员会编:《石柱土家族自治县志》，西南师范大学出版社，2008 年。

编后记

2017 年 9 月，石柱县地方志办公室落实中国地方志指导小组办公室的《中国名镇志文化工程实施方案》，撰写策划方案上报县政府，组建西沱镇志编纂委员会，聘请编辑人员。随后组织编辑人员到西沱，与民间组织“西沱守望者”人员交谈，收集照片，察看实物，再到县档案局、西沱镇政府查阅档案，搜集资料，并访问袁小建、黄宁平、谭红建、谭光华、马飞、童中安、陈刚权、彭广文、蒋屏、罗涌、彭家胜等熟悉西沱风土人文人士。在各界人士大力支持下，编修人员收集到大量的文字资料、图片资料。2018 年 3 月开始编纂，10 月完成初稿。经修改，于 2019 年 3 月完成送审稿，上报市志办。市志办审稿后，经 2 个月修改，于 5 月上报中国地方志指导小组办公室。2019 年 8 月，收到方志出版社第一次审改意见。经修改，于年底再次呈送方志出版社。2020 年春节前收到方志出版社第二次修改意见。因疫情，于 5 月底修改完毕并呈送。2021 年 3 月，收到方志出版社第三次审改意见，于当年 7 月修改完毕并呈送。

本志依照名镇志丛书的基本纲目编纂，横分门类，不求面面俱到，但求突出地方特色、文化特色。与一般的综合志布局有所不同，全志分概述、基本镇情、长江特色商贸街、特色文化、三峡移民、文物 古迹、风土民情、艺文杂记、人物、大事纪略、附录等部分。其中，“长江特色商贸街”重点记述西沱云梯街布局的独特之处以及曾经的主要店铺；“特色文化”重点记述西沱镇的土家文化、盐运文化、码头文化、力夫号子；“三峡移民”重点记述作为三峡库区腹心地带的西沱镇的移民工作；“文物 古迹”重点记述西界沱曾经的名胜和现存的古迹；“风土民情”重点记述西界沱较为独特的民俗信仰、地方美食、土特名产、方言俗语等；“艺文杂记”记诗词、绘画、民间故事、西沱言子，以及不便归类的媒体宣传；“人物”分为传记、名人与西沱两个部分，传记记述生于西沱或长期在西沱工作与活动的人物，名人与西沱则记述与西沱有关联的外籍人物。记述时限一般截至 2017 年 12 月 31 日，但因修改时间跨度长，定稿较晚，故部分事物延伸到 2020 年年末。

在此，感谢《西沱镇志》编修过程中各级领导、专家的指导，以及社会各界的无私帮助。

编者水平有限，志书中不尽如人意之处尚多。错讹、疏漏之处，敬请读者批指正。

编者

2021 年 5 月

西沱云梯街　　谭红建　摄

中国名镇志丛书

《周庄镇志》
《第一关镇志》
《钱清镇志》
《冶源镇志》
《甪直镇志》
《同里镇志》
《三阳镇志》
《枫泾镇志》
《李庄镇志》
《天穆镇志》
《虎门镇志》
《小榄镇志》
《北庭镇志》
《青木川镇志》
《永宁镇志》
《沙家浜镇志》
《虞山镇志》
《泽国镇志》
《南翔镇志》
《千灯镇志》
《东山镇志》
《巴城镇志》
《阳澄湖镇志》
《松口镇志》
《震泽镇志》

《黎里镇志》
《浏河镇志》
《锦丰镇志》
《寨市苗族侗族乡志》
《汤池镇志》（安徽）
《湾头镇志》
《中心店镇志》
《乌镇志》
《保安镇志》
《德凤镇志》
《瑷珲镇志》
《王家坪镇志》
《穆云畲族乡志》
《北京街道志》
《王村镇志》
《八一镇志》
《双林镇志》
《棘洪滩街道志》
《凤凰镇志》
《烟店镇志》
《光福镇志》
《梅李镇志》
《高家堡镇志》
《杨岭镇志》
《金港镇志》

《云梯畲族乡志》
《马口镇志》
《杨舍镇志》
《杨店镇志》
《河图镇志》
《浔中镇志》
《孤山镇志》
《汤池镇志》（湖北）
《伍洛镇志》
《汤家汇镇志》
《陇城镇志》
《塘桥镇志》
《兴隆华侨旅游经济区志》
《胜坨镇志》
《来凤街道志》
《木渎镇志》
《锦溪镇志》
《黄龙溪镇志》
《店塔镇志》
《镇湖街道志》
《北七家镇志》
《瓜洲镇志》
《安仁镇志》
《浦口镇志》
《唐崖镇志》
《和顺镇志》
《老城镇志》
《里耶镇志》
《芙蓉镇志》
《博鳌镇志》
《唯亭街道志》
《重安镇志》
《峒炀镇志》
《张谷英镇志》
《鸦滩镇志》
《玉皇庙镇志》
《木洞镇志》
《采育镇志》
《下司镇志》
《德平镇志》
《龙池镇志》
《浦市镇志》
《黄楼街道志》
《冉庄镇志》
《金庭镇志》
《石牌镇志》
《元和街道志》
《古现街道志》
《光塔街道志》
《邵伯镇志》
《石杨镇志》
《杨柳青镇志》
《天桥街道志》
《柘皋镇志》
《西沱镇志》
《咸水沽镇志》
《茶阳镇志》
《崖城镇志》